Besser schreiben im Business

GABRIELA BAUMGARTNER

Besser schreiben im Business

Aktuelle Tipps und Vorlagen für den Geschäftsalltag

■ ■ ■ EIN RATGEBER AUS DER BEOBACHTER-PRAXIS ■ ■ ■

Dank

Ich danke allen ganz herzlich, die an diesem Buch mitgewirkt haben. Zunächst all meinen langjährigen Bekannten, die mir mit ihren Unterlagen interessante Einblicke in ihre Betriebe und Branchen ermöglicht haben: Kaminfegermeister Heinz Eggenberger aus Kilchberg, Urs Gollob von der Zürichsee Druckereien AG in Stäfa, Robert Hofstetter von der AXA/Winterthur-Agentur in Thalwil, Malermeister Sepp Hupf aus Dübendorf, Karin Leonhardt von der Lobster AG in Schlieren und Christoph Treichler von der Unternehmensberatung Cardea AG in Zürich. Ganz herzlich danke ich auch allen, die mein Werk gegengelesen und auf Herz und Nieren geprüft haben, insbesondere meinen ehemaligen Kolleginnen und Kollegen im Beobachter-Beratungszentrum Irmtraud Bräunlich Keller, Doris Huber, Michael Krampf und Katrin Rüesch. Und wie immer hat die Lektorin Käthi Zeugin nicht nur lektoriert, sondern auch wertvolle Ideen eingebracht. Ihnen allen ein grosses Dankeschön.

Online-Angebot zum Buch

Alle Brief- und Vertragsmuster aus diesem Ratgeber sowie die praktischen Textbausteine und Vorlagen stehen online bereit zum Herunterladen und Selberbearbeiten: www.beobachter.ch/download (Passwort: 6048)

Beobachter-Edition
2., überarbeitete Auflage, 2013
© 2010 Axel Springer Schweiz AG
Alle Rechte vorbehalten
www.beobachter.ch

Herausgeber: Der Schweizerische Beobachter, Zürich
Lektorat: Käthi Zeugin, Zürich
Umschlaggestaltung und Reihenkonzept: buchundgrafik.ch
Umschlagfoto: fotolia
Satz: Focus Grafik, Zürich
Druck: Grafisches Centrum Cuno GmbH & Co. KG, Calbe

ISBN 978-3-85569-604-8

Mit dem Beobachter online in Kontakt:
- www.facebook.com/beobachtermagazin
- www.twitter.com/BeobachterRat
- www.beobachter.ch/google+

Inhalt

Vorwort 11

1 Einleitung 13

Unterstützung für Multitalente 14

Was bietet dieses Buch? 15
Vorlagen und Mustertexte online verfügbar 16

2 Der Auftritt Ihres Unternehmens 19

Corporate Identity: das Erscheinungsbild Ihrer Firma 20
Was gehört zur Corporate Identity? 20
Gleicher Auftritt auf allen Kanälen 22

So gestalten Sie einen wirkungsvollen Geschäftsbrief 23
Regeln für die Darstellung 23
Die Empfängeradresse 24
Die Datumszeile 26
Wichtig: der Betreff 26
Die Anrede 26
Die Grussformel und das Beilagenverzeichnis 28
Das Postskriptum (PS) 30

3 Modern und effizient schreiben 33

Kurz und direkt – so schreibt man heute 34
Sieben Regeln für Texte, die gelesen werden 34

So treffen Sie den richtigen Ton 38
Schluss mit Floskeln! 38
Vorsicht mit Zahlen, Ziffern und Abkürzungen 42
08/15-Briefe verärgern Ihre Geschäftspartner 43
Das Wichtigste zur Rechtschreibung 45
Duzt man sich heute gross oder klein? 47
Punkt, Strichpunkt, Gedankenstrich – die Satzzeichen 48
Brauchts eins oder nicht? Das Komma 49

So gehts leichter: die Arbeit vor und nach dem Schreiben 51
Unterlagen bündeln und zusammenfassen 51
Erstellen Sie eine Textdisposition 52
Nicht zu vermeiden: die Arbeit nach dem Schreiben 53

Textbausteine und Standardformulierungen 58
Textbausteine für die Einleitung 58
Textbausteine für den Mittelteil 59
Textbausteine für den Schluss 59

4 E-Mails im Geschäftsalltag 61

Per Mail oder doch besser per Brief? 62

Regeln für Ihre Mails 63
Mails, die gut ankommen 63
Tipps, damit Sie die Empfänger nicht verärgern 64
So behalten Sie Ihre Mailpost im Griff 66

Geschäftskorrespondenz per SMS? 70

5 Anfragen, offerieren und bestellen 73

Anfragen stellen und auf Offerten reagieren 74
Wenn die Offerte ausbleibt 75
Zwischenberichte und Absagen 75

Angebote unterbreiten 80
Wie verbindlich ist die Offerte? 80
Wie lange ist die Offerte gültig? 81
Offerten übersichtlich darstellen 81
Nachfassen erlaubt 82

Der Kostenvoranschlag 89
Was darf der Kostenvoranschlag kosten? 89
Wenn Sie den Voranschlag nicht einhalten können 90

Bestellen und widerrufen 93
Wenn Sie sich anders besinnen 93

6 Verträge abschliessen, rügen und reklamieren 99

Aufträge, Werkverträge und Kaufverträge 100
Was ist ein Auftrag? 100
Was ist ein Werkvertrag? 101
Rechte und Pflichten beim Kaufvertrag 102

Mängel rügen 113

Lieferverzug und Rücktritt vom Vertrag 118
Fixgeschäft: keine Mahnung nötig 118
Mahngeschäft 119

Richtig reklamieren 122

7 Von Rechnungen, Forderungen und Betreibungen 127

Vorbeugen ist besser als heilen 128
Die Bonitätsprüfung 128

Rechnung und Mahnung 131
Welche Zahlungsfristen gelten? 131
Darf der Kunde Skonto abziehen? 131
Die Rechnung übersichtlich aufstellen 132
Bei Zahlungsverzug mahnen 132
Mahnspesen und Verzugszinsen 134
Der Kunde bittet um Zahlungsaufschub 134

Die Betreibung 140
Das gehört ins Betreibungsformular 140
Der Zahlungsbefehl 141
Rechtsöffnung verlangen 142
Die Schlichtungsverhandlung 143
Vor dem Zivilgericht 145

Wenn Sie eine Rechnung nicht bezahlen können oder wollen 150
Zahlungsvorschläge unterbreiten 150
Eine ungerechtfertigte Forderung bestreiten 151
Rechtsvorschlag: sich gegen eine Betreibung wehren 152
Feststellungsklage ja oder nein? 153

8 Vom Umgang mit Kunden 163

Neue Kunden gewinnen: Werbebriefe und Kundendatei 164
Auch mit kleinem Budget möglich 164
Präsenz auf Social-Media-Plattformen 166
Nachhaken 166
Von Anfang an anlegen: die Kundendatei 167

Pflegen Sie Ihre Kundenbeziehungen 173
Sympathische Kundenkontakte verteilt übers Jahr 173
Wirkungsvolle Infobriefe und Newsletters 174
Unangenehme Botschaften gut kommunizieren 176
Frühere Kunden wiedergewinnen 176

Reklamationen sind eine Chance 184
Auf ungerechtfertigte Reklamationen reagieren 185

So organisieren Sie den perfekten Kundenanlass 189
Geeignete Lokale anfragen und reservieren 189
Bewilligungen einholen und Künstler engagieren 191
Attraktive Einladungen 192
Um Antwort wird gebeten 193
VIP-Anlass 193
Der Anlass findet nicht statt 194
Nicht zufrieden mit dem Gebotenen 195
Wenn Sie selber eingeladen werden 195

Öffentlichkeitsarbeit und Pressemitteilungen 208
Regeln für wirkungsvolle Pressetexte 208
Besonders schwierig: negative Botschaften 210
So kommt die Mitteilung zur richtigen Person 211

Sponsoring betreiben, Spendengelder sammeln 216
Wirkungsvolles Sponsoring 216
Non-Profit-Organisationen: Spendenaufrufe und Dankesschreiben 217

9 Schreiben aus der Personalabteilung 225

Personalsuche: Stelleninserate, Antworten auf Bewerbungen 226
Präzise Stelleninserate 227

Auf Bewerbungen antworten 228
Bewerbungen für Lehrstellen 229

Arbeitsvertrag, Lohnabrechnung, Qualifikationsformular 237
Arbeitsverträge: klar und vollständig 237
Lohnabrechnung 238
Probezeitbericht 239
Mitarbeiter beurteilen: Qualifikationsformulare 239

Briefe an Mitarbeitende 254
Gratulieren und kondolieren 254
Gesuche bewilligen 255

Interne Mitteilungen 261

Das Ende eines Arbeitsverhältnisses 269
Wenn es zur Kündigung kommt 269
Fristlose Entlassung und Freistellung sind nicht dasselbe 271
Die Schlussabrechnung 272

Arbeitszeugnisse und Referenzauskünfte 281
Wahr, klar, vollständig und wohlwollend 281
Stolperstein Referenzauskunft 284

10 Vertraulich: interne Dokumente 291

Aktennotizen 292
Tipps für verständliche Aktennotizen 292

Sitzungsprotokolle 296
Weniger Stress beim Schreiben 297

Anhang 303

Adressen und Links 304
Literatur 312
Stichwortverzeichnis 314

Vorwort

Seit dem Aufkommen des elektronischen Datenverkehrs hat die Büropräsenzzeit in vielen kleinen und mittleren Unternehmen zugenommen. Während sich auf dem Schreibtisch die tägliche Papierpost stapelt, quillt auch der elektronische Briefkasten über. Und natürlich pressiert alles. Diese Informationsflut stellt uns vor neue Herausforderungen. Seit dem Aufkommen der E-Mails müssen wir nicht nur sehr viel mehr lesen, wir schreiben auch mehr.

In den Kursen «Schreiben ohne Floskeln» und «Besser schreiben», die ich seit vielen Jahren für den Kaufmännischen Verband gebe, tauchen denn auch immer häufiger Fragen zu den neuen Kommunikationsmitteln und ihrer Anwendung auf. Und immer wieder beklagen sich Teilnehmerinnen und Teilnehmer darüber, dass die elektronischen Kommunikationsmittel zwar einfach zu handhaben und schnell sind, aber oft zusätzlichen Aufwand und auch Ärger verursachen. Bestimmt bekommen auch Sie täglich unnötige Copymails, völlig unverständliche Texte, die Rückfragen provozieren, Irrläufer und Spam.

Wirkungsvoll und empfängerorientiert zu kommunizieren, ist für jedes Unternehmen wichtiger denn je. Ein klarer, verständlicher Schreibstil bildet das Herzstück der guten Kommunikation. Einen solchen zu pflegen, ist keine Hexerei, sondern ein solides Handwerk, das Sie Schritt für Schritt erlernen können. Dieses Buch hilft Ihnen dabei.

Gabriela Baumgartner
Zürich, im März 2013

Einleitung

Die Kommunikation hat sich in den letzten Jahren stark verändert. Wir sind fast rund um die Uhr erreichbar. Noch auf dem Berggipfel oder am Strand erreicht uns eine Mitteilung, die sofort beantwortet sein will. Die neuen Kommunikationsmittel diktieren ein hohes Tempo. Die Folge: Wir müssen mehr Informationen verarbeiten und wir müssen mehr schreiben. Wie können Sie sich in dieser Informationsflut behaupten? Indem Sie in knappen Worten auf den Punkt bringen, was Sie zu sagen haben.

Unterstützung für Multitalente

Sie führen ein kleines oder mittleres Unternehmen, ein sogenanntes KMU? Ein Malergeschäft, eine Autogarage, ein Beratungsbüro, einen Coiffeursalon oder eine Gärtnerei? Dann sind Sie ein Multitalent, das Tag für Tag eine Vielzahl von Funktionen wahrnimmt.

Neben Ihrem eigentlichen Job holen Sie als Einkäufer Offerten ein, verhandeln mit Lieferanten über Zahlungskonditionen, erteilen Aufträge und rügen mangelhafte Waren. Als Personalchef Ihres Unternehmens stellen Sie Arbeitsverträge aus, rechnen mit den Sozialversicherungen ab, beurteilen Ihre Angestellten und brüten über Arbeitszeugnissen. Sie sind aber auch die hausinterne Kommunikationsverantwortliche und schreiben Mitteilungen an Mitarbeitende sowie Presseberichte. Als Marketingverantwortliche sind Sie ständig daran, den Faden zu Ihren Kunden nicht abreissen zu lassen. Sie gestalten Prospekte, versenden Einladungen zu Veranstaltungen, Mitteilungen über Sonderangebote und am Jahresende Dankesschreiben. Als Geschäftsleiter bekommen Sie es von Zeit zu Zeit vielleicht mit unzufriedenen Kunden oder Mitarbeitenden zu tun, dann sind Sie Bürochef, Personalchef, Buchhalter und Beschwerdestelle in Personalunion. Ein Multitalent eben.

All diese Aufgaben sind wichtig und anspruchsvoll, trotzdem gehören sie meist nicht zu den beliebtesten. Nicht zuletzt deswegen, weil sich der Kommunikationsstil in den letzten Jahren mit dem Aufkommen von E-Mails stark verändert hat. Heute schreiben wir mehr und sprechen weniger. Doch auch die schriftliche Ausdrucksweise hat sich verändert.

Schreibt man *Freundliche Grüsse* oder *Mit freundlichen Grüssen?* Wirkt die neue, kurz angebundene Briefsprache nicht doch eher unhöflich? Welche Regeln gelten für E-Mails, welche für herkömmliche Briefe? Wann kann man eine Mail schicken und wann muss es ein Brief sein? Viele Unternehmerinnen und Unternehmer setzen sich mit solchen Fragen auseinander und besuchen vielleicht einen Schreibkurs, weil sie mehr Individualität, mehr Pepp und Stil in ihre Texte bringen möchten. Die Kunden merken es nämlich, ob man sie ernst nimmt oder einfach mit den immer gleichen, ewig gestrigen Floskeln abspeist.

Was bietet dieses Buch?

Dank diesem Buch sparen Sie Zeit: Es liefert Ihnen gebrauchsfertige Brief-, Mail- und Vertragsvorlagen für die wichtigsten, alltäglichen Geschäftsvorgänge. Das Stichwortverzeichnis am Ende hilft Ihnen, das Gewünschte im Handumdrehen zu finden.

Zu allen Mustern erhalten Sie zudem verständlich geschriebene rechtliche Hinweise und wertvolle Tipps aus der Beobachter-Beratungspraxis.

- Die nächsten zwei Kapitel zeigen Ihnen, wie Sie auf einfache Art eine einheitliche Linie in Ihre ganze Unternehmenskommunikation bringen. In einem kurzen Schreibkurs erfahren Sie zudem, wie Sie ohne allzu viel Aufwand einen wirkungsvollen, empfängerorientierten Geschäftsbrief formulieren und zu Papier bringen.
- Welche Regeln bei Mails gelten, wie Sie diese richtig einsetzen und wann Sie doch besser einen Brief verschicken – das alles lesen Sie in Kapitel 4.
- Kapitel 5 und 6 befassen sich mit dem Bestellwesen, mit Anfragen, Offerten, Kaufverträgen, Aufträgen, Werkverträgen, aber auch mit Mängelrügen und Reklamationen.
- Worauf Sie bei der Rechnungsstellung achten sollten, wie ein effizientes Mahnwesen aufgebaut ist und wie Sie – nötigenfalls per Betreibung – zu Ihrem Geld kommen, wenn ein Kunde nicht zahlt, das zeigt Ihnen Kapitel 7. Und es beantwortet auch die Frage: Wie wehrt man sich gegen eine ungerechtfertigte Betreibung?
- Vom guten Umgang mit Ihren Kunden handelt Kapitel 8: Wie stellen Sie sicher, dass die Kundin auch beim nächsten Auftrag Ihr Unternehmen gerne wieder berücksichtigt? Welche Werbebriefe haben Erfolg und welche Dankesworte kommen wirklich beim Empfänger an? Wie reagiert man geschickt auf Reklamationen? Und was alles gehört zur Organisation eines gelungenen Kundenanlasses?
- Kapitel 9 befasst sich mit der Personalführung. Hier finden Sie Muster für Arbeitsverträge, Mitarbeiterqualifikationen und all die Schreiben aus der Personalabteilung, die im Lauf einer Zusammenarbeit nötig werden. Aber auch für alles, was es am Ende eines Arbeitsverhältnisses

- zu schreiben gibt: Verwarnungen, Kündigungen, Arbeitszeugnisse. Dazu kommt viel Wissenswertes aus dem Arbeitsrecht.
- Und zum Schluss geht es um die interne Kommunikation: um Aktennotizen, Sitzungsprotokolle und Mitteilungen aus der Geschäftsleitung.

Viele der in diesem Buch abgedruckten Muster stammen aus der Beobachter-Beratungspraxis. Andere wurden von erfahrenen KMU-Inhaberinnen und -Inhabern beigesteuert oder es handelt sich um Beispiele von Teilnehmern an Schreibkursen. Benützen Sie diese Texte als Anregung und Grundlage für Ihre eigene Kommunikation. Ändern Sie Details Ihren Wünschen entsprechend ab. So sparen Sie Zeit, und wer weiss – vielleicht macht Ihnen die Büroarbeit sogar Spass.

Im ganzen Buch finden Sie Tipps aus der Beobachter-Praxis, die Ihnen helfen, in jeder Situation den korrekten Text zu schreiben. Manchmal aber braucht es mehr rechtliche Unterstützung. Dann ist das Beobachter-Beratungszentrum für Sie da – online oder am Telefon. Die KMU-Beratung ist spezialisiert auf die Rechtsfragen von kleinen und mittleren Unternehmen. Mehr Informationen finden Sie unter www. beobachter.ch/beratung (→ KMU-Rechtsberatung).

Vorlagen und Mustertexte online verfügbar

Alle mit diesem Piktogramm bezeichneten Brief- und Vertragsmuster sowie die Textbausteine stehen unter www.beobachter.ch/download (Passwort: 6048) als frei bearbeitbare Dokumente im Wordformat zum kostenlosen Download bereit. Sie können sie kopieren, Teile davon verwenden, andere mit eigenen Formulierungen überschreiben – wie Sie es für Ihren Brief oder Vertrag brauchen. Nützlich sind auch die «leeren» Vorlagen – etwa für Rechnungen, Mitarbeiterqualifikationen oder Sitzungsprotokolle. Kopieren Sie diese Vorlagen und füllen Sie Ihren eigenen Text ein.

Alle online verfügbaren Vorlagen sind wie im Buch nummeriert und nach Kapiteln gruppiert.

SO FINDEN SIE SICH IN DIESEM BUCH ZURECHT

Auf den weissen Seiten erhalten Sie die Hintergrundinformationen, die Sie brauchen, um in einer bestimmten Situation den richtigen Text zu schreiben. Die Muster dazu finden Sie auf den farbigen Seiten; farbig gedruckte Verweise führen Sie zur richtigen Stelle. Jedes Muster hat eine Nummer, mit der es auch online rasch zu finden ist (www.beobachter.ch/download → Passwort: 6048). Besonders hilfreiche Abschnitte sind mit einem Piktogramm markiert:

 Praxistipps aus dem Beobachter-Beratungszentrum

Der Auftritt Ihres Unternehmens

Ob uns jemand sympathisch ist, entscheidet sich in ein paar Augenblicken. Oft, bevor überhaupt ein Wort gefallen ist. Das ist im Geschäftsleben genauso. Ihr Auftritt im Internet, die Art, wie Sie Ihre Drucksachen gestalten und wie Sie Ihren Kundinnen und Kunden den Kontakt erleichtern, all das ist ausschlaggebend dafür, ob sich ein Interessent für Sie entscheidet. Ein perfekter Firmenauftritt auf allen Kanälen sichert Ihnen einen grossen Konkurrenzvorteil – mit wenig Aufwand.

Corporate Identity: das Erscheinungsbild Ihrer Firma

Wann haben Sie zum letzten Mal etwas nicht Alltägliches gekauft? Ein Paar Wanderschuhe zum Beispiel oder ein neumodisches Spielzeug, das sich Ihr Patenkind wünschte? Erinnern Sie sich: Sie betraten das Geschäft, und noch bevor Sie sich eine Meinung über das gesuchte Produkt bilden konnten, hatten Sie schon einen Eindruck vom Unternehmen. Waren die Verkaufsräume schön und übersichtlich gestaltet? Hat sich der Verkäufer Zeit für Sie genommen? Hatte er ein gepflegtes Auftreten, angenehme Umgangsformen?

Vor allem, wenn sachliche Grundlagen fehlen, entscheiden Menschen – oft unbewusst – aus dem Bauch heraus. Vermag die Umgebung nicht, dieses Bauchgefühl positiv zu beeinflussen, lässt man im Zweifelsfall lieber die Hände von einem Produkt und sucht einen anderen Anbieter.

Nicht nur Verkaufsräume und Personal beeinflussen das Bauchgefühl Ihrer Kunden. Hält ein Kunde Ihren Prospekt oder Brief in den Händen, surft eine Interessentin auf Ihrer Website, gewinnen sie einen Eindruck von Ihrem Unternehmen, lange bevor sie sich mit dem Angebot auseinandergesetzt haben. Aus diesem Grund sind Sie gut beraten, sich auch auf der Kommunikationsebene um einen perfekten Auftritt Ihrer Firma zu kümmern. So gewinnen Sie mit wenig Aufwand mehr Nähe zu Ihren Kunden und sichern sich einen Konkurrenzvorteil.

Was gehört zur Corporate Identity?

Bestimmt kennen Sie den Begriff «Corporate Identity», kurz CI. Sie umfasst das gesamte Auftreten und Erscheinungsbild Ihres Unternehmens. Zur Corporate Identity gehören:

- Die **Unternehmenskultur** (Corporate Culture) ist die Gesamtphilosophie Ihres Unternehmens. Sie ist die Grundlage einer guten Corporate Identity. Viele Unternehmen erstellen im Rahmen der Corporate

Culture ein Firmenleitbild und veröffentlichen es in Broschürenform oder auf dem Internet.

- Das **Unternehmensverhalten** (Corporate Behaviour) meint das Verhalten Ihrer Mitarbeiterinnen und Mitarbeiter, die sich idealerweise mit dem Unternehmen und seinen Zielen identifizieren, entsprechend auftreten und wissen, wie sie Kunden überzeugen oder mit Reklamationen umgehen. Viele Unternehmen verfassen interne Richtlinien zum Corporate Behaviour – dazu gehören bei bestimmten Firmen auch Regeln zur Bekleidung – und integrieren diese im Rahmen von Betriebsreglementen in die Arbeitsverträge der Mitarbeitenden.

- Zur **Unternehmenskommunikation** (Corporate Communication) gehört die gesamte mündliche und schriftliche Kommunikation – von der Korrespondenz über die Werbung bis hin zum Verhalten Ihrer Mitarbeiterinnen und Mitarbeiter am Telefon oder im persönlichen Kundenkontakt. Die Corporate Communication muss auf die Unternehmensphilosophie abgestimmt sein. Viele Firmen erlassen interne Kommunikationsrichtlinien, zum Beispiel für Korrespondenz und Mailverkehr.

- Das **äussere Erscheinungsbild** (Corporate Design) schliesslich umfasst die einheitliche Gestaltung vom Briefpapier über die Prospekte, die Produkte und Visitenkarten bis hin zu den Geschäftsräumen, dem Firmenfahrzeug und zum Internetauftritt. Die Kunden sollen durch eine optisch ansprechende Aufmachung ein positives und unverwechselbares Bild des Unternehmens gewinnen. Kernpunkt des Corporate Design ist ein zu Ihrem Unternehmen passendes Firmenlogo samt den darauf abgestimmten Schriftarten und -grössen.

Wenn Sie noch kein einheitliches Firmenlogo besitzen oder wenn Ihnen das bestehende nicht mehr gefällt, lohnt es sich, für die Gestaltung des Unternehmensauftritts einen Werbefachmann oder eine Grafikerin beizuziehen. Der einmalige finanzielle Aufwand macht sich anschliessend viele Jahre lang bezahlt.

Gleicher Auftritt auf allen Kanälen

Die Corporate Identity Ihres Unternehmens muss auf allen Ebenen der Kommunikation in Erscheinung treten – nur so erzielen Sie die grösstmögliche Wirkung bei Ihrem Auftritt.

Verwenden Sie in der geschriebenen und in der elektronischen Korrespondenz das gleiche Briefpapier samt Logo und bauen Sie Ihre Texte nach dem gleichen Muster auf (mehr dazu auf Seite 52). Halten Sie sich beim Verfassen aller Texte an die gleichen Leitplanken und Regeln.

Sie wollen, dass Ihre Kundin ohne Mühe und Aufwand sofort versteht, was Sie ihr mitteilen möchten. Egal, ob Sie das in einem formellen Brief oder in einer E-Mail tun – auch Ihr Schreibstil widerspiegelt das CI Ihres Unternehmens: Leicht verständliche Briefe, Mails und Texte auf der Website oder im Prospekt zeigen Ihre Ausrichtung auf die Kundenbedürfnisse, wecken Sympathie und fördern das Interesse der Kunden an Ihrem Unternehmen und an Ihren Produkten oder Dienstleistungen. Achten Sie bei der Gestaltung Ihrer Texte auf folgende Punkte:

- Sprechen Sie Ihre Kundin wann immer möglich mit vollständigem Namen an. Verwenden Sie eine natürliche, der Kundin angepasste Sprache. Reden Sie mit ihr auf der Sie-Ebene statt auf der Wir-Ebene: *Sie erhalten als Beilage...* statt: *Wir senden Ihnen...*
- Erklären Sie Abläufe und Inhalte knapp und leicht verständlich, ohne Ausschweifungen, Fachausdrücke und ohne belehrenden Unterton. Kommunizieren Sie mit dem Kunden in seiner Sprache, nicht in Ihrem Fachjargon. Formulieren Sie aktiv, positiv und vermeiden Sie Verneinungen.
- Publizieren Sie auf Ihrer Firmen-Website Ihr Organigramm. Stellen Sie die Verantwortlichen der verschiedenen Abteilungen vor, am besten mit einem Foto und einem direkten Link. Ihre Kunden müssen einen einfachen Zugang zu Ihnen und Ihren Mitarbeitenden haben.
- Heben Sie die Vorzüge Ihrer Produkte oder Dienstleistungen hervor. Verzichten Sie auf Superlative und Eigenlob, unterlassen Sie Vergleiche mit der direkten Konkurrenz. Lassen Sie Ihre Stärken für sich sprechen.

Keine Bange! Was jetzt vielleicht etwas abstrakt daherkommt und nach viel Aufwand tönt, ist im Alltag einfach umzusetzen. Die nächsten Seiten werden Ihnen Schritt für Schritt zeigen, wie Sie sich mit Ihren Kundinnen und Kunden optimal per Brief und Mail verständigen.

So gestalten Sie einen wirkungsvollen Geschäftsbrief

Finden Sie auch, auf den Inhalt komme es an? Dann liegen Sie falsch. Der beste Werbebrief bringt Ihnen keine einzige Kundin, wenn er ungelesen im Altpapier landet. Gerade bei der heutigen Informationsflut sind äussere Werte wichtiger denn je. Erst ein sauber gestalteter Brief bringt Ihre Botschaft optimal zur Geltung und zeigt Ihren Lesern gegenüber Wertschätzung.

Regeln für die Darstellung

Bei der Darstellung von Geschäftsbriefen ist fast alles möglich. Stand früher die Empfängeradresse immer rechts oben, können Sie sie heute genauso gut auch links setzen. Bevor Sie sich für eine Variante entscheiden, sollten Sie Folgendes bedenken: Ein aufwendig gestaltetes Firmenlogo braucht genügend Weissraum, um optimal zur Geltung zu kommen. Wenn Ihr Logo rechts oben steht, wirkt Ihr Brief möglicherweise schöner, wenn Sie die Empfängeradresse auf die linke Seite setzen.

Klare Regeln hierzu gibt es nicht. Es lohnt sich, verschiedene Varianten auszudrucken und zu vergleichen. Lassen Sie aber auf jeden Fall die Empfängeradresse und die Grussformel auf derselben vertikalen Achse. Es wirkt unschön, wenn die Empfängeradresse rechts steht, die Grussformel aber auf der linken Seite.

Richten Sie nun Ihre Seite ein. Sie können sich an folgende Empfehlungen halten:

- **Seitenränder:** oben 2,5 bis 3 cm, unten 3 cm, links 3 cm, rechts 1,5 bis 2 cm. Die erste Zeile der Empfängeradresse steht 4,5 cm vom oberen Blattrand.
- **Ausrichtung:** linksbündig. Achten Sie auf einen gleichmässigen Rand. Vermeiden Sie wenn möglich Trennungen. Blocksatz ist weitverbreitet. Er eignet sich aber nicht für Proportionalschriften, da die Wörter unnatürlich auseinandergezogen werden. Mit Fliesssatz, auch Flattersatz genannt, fahren Sie in der Regel besser.

- **Zeilenabstand:** In der Regel schreibt man mit einfachem Zeilenabstand. Bei sehr kurzen Briefen kann es schöner wirken, wenn Sie den anderthalbfachen Zeilenabstand wählen.
- **Schriftgrösse:** Verwenden Sie niemals eine zu kleine oder zu grosse Schrift. Schriftgrösse 10 bis 12 ist ideal und für die meisten Menschen gut lesbar.
- **Hervorhebungen:** Bedenken Sie, dass zu viele optische Reize Ihre Leser eher abstossen. Heben Sie Wichtiges mit Fettschrift hervor. Hervorhebungen mit Unterstreichen, Grossbuchstaben, Sperren und Kursivschrift sind veraltet. Halten Sie sich überhaupt zurück mit Hervorhebungen. Drei bis fünf Wörter pro Brief oder Mail – mehr nicht.

Weniger ist mehr! Setzen Sie optische Reize zurückhaltend ein und wählen Sie eine einfache, schnörkellose, zum Logo passende Schrift. Und noch etwas: Verschicken Sie mehrseitige Briefe nur, wenn es wirklich nicht anders geht. Was immer Sie Ihrer Leserin zu sagen haben, sollte auf einer Seite Platz finden.

Die Empfängeradresse

In genormten Adressfeldern stehen Ihnen acht Zeilen zur Verfügung. Postalische Vermerke stehen zuoberst und werden meist mit einer Leerzeile abgetrennt. Das Wort *Firma* wird heute nicht mehr geschrieben, ebenso wenig das Einleitungswort *An*. Vielerorts wird auch *Frau* oder *Herr* vor dem Namen weggelassen.

Wenn Sie die Anrede vor dem Namen verwenden, dürfen Sie übrigens *Herr* oder *Herrn* schreiben. Nach Duden wäre nur *Herrn* korrekt, an den Kaufmännischen Schulen wird aber auch *Herr* als richtig akzeptiert. Sie können die Anrede auf eine separate Zeile setzen oder direkt vor den Namen.

Schreiben Sie Ihren Brief an eine Person in einem Unternehmen, kann der Name des Empfängers vor oder nach dem Namen der Firma stehen. Akademische Titel werden im Adressfeld abgekürzt.

Aufgepasst: Schreiben Sie Vornamen immer aus. Das ist höflich und dient der reibungslosen Zustellung.

ADRESSBEISPIELE

Einschreiben	A-Post
Herrn Günther Schnyder Gastro Service AG Hardturmstrasse 70 Postfach 8021 Zürich	Herr Günther Schnyder Gastro Service AG Hardturmstrasse 70 Postfach 8021 Zürich
Herrn Dr. iur. Günther Schnyder Gastro Service AG Hardturmstrasse 70 Postfach 8021 Zürich	Persönlich Prof. Dr. iur. Günther Schnyder Gastro Service AG Hardturmstrasse 70 Postfach 8021 Zürich
Dr. iur. Günther Schnyder Präsident des Verwaltungsrats Gastro Service AG Hardturmstrasse 70 Postfach 8021 Zürich	Gastro Service AG Dr. iur. Günther Schnyder Präsident des Verwaltungsrats Hardturmstrasse 70 Postfach 8021 Zürich
Herr Günther Schnyder Herr Marcel Weiss Gastro Service AG Hardturmstrasse 70 Postfach 8021 Zürich	Frau Rosmarie Weiss Herr Günther Schnyder Gastro Service AG Hardturmstrasse 70 Postfach 8021 Zürich
Herr und Frau Günther und Marlene Schnyder Geranienweg 7 8001 Zürich	Frau Dr. Barbara Stoll Landwehrstrasse 2 DE-42298 Wuppertal Deutschland

Die Datumszeile

Beim Datum können Sie den Monat in Worten oder in Zahlen schreiben. Üblich ist zudem, den Ort vor das Datum zu setzen:
- Bern, 10. April 2013
- Bern, 10.4.2013

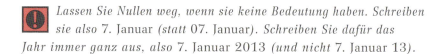
Lassen Sie Nullen weg, wenn sie keine Bedeutung haben. Schreiben sie also 7. Januar (statt 07. Januar). Schreiben Sie dafür das Jahr immer ganz aus, also 7. Januar 2013 (und nicht 7. Januar 13).

In genormten Briefen finden sich auf der Datumszeile oft noch Referenzangaben (*Ihr Zeichen, unser Zeichen*). Ist das nicht der Fall, können Sie Referenzangaben hinter das Datum setzen: *10.4.2013/GEB/ht.*

Wichtig: der Betreff

Der Betreff ist der Titel des Briefes. Deshalb steht diese Zeile ohne eigenen Titel. Zusätze wie *Betrifft* oder *Gegenstand* werden heute weggelassen.

Dem Betreff sollten Sie besondere Aufmerksamkeit schenken. Er hilft Ihrem Leser, den Einstieg in Ihren Brief zu finden. Wählen Sie also immer einen konkreten Titel. Wenn es geht, formulieren Sie den Betreff als ganzen Satz. Zahlen oder Allerweltswörter eignen sich nicht als Titel eines Briefes.

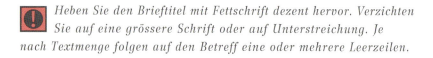
Heben Sie den Brieftitel mit Fettschrift dezent hervor. Verzichten Sie auf eine grössere Schrift oder auf Unterstreichung. Je nach Textmenge folgen auf den Betreff eine oder mehrere Leerzeilen.

Die Anrede

Sprechen Sie Ihre Geschäftspartner, wann immer es geht, mit Namen an. Massenbriefe mit der Anrede *Sehr geehrte Kundinnen und Kunden* oder *Sehr geehrte Damen und Herren* wirken unpersönlich. Setzen Sie solche Anreden nur ein, wenn Sie die Namen wirklich nicht kennen. Akademische

2 ■■■ DER AUFTRITT IHRES UNTERNEHMENS

BEISPIELE FÜR BETREFFZEILEN

Schlechte Beispiele

Ihr Schreiben vom 10. Januar 2013	Der Kunde weiss, dass er am 10. Januar geschrieben hat.
Bestellung Nr. 1243546 vom 10. Januar 2013	Die abstrakte Bestellnummer sagt der Leserin nichts.
Referenznr. 1244667/ Kundennr. 32467	Solche Angaben gehören in separate Referenzzeilen im Briefkopf.

Gute Beispiele

Die Creative Werbeagentur heisst Sie willkommen!	Einem neuen Mitarbeiter wird der Arbeitsvertrag zugestellt.
Ihre Zufriedenheit ist uns wichtig	Antwort auf die Reklamation einer Kundin
Ihre Bestellung ist bei uns eingetroffen	Bestätigung des Erhalts einer Bestellung

und politische Titel werden in die Anrede einbezogen. In der Schweiz hat es sich eingebürgert, nach der Anrede kein Komma zu setzen und den Brieftext auf der neuen Zeile mit einem Grossbuchstaben anzufangen.

Sie können Ihre Geschäftspartner mit den gängigen Anredeformen begrüssen oder mit einer individuellen, weniger förmlichen Wendung. Wählen Sie eine weniger förmliche Anrede, beachten Sie, dass diese zu Ihnen und Ihrem Betrieb, aber auch zu Ihrem Geschäftspartner passen muss. Viele Leute schätzen es, wenn sie auf unkonventionelle Art und Weise begrüsst werden; andere bevorzugen die vornehme Zurückhaltung. Verbindliche Regeln gibt es nicht. Sie allein entscheiden mit Ihrem gesunden Menschenverstand, was wohin passt.

Wenn Sie mehrere Adressaten anschreiben, mit denen Sie teilweise per Du sind, dann drücken Sie dies in der Anrede aus, schreiben aber den Brieftext in der Sie-Form. Stellen Sie in der Anrede diejenige Person voran, mit der Sie nicht per Du sind.

BEISPIELE FÜR FORMELLE ANREDEN

Sehr geehrte Frau Bommer	Sehr geehrter Herr Kläusi
Sehr geehrte Frau Dr. Bommer	Sehr geehrter Herr Professor Kläusi
Sehr geehrte Frau Bundesrätin Bommer	Sehr geehrter Herr Regierungsrat Kläusi

BEISPIELE FÜR WENIGER FÖRMLICHE ANREDEN

Grüezi, Frau Bommer	Guten Tag, Herr Kläusi
Liebe Kathrin	Liebe Mitarbeiterinnen und Mitarbeiter

DU UND SIE GLEICHZEITIG IN DER ANREDE

Sehr geehrter Herr Dr. Kläusi, liebe Kolleginnen und Kollegen	Sehr geehrte Frau Bommer, lieber Kurt
Ihre netten Zeilen …	Ich danke Ihnen vielmals für …

Wichtig: Schreiben Sie immer so, dass Sie das Geschriebene aussprechen können. Verwenden Sie auf keinen Fall Doppelformen wie *Sie/Du* oder *Euch/Ihnen* oder Zusammenziehungen wie *Liebe MitarbeiterInnen*. Mehrere Personen mit *Ihr* anzusprechen, ist falsch und wirkt hemdsärmlig.

Die Grussformel und das Beilagenverzeichnis

Noch vor wenigen Jahren war die Formel *Mit freundlichen Grüssen* weitverbreitet. Heute hat sich die Kurzform *Freundliche Grüsse* durchgesetzt. Auch hier gibt es keine verbindlichen Normen. Mit eigenen Ideen gewinnt Ihr Brief eine persönliche Note.

PERSÖNLICH WIRKENDE GRUSSFORMELN

Freundliche Grüsse aus dem nebligen Zürich

Sonnige Grüsse

Sommerliche Grüsse

Beste Grüsse

Herzlich

Einen guten Start in die Woche wünscht

DREI VARIANTEN VON BEILAGENZEILEN

Beilagen	Die Beilagen werden im Brief erwähnt.
Beilagen: Arbeitsvertrag, Firmenreglement, Erhebungsblatt, Antwortkuvert	Im Brief wurden nicht alle Beilagen erwähnt.
Beilagenverzeichnis im Anhang	Die Beilagen werden auf einem separaten Blatt detailliert aufgelistet.

Wenn Ihrem Schreiben weitere Dokumente beiliegen, vermerken Sie dies am Briefende. Haben Sie die Beilagen im Text bereits erwähnt, müssen Sie sie nicht nochmals aufzählen. Werden die Beilagen nicht erwähnt, sollten Sie die einzelnen Dokumente auflisten; bei umfangreichen Zusendungen verweisen Sie auf ein separates Beilagenverzeichnis.

Die Beilagenzeile kommt mit einem Abstand von zwei bis vier Zeilen nach der getippten Signatur zu stehen.

Das Postskriptum (PS)

Postskriptum bedeutet «das Nachgeschriebene». Abgekürzt wird es *PS*, also mit Grossbuchstaben und ohne Punkte; dann folgt ein Doppelpunkt. In Zeiten des Maschinenschreibens fügte man in einem PS an, was man im Brief vergessen hatte, um nicht den ganzen Text nochmals abschreiben zu müssen. Im Computerzeitalter ist das nicht mehr nötig.

Trotzdem finden Sie in vielen Briefen ein PS, vor allem in Werbebriefen. Leserforschungen haben gezeigt, dass das PS einen hohen Beachtungsgrad hat. Viele Menschen lesen es, bevor sie den eigentlichen Brief anschauen. Manchmal ist das PS sogar das Einzige, was in einem Brief überhaupt gelesen wird.

Diese Erkenntnis sollten Sie sich zunutze machen. Versuchen Sie, in einem PS einen besonderen Aspekt Ihres Textes hervorzuheben oder auf etwas Wichtiges hinzuweisen. Das PS dürfen Sie ruhig etwas marktschreierisch formulieren. Hier einige Beispiele:

- PS: Profitieren Sie von unserem Spezialrabatt. Wenn Sie bis zum 10. März bezahlen, dürfen Sie einen Extra-Skonto von 3 Prozent abziehen!
- PS: Kurzentschlossene profitieren von einem unschlagbaren Frühbucher-Rabatt.
- PS: Verpassen Sie nicht unsere Herbstausstellung mit vielen Attraktionen.

2 ■■■ DER AUFTRITT IHRES UNTERNEHMENS

Modern und effizient schreiben

Ärgern Sie sich auch über Briefe oder Mails, die Sie beim zweiten Lesen immer noch nicht verstehen? Solche Schreiben landen unbeachtet im Papierkorb. Mit Ihren Briefen und Mails soll das nicht passieren. In diesem Kapitel erfahren Sie, wie Sie einen leicht leserlichen, attraktiven Text verfassen, und Sie finden eine Checkliste als Hilfe für die tägliche Schreibarbeit. Ihre Kunden werden es Ihnen danken, und Sie werden mehr Freude am Schreiben haben. Garantiert!

Kurz und direkt – so schreibt man heute

Viele Leute trauen sich nicht so recht, in Briefen und Mails auf den Punkt zu kommen. Sie fürchten, zu viel Direktheit wirke unhöflich oder aufdringlich. Deshalb enthalten viele Texte Formulierungen wie: *Zurückkommend auf unser Gespräch teilen wir Ihnen mit, dass…, … möchten wir Sie informieren, dass…, … haben wir davon Kenntnis genommen, dass…*

Das ist unnötig, denn in der heutigen Geschäftswelt zählt vor allem eines: Zeit. Je rascher Sie Ihr Anliegen auf den Punkt bringen, je weniger Ihr Geschäftspartner lesen muss, desto besser. Kürze bedeutet nicht, dass Sie unhöflich sind, sondern dass Sie Ihr Gegenüber nicht mit abstraktem Geschwafel langweilen wollen.

> *Bestimmt wird es Situationen geben, in denen Sie finden, ein Schreiben mit nur einem oder zwei Sätzen sei zu kurz. Auf Seite 38 finden Sie Tipps, wie Sie Ihren Text in einem solchen Fall sinnvoll und kundenorientiert anreichern können.*

Sieben Regeln für Texte, die gelesen werden

Viele Texte sind deshalb so schwer verständlich, weil sie überladen sind: Der Autor will zu viele Informationen in einen Satz packen, wählt abstrakte Begriffe, Fremdwörter und formuliert viel zu lange Sätze. Beachten Sie deshalb beim Schreiben die folgenden sieben Regeln.

1. Wählen Sie kurze, konkrete Nomen
Konkret ist alles, was man anfassen kann: *das Buch, der Baum, die Katze*. Abstraktes kann man nicht anfassen: *ein Gespräch, eine Formulierung, eine Idee*. Konkrete Wörter rufen in der Vorstellung Bilder hervor. Deshalb verstehen die Lesenden solche Wörter besser und können sie sich merken.

Vermeiden Sie zusammengesetzte Nomen. Schreiben Sie *Gemeinde* statt *kommunaler Sektor*, *Risiko* statt *Gefährdungspotenzial*. Auch *Wissenslücke* ist besser als *Informationsdefizit*, denn ein Nomen ist umso verständlicher, je weniger Silben es hat. Schreiben Sie also nicht *ergiebige Niederschläge* oder *Glatteisbildung*, sondern *heftiger Regen* und *Glatteis*.

2. Kein Satz ohne Verb

Nicht das Nomen, sondern das Verb ist der Motor in einem Satz. Verben beschreiben Tätigkeiten und von ihnen geht die ganze Kraft aus: bestellen, liefern, anfragen, fordern. Ein Satz ohne konjugiertes Verb ist grammatikalisch unvollständig und häufig sprachlich leer.

Auch hier gilt: Suchen Sie möglichst kurze, konkrete Verben und verzichten Sie auf abstrakte, schwerfällige. Dazu gehören alle, die auf -ieren enden: *verbalisieren, instrumentalisieren, thematisieren*. Unnötig sind Verdoppelungen wie *aufoktroyieren, vorprogrammieren*. Aus Ihrem aktiven Wortschatz streichen sollten Sie zudem die sogenannten Streckverben, etwa: *in Erwägung ziehen, die Zustimmung erteilen, eine Überweisung vornehmen*.

3. Vermeiden Sie Passiv und Infinitiv

Nur aktive Verben sind frisch und aussagekräftig; Passivformen sind schwer verständlich. Weil sie die handelnde Person verschweigen, provozieren passive Formulierungen häufig Unklarheiten. Schreiben Sie also besser: *Die Anwohner wehrten sich gegen die Baubewilligung*, statt: *Gegen die Baubewilligung wurde Protest eingelegt*.

Der Infinitiv ist die unkonjugierte Verbform. Er wirkt besonders blass und altbacken. Beispiel: *Wir haben beschlossen, Ihr Gesuch zu bewilligen*. Besser: *Wir haben Ihr Gesuch bewilligt*.

4. Vermeiden Sie Adjektive

Wer ein Adjektiv vor ein Nomen setzt, möchte meist das Geschriebene verdeutlichen. Leider bewirken Adjektive jedoch häufig genau das Gegenteil. Sie verwässern eine Aussage und blähen den Text unnötig auf. Adjektive braucht es in zwei Fällen: Erstens, wenn das Adjektiv unterscheidet: *der silberfarbene iPod, nicht der schwarze*, und zweitens, wenn das Adjektiv etwas bewertet: *ein ausgezeichneter Plan*. In allen anderen Fällen sind Adjektive nicht nötig. Merken Sie sich also: Wo ein Adjektiv nicht zwingend nötig ist, sollten Sie es weglassen.

Manche Adjektive wirken besonders aufgeblasen, zum Beispiel *unmissverständlich, geflissentlich* oder *wohlweislich*. Diese Worte sagen nichts, worauf Sie nicht verzichten könnten.

Sprachlich unschön sind Verdoppelungen oder Pleonasmen wie *schwarzer Rabe* (Raben sind immer schwarz) oder *besondere Privilegien* (Privilegien sind immer besonders). Peinlich wirken gesteigerte Adjektive, wenn eine Steigerung gar nicht möglich ist: *in keinster Weise* oder *zu unserer vollsten Zufriedenheit*.

5. Streichen Sie Füllwörter

Füllwörter haben keinen eigenständigen Inhalt, sie sind nichtssagend und deshalb unnötig. Aber es gibt sie in fast jedem Text zuhauf. Zum Beispiel: *in diesem Zusammenhang, gewissermassen, selbstredend, meines Erachtens, auch, dann, gar, wohl, nun*. Verzichten Sie auf solche Füllsel, häufig lassen sie sich mit einem präziseren Begriff ersetzen.

6. Aufgepasst mit Fremd- und Modewörtern

Viele Leute verwenden Fremdwörter, um dem Geschäftspartner zu imponieren. Das haben Sie nicht nötig. Bestechen Sie durch sachliche Kompetenz, durch eine klare Sprache. Dann machen Sie sich auch nicht lächerlich, weil Sie ein Fremdwort falsch schreiben oder es falsch verwenden.

FÜLLWÖRTER UND IHR ERSATZ

So nicht	Besser
zu diesem Zeitpunkt	jetzt
ein Ding der Unmöglichkeit	unmöglich
infolgedessen	deshalb
lässt an Deutlichkeit nichts zu wünschen übrig	(sehr) deutlich
keine Seltenheit	häufig
nichtsdestoweniger	trotzdem
keineswegs	nicht

Zurückhaltung ist auch bei Modewörtern angesagt, vor allem bei Anglizismen, also Ausdrücken, die aus dem Englischen stammen. Setzen Sie solche Ausdrücke nur dort ein, wo es kein entsprechendes Wort auf Deutsch gibt. Swimmingpool ist ein solches Beispiel; das deutsche Wort Schwimmbecken empfinden wir heute als fremd.

> *Feedback oder Feed-back? Desk-Top-Publishing, Desktop-Publishing oder Desktoppublishing? Wer Fremdwörter einsetzt, sollte sie richtig schreiben. Ein Blick in den Duden lohnt sich.*

7. Machen Sie mal einen Punkt

Je weniger Wörter ein Satz hat, desto verständlicher ist er. Befragungen haben gezeigt, dass die meisten Leserinnen und Leser einen Satz mit mehr als neun Wörtern bereits als schwer verständlich empfinden. Halten Sie sich deshalb an die Regel: ein Gedanke pro Satz.

Achten Sie darauf, dass wichtige Aussagen in Hauptsätzen stehen. Nebensätze dürfen keine wichtigen Handlungen enthalten. Also nicht: *Wir teilen Ihnen mit, dass Sie die Prüfung bestanden haben*, sondern: *Sie haben die Prüfung bestanden.*

Stellen Sie auch keine Nebensätze voran und unterbrechen Sie keine Hauptsätze mit Nebensätzen. Also nicht: *Da die Unterlagen nicht vollständig sind, können wir Ihre Eingabe leider nicht prüfen.* Und auch nicht: *Leider können wir, da die Unterlagen nicht vollständig sind, Ihre Eingabe nicht prüfen.* Verständlicher für Ihre Leserin ist: *Leider können wir Ihre Eingabe nicht prüfen, denn die Unterlagen sind nicht vollständig.*

Heikel sind in diesem Zusammenhang die zusammengesetzten Verben: Lassen Sie die Bestandteile möglichst nahe beieinander, sonst verliert Ihr Leser den Faden. Also nicht: *An diesem Informationsanlass nehmen alle Studierenden, die sich zur Prüfung angemeldet haben, teil*, sondern: *An diesem Informationsanlass nehmen alle Studierenden teil, die sich zur Prüfung angemeldet haben.*

Dasselbe gilt bei zusammengesetzten Zeitformen: *Ich habe meinen Wagen gefunden, nachdem ich ihn stundenlang auf drei verschiedenen Etagen gesucht hatte*, ist besser als: *Ich habe meinen Wagen, nachdem ich ihn stundenlang auf drei verschiedenen Etagen gesucht hatte, gefunden.*

So treffen Sie den richtigen Ton

Viele Leute schätzen einen knappen und direkten Schreibstil. Dennoch sind sie unsicher, wie viel Kürze das Gegenüber noch als höflich empfindet. Diese Befürchtungen sind berechtigt. Tatsächlich beurteilen manche Leserinnen und Leser einen Brief mit nur einem oder zwei Sätzen als etwas mager oder gar minimalistisch.

Einen Text in dieser Situation mit Floskeln künstlich strecken zu wollen, ist jedoch keine gute Idee. Überlegen Sie lieber, womit Sie dem Empfänger einen wirklichen Dienst erweisen könnten.

Schluss mit Floskeln!

Floskeln sind ein Ärgernis. Sie sagen wenig bis gar nichts aus und verwandeln jeden Brief in ein unpersönliches Standardschreiben. Mit Floskeln punkten Sie bei Ihren Kundinnen garantiert nicht. Im Kasten auf der nächsten Doppelseite finden Sie einige typische Vertreter dieser immer gleichen, langweiligen Formulierungen. Diese können Sie künftig getrost weglassen und Ihr Text wird an Klarheit und Individualität gewinnen.

Bieten Sie Ihren Kunden Service statt Floskeln. Vielleicht können Sie nach dem Hauptthema des Briefes auf ein besonderes Angebot hinweisen, auf eine Neuerung auf Ihrer Website, vielleicht können Sie einen zum Thema passenden Tipp geben oder zum Beispiel bei einer Absage statt einer Floskel des Bedauerns Ihren Entscheid nachvollziehbar begründen.

Solche Zusatzinformationen werden geschätzt und schaffen eine Kundenbindung. Floskeln dagegen langweilen und verärgern Ihre Kunden – ein Beispiel:

ZUSATZINFORMATIONEN STATT FLOSKELN

So nicht	Besser
Prospekte	**Freuen Sie sich auf die schönsten Wochen im Jahr!**
Sehr geehrte Frau Staub	Grüezi, Frau Staub
Zurückkommend auf Ihre telefonische Anfrage freuen wir uns, Ihnen in der Beilage unsere Südseeprospekte der kommenden Saison zusenden zu dürfen.	Danke für Ihren Anruf. Als Beilage erhalten Sie unsere Auswahl an Südseeprospekten für die kommende Saison.
Bei Fragen steht Ihnen der Unterzeichnende jederzeit gerne zur Verfügung.	Auf dem Nordatoll ist letzten Herbst das Ferienresort Sun&Fun neu eröffnet worden: Besucher schlafen in lauschigen, geräumigen Bungalows, geniessen einen lagunenförmigen Pool und werden von einem Spitzenteam kulinarisch verwöhnt. Ideal für Familien mit kleinen Kindern. Und das zu einem wirklich vorteilhaften Preis. Beachten Sie das Angebot auf Seite 15 im Milano-Katalog.
Freundliche Grüsse	Haben Sie Fragen oder wünschen Sie eine Beratung? Dann rufen Sie mich an. Und jetzt wünsche ich Ihnen viel Spass beim Schmökern und Entdecken.
	Beste Grüsse

FLOSKELN SIND UNNÖTIG

So nicht	Besser
Wir hoffen, Ihnen mit diesen Unterlagen gedient zu haben.	Haben Sie Fragen zu unserem Angebot? Sie erreichen unsere Beratungsabteilung ...
Wir nehmen Bezug auf Ihr Schreiben ...	Danke für Ihre Anfrage. Gerne offerieren wir Ihnen ...
Wir möchten Ihnen mitteilen ...	Ihre Bestellung ist eingetroffen. Bitte lassen Sie uns wissen, wann wir sie ausliefern dürfen.
Bezüglich Ihres Anrufs möchten wir Ihnen mitteilen, dass ...	Wir kommen zurück auf unser Telefongespräch. Ihre Bestellung werden wir ...
Bitte senden Sie die Unterlagen an die Unterzeichnende.	Danke, dass Sie mir die unterschriebenen Verträge bis Ende Woche zurückschicken.
Wir möchten es nicht versäumen, Ihnen zu danken.	Für die angenehme Zusammenarbeit danken wir Ihnen. Haben Sie vielen Dank für die prompte Lieferung.
Für Ihre Bemühungen danken wir Ihnen.	Haben Sie vielen Dank, dass Sie diese Nachlieferung so rasch wie möglich ausführen.
Wir erlauben uns, Sie daran zu erinnern, dass ...	Vielleicht haben Sie übersehen, dass Ihre Antwort noch aussteht. Danke, dass Sie uns bis morgen Bescheid geben.
Beiliegend senden wir Ihnen ...	Als Beilage erhalten Sie ... Als Beilage senden wir Ihnen ...
Wir sehen Ihrer geschätzten Antwort mit Freude entgegen	Wir danken für Ihre Antwort. Wir freuen uns auf Ihre Antwort.

NOCH MEHR UNNÖTIGE FLOSKELN

So nicht	Besser
Zu unserer Entlastung senden wir Ihnen ...	Sie erhalten als Beilage Ihre Unterlagen zurück.
Zurückkommend auf unser Telefongespräch vom 05.10., teilen wir Ihnen mit, dass ...	Inzwischen haben wir die offenen Fragen geklärt: Ihr Reisebegleiter ...
Wir stehen Ihnen jederzeit zur Verfügung.	Haben Sie Fragen? Sie erreichen mich diese Woche jeweils am Nachmittag unter Telefonnummer ... Ausserhalb dieser Zeiten hilft Ihnen mein Kollege, Herr ..., gerne weiter.
Zu Ihrer Kenntnisnahme erhalten Sie ...	Als Beilage erhalten Sie den gewünschten ...
In der Beilage senden wir Ihnen das Bewerbungsdossier zurück und bitten um Verständnis.	Wir senden Ihnen das Dossier zurück und wünschen Ihnen bei Ihrer Stellensuche viel Erfolg.
Im Auftragsfall bitten wir Sie, eine Kopie dieser Vereinbarung zu retournieren.	Danke, dass Sie uns das unterzeichnete Briefdoppel als Auftragsbestätigung zurückschicken.
Gerne unterbreiten wir Ihnen folgendes Angebot.	Wir bieten Ihnen an:
Etwaige Fragen beantworten wir gerne.	Haben Sie Fragen? Rufen Sie uns an.
Ohne Ihren Gegenbericht bis ...	Danke, dass Sie uns bis ... Bescheid geben.
Ohne Ihren umgehenden Bescheid sind wir gezwungen ...	Wenn wir bis ... nichts von Ihnen hören, werden wir ...

Vorsicht mit Zahlen, Ziffern und Abkürzungen

Texte mit vielen Abkürzungen wirken abstrakt und sind zudem schwer verständlich. Verwenden Sie deshalb in einem Lauftext keine Abkürzungen, sondern schreiben Sie so, dass Sie alle Wörter aussprechen können. Damit erweisen Sie Ihren Lesern einen grossen Gefallen. Also nicht: *Wir übernehmen alle Aufträge bzw. Mandate, z.B. ...,* sondern: *Wir übernehmen alle Aufträge beziehungsweise Mandate, zum Beispiel ...*

Zahlen und Ziffern sind ebenfalls schwer lesbar. Natürlich lassen sie sich nicht immer und überall vermeiden oder umschreiben. Hier einige Tipps, wie Sie dafür sorgen können, dass in einem Lauftext nicht zu viele solcher Bremsklötze den Leser verwirren:

- Beginnen Sie einen Satz niemals mit einer Zahl, sondern stellen Sie Zahlen ans Satzende.
- Schreiben Sie *Prozent* statt *%*.
- Wenn in einem Text nur eine Währung vorkommt, müssen Sie die Abkürzung nicht bei jeder Zahl schreiben. Noch besser: Schreiben Sie die Währung aus, also *Franken* statt *Fr.* oder *CHF*.
- Lassen Sie bei grossen Zahlen die Dezimalstellen weg und verweisen Sie auf eine Tabelle im Anhang. Verzichten Sie auch auf Zahlenkolonnen im Lauftext und legen Sie stattdessen eine Tabelle, eine Preisliste oder eine Zusammenfassung bei.
- Wiederholen Sie im Text Ihres Briefes keine Daten, Referenznummern oder ähnliche Angaben, die bereits im Betreff oder in der Referenzzeile stehen.

VERSTÄNDLICHER OHNE ABKÜRZUNGEN UND ZAHLEN

So nicht	Besser
Gestützt auf Art. 205 Abs. 2 Ziff. 3 der Verordnung zum Zivilgesetzbuch (ZGB) haben wir Ihre Eingabe abgelehnt.	Wir haben Ihre Eingabe abgelehnt, weil sie nicht alle gesetzlich vorgeschriebenen Voraussetzungen erfüllt. Auf dem beiliegenden Merkblatt sind die Anforderungen erklärt. Die rechtliche Grundlage finden Sie in der Verordnung zum Zivilgesetzbuch in Artikel 205 Absatz 2 Ziffer 3.

- Suchen Sie nach Umschreibungen: Statt einer Jahreszahl könnten Sie schreiben: im *Vorjahr*, statt eines Datums zum Beispiel: *gestern* oder *letzte Woche*.

Verwenden Sie wenn immer möglich keine Klammern, sondern setzen Sie die Aussage stattdessen in einen Nebensatz. Wenn ein Klammerausdruck wirklich nötig ist, setzen Sie die Klammer ans Satzende und nicht mitten in den Satz.

08/15-Briefe verärgern Ihre Geschäftspartner

Versuchen Sie niemals, Ihren Kunden mit Standardbriefen abzuwimmeln, sondern zeigen Sie, dass Sie sich mit seinen Bedürfnissen und Argumenten auseinandergesetzt haben. Es gibt nichts Ärgerlicheres, als eine E-Mail oder einen Brief zu bekommen, in denen alles Mögliche steht, bloss nicht das, was man wissen will.

EINGEHEN AUF DIE ANLIEGEN DER KUNDEN – BEISPIEL 1

So nicht	Besser
Schadensmeldung Nr. 23456	**Abrechnung über Ihre Schadensmeldung**
Sehr geehrter Herr Dürrmüller	Sehr geehrter Herr Dürrmüller
Wir haben oben erwähnten Schadenfall erledigen können. Gestüzt auf die uns zur Verfügung stehenden Unterlagen haben wir Ihnen den Betrag von Fr. 3567.80 auf Ihr Konto Nr. 249767/hp3 bei der Raiffeisenbank 8405 Winterthur/Wülflingen überwiesen.	Wir haben Ihre Schadensmeldung geprüft und Ihnen heute Fr. 3567.80 auf Ihr Konto bei der Raiffeisenbank Winterthur/Wülflingen überwiesen.
Wir hoffen, dieses Schadensereignis zu Ihrer Zufriedenheit erledigt zu haben, und stehen Ihnen bei allfälligen Fragen gerne zur Verfügung.	Als Beilage überreichen wir Ihnen unsere Broschüre «Sicher ist sicher». Darin finden Sie viele nützliche Tipps, wie Sie sich künftig vor solch unangenehmen Überraschungen schützen können.
Freundliche Grüsse	Freundliche Grüsse

Zum guten Ton gehört auch, dass Sie rasch auf das Anliegen des Kunden zu sprechen kommen, statt ihn mit zeilenlangen Erklärungen zu internen Abläufen oder mit Gejammer über Kapazitätsengpässe zu langweilen. Das gilt besonders, wenn Sie auf eine Reklamation antworten (Tipps zu diesen anspruchsvollen Schreiben auf Seite 184). Hier zwei erste Beispiele:

EINGEHEN AUF DIE ANLIEGEN DER KUNDEN – BEISPIEL 2

So nicht	Besser
Ihre Anfrage vom 3. Februar	**Reklamationsstatistik**
Sehr geehrte Frau Keller	Sehr geehrte Frau Keller
Die Statistik des vergangenen Jahres ist von mir noch nicht bereinigt und ausgewertet worden. Da es sich bei dieser Arbeit jeweils um ein sehr aufwendiges Unterfangen handelt und wir zudem nach den Festtagen einen grossen Pendenzenberg aufzuarbeiten haben, ist es mir leider nicht möglich, Ihnen Ihre Fragen derart kurzfristig zu beantworten.	Haben Sie vielen Dank für Ihre Anfrage.
	Die Auswertung der Statistik für das abgelaufene Jahr ist noch im Gang. Ich werde sie voraussichtlich Ende Monat abschliessen. Gerne werde ich Ihnen dann den gewünschten Bericht sofort zustellen.
Ich kann aber festhalten, dass in den genannten drei Bereichen weniger als 10% der eingegangenen Bestellungen zu Beanstandungen Anlass gaben. Daraus kann indes nichts für die gesamte Branche oder einzelne Anbieter abgeleitet werden (weder im positiven noch im negativen Sinn). Unser Zahlenmaterial ist bekanntlich bezogen auf die Gesamtzahl der im Umlauf befindlichen Güter zu bescheiden, als dass sich daraus generelle Schlüsse ziehen lassen.	Vielleicht hilft Ihnen in der Zwischenzeit die folgende Information weiter: Wir erhalten von weniger als zehn Prozent unserer Kunden Reklamationen wegen mangelhafter Lieferungen dieses Produkts. Allerdings ist unsere Erfahrung nicht für die gesamte Branche repräsentativ, da unsere Firma nur einen kleinen Teil des Branchenumsatzes erwirtschaftet.
Ich hoffe, Ihnen mit diesen Hinweisen gedient zu haben.	Freundliche Grüsse
Mit freundlichen Grüssen	

Das Wichtigste zur Rechtschreibung

«Wir haben schon mit vielen nahmhaften Unternehmen zusammen gearbeitet aber soetwas, wie Ihre Lieferung hatten wir noch nie!» Ein Satz, drei Rechtschreib- und zwei Kommafehler – peinlich, peinlich. Wer von Kunden, Geschäftspartnern und Mitarbeitenden ernst genommen werden will, kommt nicht umhin, sich die wichtigsten Regeln zur Rechtschreibung und Zeichensetzung einzuprägen.

> *Deutsche Rechtschreibung – die soll ja so kompliziert sein. Halb so wild: Vorne im Duden gibt es eine übersichtliche Zusammenfassung der Rechtschreibregeln. Im Wörterbuchteil sind die zulässigen Schreibweisen aufgeführt. Wo mehrere Varianten bestehen, ist die von Duden empfohlene besonders gekennzeichnet. Auf www.duden.de (→ Sprachwissen) finden Sie Rechtschreibregeln, Sprachberater und Sprachspiele.*

Das Stammprinzip
Wörter aus der gleichen Wortfamilie werden gleich geschrieben. Beispiele: *namhaft* (wegen Name), *nummerieren* (wegen Nummer), *platzieren* (wegen Platz), *Stängel* (Stange).

Wegen des Stammprinzips werden bei zusammengesetzten Wörtern von drei gleichen Konsonanten alle geschrieben: *Schifffahrt* (Schiff, Fahrt), *Schritttempo* (Schritt, Tempo). Bei einigen Wörtern fällt das frühere «h» weg, weil ähnliche Wörter ebenfalls ohne «h» geschrieben werden: zum Beispiel *Känguru* (wegen Kakadu, Gnu) oder *rau* (wegen blau, grau).

Fremdwörter richtig schreiben
Bei Wörtern, die aus anderen Sprachen stammen, kann das «h» geschrieben oder weggelassen werden: *Katarrh* ist so gut wie *Katarr*, *Joghurt* steht neben *Jogurt*. Gleichberechtigt sind «ph» und «f» in den Silben «phon», «phot» und «graph» sowie in ein paar Einzelfällen: *Biographie* neben *Biografie*, *Saxophon* und *Saxofon*, *Delphin* oder *Delfin*. Neben *substantiell* gilt auch *substanziell* als korrekt, neben *Potential* auch *Potenzial*.

Fremdwörter aus dem Englischen werden gross und in der Mehrzahl mit «ys» geschrieben: *Hobbys, Ladys, Partys, Rowdys*. Viele zweiteilige Begriffe können entweder mit Bindestrich oder zusammengeschrieben werden:

Midlife-Crisis neben *Midlifecrisis* (aber nicht *Midlife Crisis*), *Show-down* oder *Showdown*, *Centre-Court* und *Centrecourt*.

Bei Fremdwörtern aus dem Französischen ist neben den Endungen «-ée» und «-é» auch die Endung «-ee» möglich: *Exposé* und *Exposee*, *Séparée* neben *Separee*. In der Schweiz wird allerdings die französische Endung bevorzugt.

Mehr Grossgeschriebenes
Heute wird mehr grossgeschrieben: *gestern Abend, in Bezug auf, im Übrigen, ins Trockene bringen, des Öfteren, im Voraus*. Man schreibt: *Die Ersten werden die Letzten sein*, ebenso: *Jung und Alt, Gross und Klein* oder *im grossen Ganzen*. Freigestellt ist die Grossschreibung bei *die einen* oder *Einen, die anderen* oder *Anderen, die meisten* oder *Meisten* – der Duden empfiehlt hier Kleinschreibung.

Zusammensetzungen von Nomen und Verb werden in der Regel getrennt und das Nomen wird grossgeschrieben: *Rad fahren, Maschine schreiben, Hof halten*. Aber in Verbindung mit «sein», «bleiben» und «werden» ist diese Regel aufgeweicht: Man *macht Angst* und *hat Schuld*, doch man *ist schuld, bleibt schuld* und *es wird einem angst*.

Richtig trennen
Wörter werden konsequent nach Sprechsilben getrennt. All die Ausnahmen, die früher mühsam auswendig gelernt werden mussten, gelten nicht mehr.
- «st» wird getrennt wie «sp»: *Fens-ter, meis-tens*.
- «ck» kommt auf die neue Zeile wie «ch» oder «sch»: *Zu-cker, lo-cken*.
- Bei einigen Buchstabenkombinationen gibt es mehrere Möglichkeiten: *Quad-rat* neben *Qua-drat*, *Kap-riole* oder *Ka-priole*, *möb-liert* und *mö-bliert*, *Dip-lom* oder *Di-plom*, *Mag-net* so gut wie *Ma-gnet*, *Indust-rie* neben *Indus-trie*.
- Zusammengesetzte Wörter, die nicht mehr als solche erkannt werden, können nach Sprechsilben oder nach Wortteilen getrennt werden: *wa-rum* und *war-um*, *he-ran* oder *her-an*, *inte-ressant* neben *inter-essant*.

Bindestrich zwischen Zahlen und Wörtern
Korrekt ist: *13-jährig, der 13-Jährige, 80-prozentig*. Wenn aber nach der Zahl kein Wort, sondern eine Nachsilbe steht, fällt der Bindestrich weg: *68er, 100%ig*. Und was gilt bei *15fach* oder *15-fach*? Beides ist richtig.

Getrennt oder zusammenschreiben?
In diesem Bereich lassen die Regeln häufig beide Formen zu: Grundsätze sind beispielsweise *allgemein gültig* oder *allgemeingültig*, Geschäfte *Gewinn bringend* oder *gewinnbringend*. Man hat *so genannte* oder *sogenannte* Freunde, kann *Dank sagen* oder *danksagen*, etwas *zu Stande bringen* oder *zustande bringen*. Beachten Sie folgende Regeln:

- Verbindungen mit «wie», «so» und «zu» werden häufig getrennt: *wie viel, zu wenig, so viel*; auch *ebenso viel, allzu sehr*. Ausnahme: *Soviel ich weiss, kommt er morgen.*
- Zusammensetzungen mit «irgend» werden zusammengeschrieben: *irgendjemand, irgendwann*; Ausnahme: *irgend so etwas*.
- Verbindungen von zwei Verben werden in der Regel getrennt geschrieben: *schreiben lernen, spazieren fahren, verloren gehen*. Bei «bleiben» und «lassen» ist auch Zusammenschreiben möglich, wenn die Verbindung im übertragenen Sinn gebraucht wird: *Wenn du nicht mehr lernst, wirst du sitzenbleiben* (oder *sitzen bleiben*). Dasselbe gilt für *kennen lernen* und *kennenlernen*.
- Verbindungen mit «sein» werden getrennt geschrieben: *da sein, zusammen sein*.

Duzt man sich heute gross oder klein?

Wer den Briefempfänger siezt, schreibt das Anredepronomen gross, keine Frage: *Zu unserem Firmenjubiläum laden wir Sie und Ihre Begleitung ganz herzlich ein.* Wie ist das aber, wenn man die Briefempfängerin duzt? Wird dann die Anredeform gross- oder kleingeschrieben?

Beides ist möglich und korrekt. Wenn Sie also Ihrer Kollegin eine E-Mail oder einen Brief schreiben, können Sie sie getrost mit einem kleinen *du* anreden. Das Gleiche gilt übrigens auch für die Anredepronomen in der Mehrzahl *ihr* und *euch*. Wenn Sie Ihrer Kollegin aber weiterhin mit einem grossen *Du* Respekt zollen wollen, ist das genauso richtig.

Punkt, Strichpunkt, Gedankenstrich – die Satzzeichen

Sie gehören in jeden Brief und sie sind die Quelle vieler Fehler: die Satzzeichen. Gerade Kommas werden häufig nach Gefühl gesetzt. Aber auch das Setzen von Punkt, Strichpunkt und Gedankenstrich wirkt oft etwas improvisiert. Hier eine Übersicht über die wichtigsten Regeln – zusammengefasst aus dem Standardwerk «Richtiges Deutsch» von Walter Heuer.

- **Punkt, Fragezeichen und Ausrufezeichen** stehen nach einem vollständigen Satz. Das Fragezeichen wird nur nach direkten Fragen gesetzt: *Sie fragte: «Wie geht es dir?»* Nach einer indirekten Frage steht kein Fragezeichen: *Sie fragte ihn, wie es ihm gehe.* Üben Sie sich beim Setzen von Ausrufezeichen in vornehmer Zurückhaltung; sie wirken rasch aufdringlich oder kindisch.
- Der **Doppelpunkt** steht vor der direkten Rede: *Er sagte: «Ich werde die Wahl annehmen.»* In der Geschäftskorrespondenz wird er häufig verwendet, um Aufzählungen einzuleiten: *Bei Ihrer Lieferung haben wir folgende Mängel festgestellt: ...* Oder: *Gerne unterbreiten wir Ihnen unser Angebot: ...* Zudem kann man mit dem Doppelpunkt Spannung erzeugen: *Ihr Preis: ein Wellness-Weekend für zwei Personen.*
- Der **Strichpunkt** ist stärker als ein Komma und schwächer als ein Punkt. Er eignet sich, um Sätze übersichtlich zu gliedern: *Unsere Verkäuferinnen sind begeistert vom neuen Showroom; Sie werden sich darin ebenfalls wohlfühlen.* In Aufzählungen trennt der Strichpunkt Gruppen von Wörtern, deren einzelne Glieder bereits durch Kommas unterteilt sind: *In unserer Gemüseabteilung finden Sie Äpfel, Birnen, Bananen; Brombeeren, Himbeeren, Erdbeeren; Salat, Blumenkohl und Lauch.*
- Der **Gedankenstrich** ist ein Pausenzeichen. Er kennzeichnet Unerwartetes, betont Unausgesprochenes und dient zur Hervorhebung: *Im beiliegenden Prospekt stellen wir Ihnen unser Frühlingsangebot vor – zu frühlingshaften Preisen.* Wenn ein Komma zu schwach erscheint, kann ein Gedankenstrich einen eingeschobenen Satz oder Satzteil hervorheben: *Sie sind – wer könnte es Ihnen verübeln? – verärgert über die Lieferverzögerung.* Ist ohne Einschub ein Komma nötig, wird es nach dem zweiten Gedankenstrich gesetzt: *Nur wenn sie mit Schutzkleidern*

ausgerüstet sind – das ist die Vorschrift –, können Besucher die Produktionsräume betreten.
- In **Klammern** stehen erklärende Hinweise, Bemerkungen und Zusätze: *Unsere zweite Filiale befindet sich in Pontirone (bei Biasca).* Es ist auch möglich, nur Wortteile einzuklammern: *(Teil-)Renovation,* wenn sowohl die Renovation des ganzen Gebäudes wie auch eines Teils davon gemeint ist.
- **Anführungszeichen** stehen vor und nach der direkten Rede: *Er sagte: «Ich nehme die Wahl an.»* Sie kennzeichnen Buch- und Zeitungstitel sowie Zitate: *Die «Neue Zürcher Zeitung» hat darüber berichtet.* Und sie können Wörter oder Wortgruppen herausheben, infrage stellen oder ironisieren: *Ihre «Forderung» weise ich entschieden zurück.*

Brauchts eins oder nicht?
Das Komma

Am meisten Schwierigkeiten bereitet das Komma. Auch dazu die wichtigsten Regeln:
- Das Komma steht zwischen den Bestandteilen von Aufzählungen, die nicht mit «und», «oder», «sowie» und Ähnlichem verbunden sind: *Die Zeitung enthielt einen kurzen, informativen Bericht. Hühner, Enten, Gänse müssen vorläufig eingesperrt bleiben.* Aber: *Hunde und Katzen sowie Hühner und Enten müssen vorläufig eingesperrt bleiben.*
- Wenn zwei Adjektive ein Nomen beschreiben, steht das Komma nur, wenn die Adjektive gleichrangig sind: *ein fruchtiges, gesundes Getränk* (das Getränk ist fruchtig und gesund). Wenn das zweite Adjektiv und das Nomen zusammen eine Einheit bilden, die vom ersten Adjektiv beschrieben wird, steht kein Komma: *ein florierendes italienisches Geschäft* (das italienische Geschäft floriert).
- Vor «aber», «sondern» und verwandten Konjunktionen steht ein Komma: *Traurig, aber wahr. Nicht die Behörde, sondern das Volk muss die Entscheidung fällen. Die Veranstaltung findet am Sonntag statt, jedoch nur bei schönem Wetter.*
- Das Datum nach einer Tagesangabe wird mit Kommas abgetrennt, wobei das zweite Komma fakultativ ist: *Am Dienstag, 19. April(,) beginnt der Kurs.*

- Das Komma trennt Zusätze und Einfügungen vom Rest des Satzes ab: *Mit Herrn Reber, seinem Vorgesetzten, steht Peter Müller auf Kriegsfuss. Sie kommt morgen, und zwar früh. Kleider, besonders Pullover, sind im Ausverkauf bis zu 50 Prozent herabgesetzt.* Manchmal können Sie Kommas setzen oder weglassen – je nachdem, wie Sie den Satz verstehen: *Werner rannte(,) rot vor Wut(,) aus der Sitzung.*
- Nebensätze werden durch Kommas vom übergeordneten Satz abgetrennt: *Ob die Meldung stimmt, weiss ich nicht. In der Beilage finden Sie die Prospekte, die Sie bestellt haben. Wir hoffen, dass wir Ihnen weiterhelfen konnten, und danken Ihnen für Ihr Vertrauen.*
- Zwischen gleichrangigen Nebensätzen steht ein Komma, wenn sie nicht mit «und», «oder» und ähnlichen Konjunktionen verbunden sind. *Wo er wohnt, was er tut, wovon er lebt, weiss man nicht.* Aber: *Wo er wohnt und was er tut, weiss man nicht.*
- Werden Hauptsätze mit «und», «oder» etc. verbunden, kann ein Komma stehen, muss aber nicht: *Keiner kam ihm zu Hilfe(,) und keine Stimme war zu hören. Sie erreichen unsere Firma mit der Strassenbahn(,) oder Sie können am Bahnhof ein Taxi nehmen.* Dasselbe gilt für Satzverbindungen mit «entweder … oder» und «weder … noch»: *Entweder er bezahlt(,) oder wir beliefern ihn in Zukunft nicht mehr.*
- Infinitivgruppen, die mit «um», «ohne», «anstatt», «als» und «ausser» eingeleitet sind, werden mit Kommas abgetrennt: *Ohne sich vom Gastgeber zu verabschieden, verschwanden sie. Etwas Besseres, als eine Reise zu gewinnen, konnte mir gar nicht passieren.* Auch wenn die Infinitivgruppe von einem Wort im Hauptsatz abhängig ist, muss ein Komma stehen: *Bitte erinnern Sie die Lernende daran, die Post zu holen. Gern erfüllen wir Ihren Wunsch, ein Referenzobjekt anschauen zu können. Junge Katzen lieben es, mit unseren speziellen Spielmäusen herumzutollen.* In allen anderen Fällen ist das Komma fakultativ: *Wir behalten uns vor(,) nur gegen Vorauszahlung zu liefern.* Das gilt auch für die selteneren Partizipgruppen: *Sie sank(,) zu Tode erschreckt(,) aufs Sofa.* Im Zweifelsfall sollten Sie das Komma setzen – Ihr Satz wird übersichtlicher.

So gehts leichter: die Arbeit vor und nach dem Schreiben

Einen Brief oder eine Mail zu schreiben, ist an manchen Tagen ohnehin eine unangenehme Aufgabe. Vor allem, wenns pressiert. Kaum hat man einen Gedanken in die Tasten gehämmert, fehlt ein Detail. Also blättert man sich durch die Unterlagen, sucht nach einer Referenznummer oder einem Datum. Endlich gefunden. Aber jetzt – was wollten Sie noch sagen?

Gerade wenn es eilt, sollten Sie sich vor dem Schreiben einen Moment Zeit nehmen und sich vorbereiten. Diese Zeit ist nicht verloren. Sie werden dafür beim Schreiben rascher und auch entspannter ans Ziel kommen.

Unterlagen bündeln und zusammenfassen

Sie wollen eine Offerte schreiben oder auf eine Reklamation antworten. Dann nehmen Sie die betreffenden Unterlagen zur Hand. Verbannen Sie alle anderen Papiere aus Ihrer Nähe, denn diese bergen Ablenkungspotenzial.

Ordnen Sie die Unterlagen: Bisher geführte Korrespondenzen kommen auf einen Stapel, und zwar das Neuste zuoberst, das Älteste zuunterst. Telefon- und andere Handnotizen bilden einen zweiten Stapel, wieder das Neuste zuoberst. Auf einen weiteren Stapel legen Sie unadressierte Drucksachen wie Prospekte, Preislisten, Merkblätter und Ähnliches.

Nehmen Sie nun den Stapel mit den persönlichen Unterlagen, den Mails und Briefen. Lesen Sie die Schreiben Ihres Kunden nochmals durch und markieren Sie die für Ihren Text wichtigen Stellen. Was wünscht er? Worüber hat er sich am meisten geärgert? Was erwartet er von Ihnen?

Legen Sie die Unterlagen zurück auf den Stapel und nehmen Sie ein leeres Blatt Papier. Bevor Sie sich ans Schreiben machen, sollten Sie unbedingt eine Textdisposition erstellen. Das hilft Ihnen, Ihre Gedanken zu bündeln, und spart eine Menge Zeit beim Schreiben.

Erstellen Sie eine Textdisposition

Keine Angst: Eine Textdisposition ist im Nu von Hand erstellt. Nehmen Sie das leere Blatt Papier und teilen Sie es mit einem horizontalen und einem vertikalen Strich in vier Quadrate. Diese vier Quadrate stellen die vier Teile Ihres Schreibens dar.

Füllen Sie nun in jedes dieser Quadrate stichwortartig ein, was Sie im entsprechenden Briefteil sagen möchten. Zum Beispiel wie in den folgenden zwei ausgefüllten Textdispositionen: einer Offerte für ein Firmenseminar und einer Antwort auf eine Reklamation. Die ausformulierten Briefe finden Sie auf Seite 56.

> MUSTER 1 UND 2

Beginnen Sie beim Notieren Ihrer Stichworte mit dem zweiten Teil, der Hauptaussage, und überlegen Sie sich den Einstieg erst am Schluss. So kommen Sie schneller ins Thema und verschwenden keine Zeit mit dem Textanfang. Je nach Inhalt können Sie den Einstieg nämlich weglassen und gleich mit dem Hauptteil beginnen.

SCHEMA EINER TEXTDISPOSITION

1. Einleitung, Begrüssung	3. Zusatzinformationen
Motto: den Leser, die Leserin abholen Halten Sie sich kurz. Zählen Sie nicht alle bisher ausgetauschten Schreiben auf.	**Motto:** Zusatznutzen für den Leser, die Leserin Hier ist Raum für eine Begründung, eine Erklärung oder für zusätzliche Informationen und Werbebotschaften.
2. Hauptaussage	**4. Schlussteil, Verabschiedung**
Motto: zur Sache kommen Keine Wiederholungen, keine langen Einleitungen. Schreiben Sie nichts, was der Leser, die Leserin schon weiss.	**Motto:** klare Vereinbarungen Schreiben Sie, dass Sie eine Antwort, einen Bescheid oder eine Stellungnahme erwarten. Beenden Sie Ihren Brief mit der Schlussformel.

TEXTDISPOSITION: OFFERTE FÜR FIRMENSEMINAR

1. Danke für Anfrage

2. Seminar detailliert offerieren: Datum, Kosten, Anzahl Teilnehmer, inbegriffenes Material

3. Langjährige Erfahrung, positive Rückmeldungen aus früheren Seminaren; was Teilnehmer besonders schätzen

4. Würde mich freuen, Seminar durchführen zu dürfen; werde nächste Woche anrufen

TEXTDISPOSITION: ANTWORT AUF REKLAMATION

1. Für Reklamation danken; solche Rückmeldungen helfen uns, besser zu werden

2. Entschuldigung für mangelhafte Lieferung; Rechnung selbstverständlich storniert

3. Ersatzlieferung ist unterwegs; auf besonders gute Qualität geachtet, neues Produkt zum Probieren beigelegt – natürlich gratis

4. Viel Spass beim Degustieren und einen schönen Frühling

Nicht zu vermeiden: die Arbeit nach dem Schreiben

Leider wahr: Die eigentliche Arbeit kommt nach dem Schreiben. Versuchen Sie auf keinen Fall, Ihren Text während des ersten Niederschreibens zu überarbeiten und umzuformulieren. Das kostet bloss Zeit. Erstellen Sie die handschriftliche Disposition, schreiben Sie anhand der Stichworte Ihren Text und lassen Sie ihn dann eine Nacht – oder auch ein paar Stunden – liegen. Während dieser Pause kommen häufig noch gute Ideen. Überarbeiten Sie den Text anschliessend anhand der Checkliste.

Geben Sie schliesslich Ihren Text jemandem zum Lesen. In Redaktionsstuben nennt man das Gegenlesen. In vielen Unternehmen gilt das Vier-

Augen-Prinzip. Es bedeutet, dass kein Schreiben die Firma verlassen darf, das nicht von mindestens einer Person gegengelesen wurde. Das mag nach Aufwand und zusätzlicher Arbeit tönen, erspart Ihnen aber ärgerliche Fehler und Ihren Kunden unnötige Rückfragen.

Die Aufgabe des Gegenlesers ist es, der Verfasserin eine Rückmeldung zu ihrem Text zu geben, sogenanntes Feedback. Dabei soll sich der Gegenleser auf folgende Punkte konzentrieren:

- Versteht eine unbeteiligte Drittperson, worum es im Text geht?
- Ist der Inhalt klar, verständlich und ohne langes Drumherum formuliert?
- Erreicht der Text sein Ziel?
- Hat es Fehler (Tippfehler, Additionsfehler, Verständnisfehler, andere falsche Angaben)?
- Ist der Text angenehm zu lesen, nämlich knapp und freundlich?
- Weiss die Empfängerin, was von ihr erwartet wird?

Wichtig: Der Gegenleser soll nur Rückmeldung geben. Es ist nicht seine Aufgabe, den Text neu zu formulieren. Er darf Verbesserungsvorschläge machen, muss aber nicht. Es reicht, wenn er der Verfasserin sagt, wo er den Text nicht richtig versteht, wo der Text offene Fragen hinterlässt oder wo Ungenauigkeiten Anlass zu Rückfragen geben könnten. Das Überarbeiten ist dann die Aufgabe der Verfasserin.

Unnötige oder überhebliche Kritik verletzt. Geben Sie deshalb – wenn Sie selbst der Gegenleser sind – ein möglichst sachliches, wertneutrales Feedback auf einen Text und verwenden Sie bei Ihren Notizen auf dem Blatt keinen Rotstift.

Checkliste für die Überarbeitung

Achten Sie beim ersten Schreiben nicht allzu sehr auf treffende Formulierungen und perfekte Übergänge, sondern bringen Sie vor allem Ihre Gedanken in der festgelegten Reihenfolge aufs Papier respektive auf den Bildschirm. Beginnen Sie danach mit dem Überarbeiten. Folgende Checkliste soll Ihnen dabei helfen.

CHECKLISTE TEXTKONTROLLE

- ☐ Sind Empfängeradresse und Grussformel auf der gleichen vertikalen Linie?
- ☐ Stimmen die Abstände zwischen Adresse, Betreff, Anrede und Grussformel?
- ☐ Sprechen Sie Ihren Empfänger mit Namen an?
- ☐ Sind alle Vornamen ausgeschrieben?
- ☐ Ist die Schriftart gut leserlich und passt sie zum Logo oder Briefkopf?
- ☐ Wirkt Fliesssatz – auch Flattersatz genannt – oder Blocksatz besser?
- ☐ Achten Sie beim Fliesssatz auf ausgeglichene Zeilenlängen und vermeiden Sie wenn möglich Trennungen.
- ☐ Wählen Sie für Hervorhebungen Fettschrift und setzen Sie Hervorhebungen zurückhaltend ein.
- ☐ Hat es in Ihrem Text Abkürzungen? Wenn ja, schreiben Sie diese Wörter aus.
- ☐ Fügen Sie zwischen den einzelnen Teilen leere Zeilen ein.
- ☐ Welches ist die Hauptaussage Ihres Textes? Haben Sie sie gleich an zweiter Stelle, also nach der Einleitung, platziert?
- ☐ Haben Sie Ihre Botschaft klar formuliert?
- ☐ Haben Sie deutlich gemacht, was Sie vom Empfänger erwarten?
- ☐ Gibt es viele Zahlen? Können Sie einige in Wörtern schreiben?
- ☐ Kontrollieren Sie, ob Sie nicht zu oft einen Satz oder einen Abschnitt mit dem gleichen Wort anfangen (zum Beispiel mit «wir» oder «ich»).
- ☐ Suchen Sie die Adjektive und prüfen Sie, ob es sie wirklich braucht.
- ☐ Ersetzen Sie passive durch aktive Verben.
- ☐ Achten Sie auf kurze Sätze mit starken Verben und möglichst wenig Nomen.
- ☐ Achten Sie darauf, dass Sie nicht Nebensätze vor Hauptsätze stellen und dass Sie Hauptsätze nicht durch Nebensätze unterbrechen.
- ☐ Ersetzen Sie zusammengesetzte Nomen durch kurze, konkrete Wörter.
- ☐ Streichen Sie Modewörter, Fachbegriffe und Fremdwörter und verwenden Sie stattdessen allgemein verständliche Ausdrücke.
- ☐ Streichen Sie Füllwörter und Floskeln.
- ☐ Durchforsten Sie Ihren Text nach Wiederholungen.

OFFERTE FÜR FIRMENSEMINAR

Seminar «Umgang mit schwierigen Kunden»

Sehr geehrter Herr Blank

Haben Sie vielen Dank für Ihren Anruf. Ihre Anfrage hat mich sehr gefreut.

Gerne biete ich Ihnen an, am 15. Juni in Ihrem Haus das Seminar zum Thema «Umgang mit schwierigen Kunden» durchzuführen. Die Schulung Ihrer 15 Mitarbeitenden dauert voraussichtlich von 9 bis 17 Uhr, mit einer einstündigen Mittagspause. Mein Honorar beträgt 1000 Franken, darin inbegriffen sind die Tagungsunterlagen, die die Teilnehmenden erhalten werden.

Wie Sie wahrscheinlich wissen, führe ich seit vielen Jahren Unternehmensschulungen durch und verfüge über eine grosse Erfahrung in diesem Bereich. Die Rückmeldungen der Teilnehmenden sind durchwegs positiv. Insbesondere wird das in der Praxis gut umsetzbare Wissen geschätzt, ebenso die kurzweilige Vermittlung des Stoffes.

Ich würde mich sehr freuen, wenn ich dieses Seminar für Sie organisieren und durchführen dürfte. Selbstverständlich kann ich auch speziell auf Ihr Unternehmen zugeschnittene Themen ins Programm aufnehmen und mit den Teilnehmenden bearbeiten.

Gerne rufe ich Sie nächste Woche am Mittwoch an, um Ihren Bescheid zu erfahren.

Beste Grüsse

ANTWORT AUF REKLAMATIONSSCHREIBEN

Ungeniessbarer Tropfen

Sehr geehrte Frau Landolt

Für Ihre Beanstandung danken wir Ihnen. Wir haben sie umgehend unserem Lieferanten weitergeleitet. Rückmeldungen wie die Ihre helfen uns, unsere Abläufe zu verbessern und die Qualität unserer Produkte zu gewährleisten.

Sie haben einen wahrlich ungeniessbaren Tropfen bekommen – dafür entschuldigen wir uns. Die Rechnung haben wir sofort nach Erhalt Ihrer Rüge storniert; die einwandfreie Ersatzlieferung wird noch diese Woche bei Ihnen eintreffen.

Damit Sie den unerfreulichen Zwischenfall so rasch wie möglich vergessen, haben wir der Ersatzlieferung einen Karton unserer neuen, erstklassigen Probierweine beigelegt – natürlich ohne Verrechnung. Diese Blauburgunder haben speziell viel Sonne und eine mehrmonatige Lagerzeit genossen und schmecken deshalb ganz besonders rund.

Wir wünschen Ihnen viel Spass beim Probieren und weiterhin genussvolle Stunden mit unseren Weinen.

Herbstliche Grüsse

Textbausteine und Standardformulierungen

Im Büro-Alltag gibt es täglich Routineschreiben zu formulieren: Bestätigungen von Bestellungen etwa, sich wiederholende Anfragen oder Antworten auf häufige Fragen. Klar, dass man da nicht jeden Text von Grund auf neu schreiben will und gerne auf Textbausteine zurückgreift. Diese vorformulierten Texte sparen unliebsame Tipparbeit und Zeit.

Aber aufgepasst: Textbausteine eignen sich bloss für Routinegeschäfte. Weicht das Anliegen Ihres Kunden auch nur wenig von Ihrer Standardvorgabe ab, lässt der Brief Fragen offen und zielt an seinem Anliegen vorbei. Dann war Ihre ganze sorgfältige Corporate Identity für die Katz.
   Prüfen Sie also genau, ob ein bestimmter Textbaustein wirklich zum Anliegen Ihres Kunden passt. Ändern Sie einzelne Wörter oder Sätze ab, sodass sich Ihr Adressat ernst genommen fühlt. Sonst haben Sie zum Schluss einen verärgerten Kunden und wegen der Rückfragen die doppelte Arbeit.

> *Legen Sie eine Mustertextsammlung für Ihre häufigsten Fälle an. So verschlägt es Ihnen nie mehr die Sprache. Hier einige gängige Textbausteine – eine noch grössere Auswahl finden Sie online (www.beobachter.ch/download → Passwort: 6048).*

Textbausteine für die Einleitung

- Vielen Dank für Ihre Anfrage vom… Wir freuen uns, dass Sie sich für unser Produkt interessieren.
- Wir heissen Sie als neue VIP-Kundin herzlich willkommen!
- Herzlich willkommen zur neuen …saison. Im beiliegenden Prospekt stellen wir Ihnen unser aktuelles Angebot vor – zu attraktiven Preisen.
- Ihre Lieferung haben wir gestern erhalten. Leider haben wir folgende Mängel festgestellt: …

- Vielen Dank für Ihren Brief. Ich vermute, es liegt ein Missverständnis vor: …
- Vielen Dank, dass Sie sich sofort gemeldet haben. Es liegt mir viel daran, die Angelegenheit schnell zu klären.
- Ihren Ärger können wir verstehen – vielen Dank für Ihren Brief.

Textbausteine für den Mittelteil

- Überzeugen Sie sich von der ausgezeichneten Qualität unseres Produkts und bestellen Sie bald.
- Diese Einzelheiten müssen noch geklärt werden. Dazu benötige ich etwas Zeit. Ich werde Sie nächste Woche anrufen.
- Die Lieferverzögerung überrascht uns, kennen wir Sie doch als zuverlässigen Geschäftspartner.
- Wir schlagen Ihnen einen Preisnachlass von … Prozent vor. Sind Sie damit einverstanden?
- Unsere Prüfung hat ergeben, dass der Schaden durch einen Bedienungsfehler entstanden ist. Trotzdem können wir Ihnen eine gute Lösung anbieten: …
- Als kleines Dankeschön für Ihre Geduld werden wir Ihnen die Versandkosten nicht verrechnen.
- Obschon wir die Forderung aus Ihrer Sicht verstehen, müssen wir uns an die rechtlichen Grundlagen halten. Diese sehen so aus: …

Textbausteine für den Schluss

- Haben Sie Fragen? Rufen Sie uns an. Sie erreichen uns …
- Falls wider Erwarten Probleme auftauchen sollten: Unser Techniker kommt sofort.
- Für die angenehme Zusammenarbeit danken wir Ihnen und freuen uns auf ein andermal.
- Sagt Ihnen unser Angebot zu? Unsere Verkaufsberaterin, Frau …, wird Sie nächste Woche anrufen.
- Neugierig geworden? In unseren Prospekten erfahren Sie mehr!
- Wir hoffen, dass wir Ihnen mit unserem Frühlingsstrauss eine Freude bereiten konnten und dass sich Ihr Ärger über diesen Vorfall bald legt.

E-Mails im Geschäftsalltag

Die meisten täglichen Informationen erreichen uns heute elektronisch. Mails sind aus dem Geschäftsalltag nicht mehr wegzudenken. Sie sind praktisch und schnell, haben aber auch ihre Tücken. Täglich erhalten wir Spams, Werbemails, unnötige Copymails, deren Bearbeitung von der eigentlichen Arbeit ablenkt und eine Menge Zeit kostet. Lesen Sie auf den folgenden Seiten, wie Sie eine wirkungsvolle Mail gestalten, wie verbindlich Mails sind und wie Sie die Informationsflut eindämmen können.

Per Mail oder doch besser per Brief?

Informationen per Mail zu versenden, spart eine Menge Zeit. Die Nachricht muss man weder ausdrucken noch unterschreiben noch in ein Kuvert stecken und zur Post tragen. Klick und weg. Doch nicht jede Information eignet sich für den Versand per E-Mail.

Nachrichten, die Sie elektronisch verschicken, kann der Empfänger bearbeiten und in Sekundenschnelle weiterverschicken. Dazu kommt, dass Sie bei einer Mail nie ganz sicher sein können, dass wirklich der oder die Angeschriebene Ihre Information liest. Selbst die Einrichtung einer Lesebestätigung gibt Ihnen keine Garantie, dass die richtige Person die Mail erhalten und gelesen hat.

Auch rechtlich betrachtet sind E-Mails eine unsichere Sache: Wenn Sie eine Bestellung per Mail verschicken und die Empfängerin behauptet, sie habe die Nachricht nicht erhalten, müssen Sie ihr das Gegenteil beweisen. Das ist beim elektronischen Datenaustausch so gut wie nie möglich. Auch eine Lesebestätigung oder der Ausdruck Ihrer abgeschickten Bestellung genügen den Beweisanforderungen in der Regel nicht. Weil Mails keine handschriftliche Unterschrift tragen, gelten Sie im Fall einer Betreibung auch nicht als Rechtsöffnungstitel, mit dem Sie den Rechtsvorschlag des Schuldners beseitigen können (mehr zu diesem Thema auf Seite 143).

Aus diesen Überlegungen sollten Sie sich an die folgenden Punkte halten. Damit ersparen Sie sich viel Aufwand und unnötigen Ärger:

- Verschicken Sie vertrauliche Nachrichten niemals per Mail, sondern als Brief.
- Verschicken Sie wichtige Nachrichten immer auf Papier. Wenn es um die Einhaltung einer Frist oder einer Formvorschrift geht, versenden Sie den Brief eingeschrieben.
- Wenn Sie auf eine E-Mail keine Antwort erhalten, deuten Sie das nicht als Einverständnis (auch nicht, wenn Sie das dem Empfänger so angekündigt haben). Fragen Sie telefonisch nach, ob Ihre Nachricht angekommen ist. Nur so sind Sie ganz sicher.

Regeln für Ihre Mails

Privat können Sie tun und lassen, was Sie möchten. Doch für eine geschäftliche E-Mail gelten die gleichen Anforderungen wie für einen Geschäftsbrief. So viel Zeit und Sorgfalt sollte Ihnen Ihr Kunde wert sein. Oder schätzen Sie Mails, die in Kleinbuchstaben, ohne Anrede, ohne Punkt und Komma, dafür mit unzähligen Tippfehlern daherkommen?

Mails, die gut ankommen

Wie ein Brief auf Papier besteht eine Mail aus einem Betreff, der Anrede, dem eigentlichen Text, der Grusszeile und der Signatur. Beachten Sie folgende Tipps, dann kommen Ihre elektronischen Texte gut an:

- Formulieren Sie Ihren Betreff möglichst konkret, sodass nicht der Verdacht aufkommt, es handle sich um Spam oder eine Werbemail. Wenn Sie in der Betreffzeile Allerweltswörter wie «Hallo» oder «Rechnung» wählen, riskieren Sie, dass Ihre Mail ungelesen im Spamfilter oder im elektronischen Papierkorb landet.
- Wenn Sie die Antwortfunktion verwenden, löschen Sie die Betreffzeile und formulieren Sie eine neue. Sonst geht das eigentliche Thema hinter den vielen «AW» und «RE» irgendwann unter. Schreiben Sie als Antwort auf eine Anfrage statt *RE: Anfrage* besser: *Danke für Ihre Anfrage.*
- Sprechen Sie Ihre Geschäftspartnerin mit Namen an, also: *Sehr geehrte Frau Zehnder*, oder: *Guten Tag, Frau Zehnder.*
- Beachten Sie die Gross- und Kleinschreibung. Bemühen Sie sich um fehlerfreies Deutsch und korrekte Satzzeichen. Verzichten Sie darauf, Wörter in Grossbuchstaben hervorzuheben, denn das wird von vielen Empfängern als unhöflich empfunden. Verwenden Sie weder Abkürzungen noch Smileys. Abkürzungen stören den Lesefluss und Smileys wirken kindisch.
- Verwenden Sie kein elektronisches Briefpapier und keine Animationen. Diese Extras fressen viel Speicherplatz und verursachen dem Empfänger zusätzlichen Aufwand, wenn er den Text bearbeiten will. Das kann ihn verärgern.

- Trennen Sie den Text mit Zeilenschaltungen. Neue Gedanken kommen in einen neuen Abschnitt. So wird das Ganze übersichtlicher.
- Verwenden Sie eine verbreitete Schriftart und verzichten Sie auf ausgefallene Schriften, die sich nur mit Mühe entziffern lassen.
- Beenden Sie Ihre Mail mit einer passenden Grussformel und Ihrer Signatur. Zur Signatur gehören Vorname und Name, Firma mit Adresse, Telefon- und Fax-Nummern, persönliche Mailadresse und Link auf die Website.
- Setzen Sie Prioritätsvermerke und Lesebestätigungen zurückhaltend ein. Viele Empfänger fühlen sich durch solche Extras belästigt. Und in der Regel sind ja immer die unwichtigsten Nachrichten mit höchster Priorität gekennzeichnet.

Verzichten Sie auf angehängte Vertraulichkeitshinweise (sogenannte Disclaimer). Diese schwülstig formulierten Textblöcke weisen auf die Vertraulichkeit einer Mail hin und bitten den Empfänger, diese sofort nach Erhalt zu löschen. Sie haben keinen nachgewiesenen Nutzen und sind auch rechtlich umstritten. Deshalb können Sie getrost darauf verzichten und an dieser Stelle eine Werbebotschaft platzieren. Ein Disclaimer ist nur dann sinnvoll, wenn Sie den Empfänger bitten, sich telefonisch zu melden, sollte er Ihre E-Mail irrtümlich bekommen haben.

> MUSTER 3 UND 4

Tipps, damit Sie die Empfänger nicht verärgern

Nicht nur fehlerhafte, unverständliche Mails nerven; genauso mühsam sind die Absender, die einen mit unerwünschten Nachrichten zutexten. Wenn Sie folgenden Mail-Knigge beherzigen, werden Sie Ihre Kunden und Geschäftspartnerinnen garantiert nicht unnötig ärgern:

- Verschicken Sie nicht unaufgefordert Attachments von mehreren Seiten. Fragen Sie beim Geschäftspartner nach, welche Unterlagen er von Ihnen möchte.
- Verschicken Sie keine Datenbandwürmer, sondern löschen Sie bei der Antwort die vorausgegangenen Nachrichten. Besonders ärgerlich sind

SO NICHT: MAILS, DIE RÜCKFRAGEN PROVOZIEREN

Eine Kundin bestellt beim Betreibungsamt per Mail einen Auszug aus dem Betreibungsregister und fragt, ob der Auszug gegen Rechnung oder Nachnahme verschickt wird. Sie erhält folgende Antwort:

From: betreibungsamt@adliswil.ch
To: Carola Breuer
Subject: AW: Auszug aus dem Betreibungsregister

sehr geehrte frau breuer

für einen betreibungsregisterauszug benötigen wir die anfrage schriftlich und mit einem interessennachweis den sie dazu senden sollten. Gleichzeitig sollten sie ein adressiertes und frankiertes antwortkuvert beilegen oder sie können auch kein kuvert beilegen dann kostet der auszug fr. 20.00 und diese könnten sie der anfrage gleich beilegen.

wir hoffen, ihnen mit diesen angaben gedient zu haben und verbleiben mit freundlichen grüssen

betreibungsamt adliswil

Die berechtigte Rückfrage der Kundin: Verstehe ich Sie richtig, dass der Auszug gratis ist, wenn ich ein frankiertes Antwortkuvert beilege? Die Antwort:

From: betreibungsamt@adliswil.ch
To: Carola Breuer
Subject: AW: Re: AW: Auszug aus dem Betreibungsregister

nein dann kostet der auszug fr. 17.00 und wird per rechnung erhoben.

freundliche grüsse

betreibungsamt adliswil

Maileinstellungen, bei denen alle Nachrichten chronologisch aufgereiht und mit der ältesten Nachricht zuoberst erscheinen, sodass der Empfänger immer zuerst nach unten scrollen muss, um die aktuelle Mitteilung zu lesen.

- Überlegen Sie immer dreimal, wen Sie mit einer Kopie bedienen. Täglich werden Tausende von Kopien verschickt, die niemanden wirklich interessieren.
- Behandeln Sie Mailadressen vertraulich. Wenn Sie eine Mail an mehrere Adressaten verschicken, setzen Sie Ihre eigene Adresse in die Empfängerleiste und die Adressen der Empfänger in die Leiste für die Blindkopie (BCC). So verhindern Sie, dass die Mailadressen Ihrer Geschäftspartner ungefiltert weiterverbreitet werden.
- Schicken Sie keine Kettenmails weiter – auch dann nicht, wenn der Aufruf noch so herzergreifend oder dramatisch klingt. Keine seriöse Organisation verschickt Spendenaufrufe oder Ähnliches per Mail.

Für viele KMU lohnt es sich, ein internes Reglement über die Verwendung elektronischer Kommunikationsmittel zu erlassen. In einem solchen Reglement können Sie Ihren Mitarbeitenden zeigen, welche formellen Anforderungen in Ihrem Betrieb gelten, und gleichzeitig können Sie den privaten Gebrauch von E-Mail und Internet regeln. Zahlreiche grössere Unternehmen verfügen heute über solche Reglemente; dort finden Sie Anregungen.

So behalten Sie Ihre Mailpost im Griff

Mit ein paar einfachen Tricks können Sie verhindern, dass sich Ihr elektronischer Briefkasten zur Zeitfressmaschine entwickelt.

- Lassen Sie sich von Ihrer Mailbox nicht knechten. Beantworten Sie Mails ein- oder zweimal am Tag, zu ganz bestimmten Zeiten. Informieren Sie Ihre Mitarbeiter und Geschäftspartner über diese Arbeitsweise.
- Beantworten Sie einfache und wichtige Mails sofort und legen Sie die anderen in Themenordnern ab. Reservieren Sie sich Zeit, um auch diese Mails zu beantworten.
- Wenn Abklärungen nötig sind, teilen Sie dem Absender kurz mit, wann er mit Ihrer Antwort rechnen kann. So verhindern Sie Nachfragen, die Sie auch wieder beantworten müssen.
- Legen Sie alle Mails ab, bevor Ihr Briefkasten überquillt. Legen Sie Ordner an, sortiert nach Absender, Themen oder Daten. Vereinbaren Sie mit Geschäftspartnern und Mitarbeitenden bestimmte, themenspe-

zifische Betreffzeilen, zum Beispiel: Projekt Wiesenweg. Dank den Filtermöglichkeiten im Mailprogramm werden diese Mails sofort in den richtigen Ordner abgelegt.
- Archivieren Sie Orientierungsmails in themenspezifischen Ordnern – für den Fall, dass Sie sie später einmal brauchen.
- Beantworten Sie nicht jeden Gruss und jede Scherzmail.
- Lesen Sie die Nachricht Ihres Kunden nochmals genau durch, bevor Sie antworten. Gehen Sie auf das Anliegen ein und versenden Sie kurze, klare Botschaften – so verhindern Sie Rückfragen.
- Verwenden Sie für Terminvereinbarungen ein kostenloses Tool (zum Beispiel www.doodle.ch).

Mails eignen sich für kurze, eindeutige Mitteilungen. Diskussionen, ein Meinungsaustausch oder eine Vernehmlassung per Mail dagegen provozieren unsägliche, nicht enden wollende Rattenschwänze und noch mehr Rückfragen. In vielen Situationen ist ein Gespräch effizienter.

Aufgepasst: Öffnen Sie keine unbekannten Attachments, sie könnten Viren enthalten. Klicken Sie keine Hyperlinks an, sonst riskieren Sie, dass Ihre Mailadresse erfasst und weitergeleitet wird. Geben Sie niemals per Mail persönliche Daten bekannt: keine Codes, keine Log-in-Daten und keine Kontonummern. Das Netz ist voller Betrüger, die versuchen, mit sogenannten Phishing-Mails an Ihre Daten zu kommen.

E-MAIL MIT GUTER SIGNATUR

Von: Sylvia Eckert sylvia.eckert@bluemail.ch
Gesendet: Dienstag, 5. März 2013, 12:45
An: Betreibungsamt
Betreff: Auszug aus dem Betreibungsregister

Sehr geehrte Damen und Herren

Bitte senden Sie mir einen Betreibungsregisterauszug über

Karl Kunz, Zürichstrasse 15, 8134 Adliswil.

Als Interessennachweis kann ich Ihnen – sofern Sie dies wünschen – die Kopie eines Darlehensvertrags zukommen lassen.

Werden Sie mir den Auszug gegen Rechnung oder Nachnahme senden? Letzteres wäre am einfachsten für mich.

Bei Fragen erreichen Sie mich per Mail oder auf meinem Handy.

Besten Dank und freundliche Grüsse

Sylvia Eckert
Erwachsenenbildnerin
Kurvenstrasse 77
8053 Zürich
Telefon 044 444 49 99
Mobile 079 438 38 38

KURZE, ABER SORGFÄLTIG GESTALTETE E-MAIL

Von: Dragan Ladic <dragan.ladic@ladicglas.ch>
Gesendet: Montag, 5. August 2013, 12:45
An: Piet van Bolliger <piet.vanbolliger@bluewin.ch>
Betreff: Offerte

Sehr geehrter Herr van Bolliger

Vielen Dank für Ihre Anfrage.

Um den Spiegel zu ersetzen, müssten Sie mit Kosten um die 450 Franken rechnen.
Als Beilage erhalten Sie eine detaillierte Offerte im PDF-Format.

Haben Sie Fragen? Ich beantworte sie Ihnen gern.

Freundliche Grüsse
Dragan Ladic
Geschäftsführer

Ladic Glas
Industriestrasse 215
9015 St. Gallen
Telefon 071 711 11 11
dragan.ladic@ladicglas.ch
www.ladicglas.ch

Geschäftskorrespondenz per SMS?

Das Handy ist aus der heutigen Kommunikationsgesellschaft nicht mehr wegzudenken. Auch aus der Geschäftswelt nicht. Sein Anwendungsbereich in der Korrespondenz mit Kunden und Geschäftspartnern ist jedoch sehr begrenzt, denn längere Mitteilungen per SMS sind nur sehr mühsam zu lesen.

Wenn Sie auf dem Weg zu einer Sitzung in einen Stau geraten und Ihren Geschäftspartner informieren wollen, können Sie ihn anrufen oder ihm eine SMS schicken. Letzteres sollten Sie allerdings nur dann tun, wenn Sie wissen, dass Ihr Partner diese Art der Kommunikation schätzt und dass er sein Handy regelmässig auf eingehende SMS überprüft. Im Zweifelsfall rufen Sie besser an. Nur so haben Sie Gewissheit, dass Ihre Mitteilung angekommen ist.

SMS ist eine dominierende Mitteilungsmethode geworden. Weil der Platz begrenzt ist, verwenden viele Leute Abkürzungen. Allerdings werden diese Abkürzungen nicht immer verstanden und provozieren dann wieder Rückfragen und Ärger. Im Geschäftsalltag empfiehlt es sich, SMS zurückhaltend einzusetzen. Verwenden Sie Abkürzungen nur dann, wenn Sie genau wissen, dass Ihr Gegenüber diese versteht und akzeptiert.

KLEINE AUSWAHL DER GEBRÄUCHLICHSTEN ABKÜRZUNGEN

asap	As soon as possible = so bald wie möglich
bb	Bis bald
btw	By the way = übrigens, nebenbei
cola	Coming later = komme später
cu	See you = wir sehen uns
div	Danke im Voraus
dk	Don't know = weiss nicht
f2f	Face to face = unter vier Augen
ff	Fortsetzung folgt
fg	Freundliche Grüsse
fyi	For your information = zu deiner Information
ga	Go ahead = mach weiter
glg	Ganz liebe Grüsse
hegl	Herzliche Glückwünsche
ic	I see = ich verstehe
imo	In my opinion = meiner Meinung nach
ko10minspä	Komme 10 Minuten später
maba	Mail back = schreib zurück
np	No problem = kein Problem
plz	Please = bitte
siw	Soweit ich weiss
stimst	Stehe im Stau
stn	Schönen Tag noch
t2ul8er	Talk to you later = rufe dich später an
thx	Thanks = danke

Anfragen, offerieren und bestellen

Bevor Sie etwas bestellen oder einen Auftrag erteilen, wollen Sie in der Regel verschiedene Angebote vergleichen. Heute informiert man sich meist zuerst über die Website eines Anbieters. Dieses Kapitel zeigt Ihnen, worauf Sie achten müssen, wenn Sie anschliessend ein auf Ihre Bedürfnisse zugeschnittenes Angebot einholen wollen. Und umgekehrt: wie Sie auf Anfragen kompetent und kundenfreundlich reagieren.

Anfragen stellen und auf Offerten reagieren

Mit einer Anfrage möchten Sie dem potenziellen Geschäftspartner Ihre Vorstellungen schildern und ihn auffordern, Ihnen ein Angebot zu unterbreiten. Solche Anfragen können Sie natürlich telefonisch oder über das Kontaktformular auf der Website des Anbieters stellen. Aus Beweisgründen lohnt es sich dennoch in vielen Fällen, eine Anfrage per Mail oder in Briefform zu verschicken. Rechtlich gesehen ist eine Anfrage eine Einladung zur Offertstellung; sie ist also nicht verbindlich.

Wenn Ihr Geschäftspartner eine Entschädigung für die Offerte verlangen will, sollte er Ihnen das mitteilen, bevor er die Offerte ausarbeitet. Aber aufgepasst: In einzelnen Branchen bestehen Richtlinien für die Entschädigung von Offerten.

> *Achten Sie darauf, dass Ihre Anfrage alle für das Angebot wichtigen Grundlagen und Details enthält. Lassen Sie Ihren Geschäftspartner im Briefschluss wissen, worauf es Ihnen ankommt und welche zusätzlichen Informationen Sie wünschen.*

Immer mehr Firmen haben auf ihrer Website Offertanfragen in Formularform aufgeschaltet. Diese können Sie entweder als PDF herunterladen, ausdrucken und ausgefüllt einschicken. Oder Sie füllen das Formular am Computer aus und schicken es elektronisch ab.

> **MUSTER 5 BIS 8**

Wenn die Offerte ausbleibt

Sie haben Ihre Anfrage abgeschickt und warten immer noch auf Antwort. Wie lange sich der Anbieter Zeit lassen darf, ist nirgends geregelt. Eine kluge Unternehmerin wird eine Offerte sofort ausarbeiten und verschicken. Immerhin geht es um einen Auftrag. Wenn es eilt, sollten Sie unbedingt nachfragen – am besten per Telefon oder per Mail.

> **MUSTER 9**

Zwischenberichte und Absagen

Was tun, wenn Sie einen Anbieter zwar von der Qualität her gerne berücksichtigen würden, sein Angebot aber preislich zu hoch liegt? Am besten, Sie reden mit ihm und fragen nach, ob er bereit wäre, Ihnen entgegenzukommen. Oder Sie senden eine kurze Mail.

> **MUSTER 10**

Wenn Sie sich für einen anderen Geschäftspartner entschieden haben, versteht es sich von selbst, dass Sie den nicht berücksichtigten Anbietern per Mail oder per Brief kurz Bescheid geben. Der Aufwand ist nicht gross.

> **MUSTER 11**

ANFRAGE FÜR EIN ARRANGEMENT FÜR BETRIEBSAUSFLUG

Arrangement für Betriebsausflug

Sehr geehrte Damen und Herren

Im Jahr unseres 30-jährigen Bestehens möchten wir einen Betriebsausflug unternehmen. Bitte senden Sie uns ein Angebot:

Reiseziel	Prag
Reisedatum	11. bis 13. Juli 2013
Anzahl Teilnehmende	Voraussichtlich 6 Damen und 6 Herren
Hotelwunsch	Viersternehotel, im Zentrum gelegen
Gewünschtes Arrangement	Economy-Flug Zürich–Prag–Zürich, 6 Doppelzimmer mit Frühstück
Besondere Wünsche	Stadtrundfahrt am 12. Juli

Bitte legen Sie Ihrem Angebot einen Stadtplan und einen Prospekt bei, damit wir uns über weitere Sehenswürdigkeiten und Veranstaltungen informieren können. Bei Fragen steht Ihnen unser Personalchef Sepp Fuchs gerne zur Verfügung. Für Ihre baldige Antwort danken wir Ihnen.

Freundliche Grüsse

ANFRAGE FÜR BÜROPFLANZENSERVICE

Grüner Arbeitsplatz

Sehr geehrte Damen und Herren

In einem Zürcher Tram bin ich durch Ihre Werbetafel auf Ihre Website aufmerksam geworden.

Ich führe ein Architekturbüro mit 15 Mitarbeitenden im Quartier Enge und wünsche mir mehr Natur am Arbeitsplatz. Leider habe ich keinen grünen Daumen und wenig Talent bei der Pflege von Pflanzen.

Bitte senden Sie mir ein detailliertes Angebot für die Bepflanzung unserer sechs Büroräume inklusive Pflegeservice.

Bei Fragen stehe ich Ihnen gerne zur Verfügung. Selbstverständlich können Sie unsere Büroräume auch besichtigen, bevor Sie uns das Angebot senden.

Freundliche Grüsse

FORMULAR FÜR OFFERTANFRAGE

Offertanfrage

Kunde
Firma _____
Anrede _____
Kontaktperson _____
Adresse _____
_____
Telefon, Fax _____
Mobile _____
E-Mail _____
Branche _____

Beschreibung gewünschter Auftrag
_____
_____

Offerte senden ☐ per Post   ☐ per Fax   ☐ per Mail

Verantwortlicher Verkäufer _____
Kalkulator _____
Sachbearbeiter _____
Termin Offerte _____
Auftragsnummer _____

Resultat _____

ANFRAGE FÜR COPYRIGHT

Foto von David Schön («Wände», 1997, Studio Du Nord, Seite 3)

Sehr geehrte Damen und Herren

Zur Illustration eines Artikels über neuartige Baumaterialien in unserer Mitarbeiterzeitung möchten wir gerne das oben genannte Bild aus Ihrem Katalog abdrucken.

Würden Sie uns bitte mitteilen, ob und zu welchen Konditionen wir das Bild verwenden dürfen? Unsere Mitarbeiterzeitung erscheint vierteljährlich mit einer Auflage von 3000 Exemplaren. Selbstverständlich würden wir den Quellenhinweis in der Legende anbringen und Ihnen ein Belegexemplar zukommen lassen.

Für Ihre Antwort danken wir Ihnen.

Freundliche Grüsse

NACHFRAGEN, WENN DIE OFFERTE AUSBLEIBT

Von: Soraya Yakin <so_ya@sportfit.ch>
Gesendet: 12.2.2013
An: Anton Nufer <a.nufer@nufer_co.ch>
Betreff: Offerte Spiegelwand

Sehr geehrter Herr Nufer

Letzte Woche haben wir Sie wegen der mobilen Spiegelwand für unser Studio 2 angerufen. Sie wollten uns den Austausch einzelner Elemente offerieren. Bis heute haben wir keine Offerte bekommen.

Vielen Dank, dass Sie uns die Offerte in den nächsten Tagen zuschicken, sodass wir sie an unserer nächsten Geschäftsleitungssitzung besprechen können.

Freundliche Grüsse

GELEGENHEIT FÜR EINE ZWEITE OFFERTE GEBEN

Offerte Spiegelwand

Sehr geehrter Herr Nufer

Ich komme zurück auf unser eben geführtes Telefongespräch.

Ihre Offerte überzeugt und wir wissen die Qualität Ihrer Produkte und Ihrer Arbeit zu schätzen. Dennoch weicht Ihr Angebot erheblich von einer Konkurrenzofferte ab.

Danke, dass Sie uns eine Zweitofferte unterbreiten. Wir würden uns freuen, wenn wir ins Geschäft kämen.

Freundliche Grüsse

EINEM ANBIETER ABSAGEN

Malerarbeiten Liegenschaft Zürichstrasse, Dübendorf

Sehr geehrter Herr Zwissig

Haben Sie vielen Dank für Ihre detaillierte Offerte.

Wir haben uns nach gründlicher Überlegung für das Angebot eines Mitbewerbers entschieden. Ausschlaggebend war der für uns günstigere Ausführungstermin.

Wir bedauern, dass wir Ihnen keinen besseren Bescheid geben können, hoffen aber, dass wir Sie ein andermal berücksichtigen können.

Beste Grüsse

Angebote unterbreiten

Mit einer Offerte laden Sie Ihren Kunden ein, mit Ihnen zu den darin genannten Bedingungen einen Vertrag abzuschliessen. Man unterscheidet zwischen verlangten und unverlangten Angeboten. Unverlangte Angebote sind die Werbebriefe (mehr dazu erfahren Sie auf Seite 164). Wenn Sie auf eine Offertanfrage reagieren, ist dies ein verlangtes Angebot.

Hin und wieder kommt es vor, dass Sie für die Beantwortung einer Anfrage länger benötigen als vorgesehen. Sei es, weil ein Mitarbeiter nicht zur Verfügung steht oder weil Sie weitere Informationen einholen müssen. Informieren Sie Ihre potenzielle Kundin unbedingt über die Verzögerung.

> MUSTER 12

Wie verbindlich ist die Offerte?

Rechtlich betrachtet ist eine Offerte ein Antrag für einen Vertragsschluss. In der Praxis stellt sich die Frage, ob ein solches Angebot verbindlich ist, und wenn ja, wie lange es das ist.

- Wenn Sie Ihr Angebot nicht ausdrücklich als unverbindlich kennzeichnen, sind Sie daran gebunden. Der Kunde kann mit seiner Einwilligung den Vertrag über die vereinbarte Leistung zustande bringen. Willigt der Kunde ein, können Sie als Anbieter nicht mehr zurücktreten, ohne schadenersatzpflichtig zu werden.
- Wollen Sie sich mit Ihrem Angebot nicht binden, müssen Sie es als «unverbindlich» kennzeichnen. Häufige Bezeichnungen sind: *unverbindlich, nur solange Vorrat* oder *freibleibend.*

Kataloge, Flugblätter, Prospekte und Anpreisungen im Internet sind von Gesetzes wegen immer unverbindlich. Um Unklarheiten und Ärger zu vermeiden, lohnt es sich aber allemal, in jedem Angebot einen Hinweis zur Verbindlichkeit anzubringen.

Wie lange ist die Offerte gültig?

Auch bezüglich der zeitlichen Gültigkeit eines Angebots sind zwei Fälle zu unterscheiden:
- Wenn Sie Ihr Angebot ausdrücklich befristen, gilt es bis zum Ablauf dieser Frist. Häufig anzutreffende Befristungen sind etwa: *gültig bis 13. August 2013* oder *gültig bis heute Abend, 18.00 Uhr.*
- Befindet sich kein solcher Zusatz auf einem Angebot, muss der Empfänger es sofort annehmen, sonst ist der Absender nicht mehr daran gebunden.

Was aber bedeutet «sofort annehmen»? Wird ein Angebot mündlich unterbreitet, zum Beispiel am Telefon, ist der Anbieter nur während dieses Gesprächs daran gebunden. Greift die Kundin nicht zu, verfällt das Angebot. Ruft sie eine Stunde später wieder an, weil sie es sich doch anders überlegt hat, ist der Anbieter nicht mehr verpflichtet, ihr zu den vor einer Stunde offerierten Bedingungen zu liefern. Er ist nicht einmal mehr verpflichtet, der Kundin überhaupt etwas zu verkaufen.

Wird ein Angebot per Mail oder per Brief verschickt, muss die Kundin unverzüglich antworten. Das bedeutet, dass der Anbieter so lange an sein Angebot gebunden ist, wie es üblicherweise dauert, bis die Antwort bei ihm eintrifft. Bei Mails und Briefen ist der Anbieter also ein bis zwei Tage an sein Angebot gebunden.

 Befristen Sie Ihre Angebote mit einem klaren Termin. So beugen Sie Unklarheiten und Ärger vor und gehen auf Nummer sicher.

Offerten übersichtlich darstellen

Angebote und Offerten können Sie unterschiedlich darstellen: als Formular, also ohne eigentlichen Lauftext, oder in Briefform.
- Die Formularform ist übersichtlich und eignet sich bei aufwendigen Offerten mit vielen Zahlen.
- Die Briefform eignet sich bei eher einfachen, wenig umfangreichen Offerten und überall dort, wo Sie Ihrem Angebot eine Werbebotschaft beifügen möchten.

Ist ein Auftrag besonders lohnend und der Kunde sehr wichtig, können Sie die beiden Formen kombinieren: Stellen Sie Ihr Angebot tabellarisch in der Formularform dar und versenden Sie es mit einem Werbe-Begleitbrief, in dem Sie auf bestimmte Vorzüge hinweisen.

> MUSTER 13 BIS 18

Nachfassen erlaubt

Wahrscheinlich haben Sie sich schon über Kunden geärgert, denen Sie eine Offerte oder einen Kostenvoranschlag ausgearbeitet haben und die dann einfach nichts mehr von sich hören liessen. Am besten greifen Sie zum Telefon und fragen nach. Nur so erhalten Sie Gewissheit, ob Sie den Auftrag wirklich nicht bekommen werden. Und vor allem erfahren Sie, weshalb nicht.

Auf diese Weise haben Sie zudem die Chance, ein neues Angebot zu unterbreiten, und kommen so vielleicht doch noch zu Ihrem Auftrag. Ganz bestimmt aber erfahren Sie, was für den Kunden ausschlaggebend war. Das sind wichtige Informationen, die Sie sich nicht entgehen lassen sollen.

KUNDEN UM GEDULD BITTEN

Betriebsausflug nach Prag

Guten Tag, Herr Fuchs

Vielen Dank für Ihre Anfrage. Prag ist immer einen Ausflug wert und auch im Sommer ein reizvolles Reiseziel.

Als Beilage lasse ich Ihnen einen Stadtplan und verschiedene Prospekte zukommen, damit Sie sich schon einmal ein Bild von dieser spannenden Stadt machen können.

Ein detailliertes Angebot kann ich Ihnen leider erst Ende nächster Woche zusenden, da wir die im Sommer geltenden Preise noch nicht abrufen können und die Hotels ihre Kontingente noch nicht bekannt gegeben haben.

Für Ihre Geduld danke ich Ihnen. In der Zwischenzeit wünsche ich Ihnen und Ihrem Team viel Spass beim Durchforsten der Prospekte.

Beste Grüsse

OFFERTE IN FORMULARFORM

Offerte für Malerarbeiten

Offertnummer	1275
MWST-Nummer	45667
Leistung	Maler- und Tapezierarbeiten
Objekt	3-Zimmer-Wohnung, Zürichstrasse 127, 8600 Dübendorf, 1. Stock rechts
Offerte gültig bis	30. Juni 2013
Ausführung	Woche 42
Zahlungskonditionen	30 Tage netto, 10 Tage mit 2% Skonto

Detaillierter Beschrieb der Leistungen

- **Korridor:** Spachteln, Dispersion,
  Streichen und Rollen, 45 m²   CHF   255.50
- **Wohnzimmer:** Spachteln, Dispersion,
  Streichen und Rollen, 217 m²   CHF   1697.40
- **Schlafzimmer:** Spachteln, Dispersion,
  Streichen und Rollen, 167 m², 4 Sockelleisten   CHF   912.50
- **Küche:** Spachteln, Dispersion, 14 m²
  Boden mit Folie abdecken   CHF   337.00
- **WC:** Spachteln, Dispersion, 35 m²
  Boden mit Folie abdecken, 4 Sockelleisten   CHF   196.00

Auftragswert	CHF	3398.40
Mehrwertsteuer 8%	CHF	271.85
Total	**CHF**	**3670.25**

AUSFÜHRLICHE OFFERTE

Offerte Brennen von 100 DVD-R

Sehr geehrter Herr Kummer

Danke für Ihren gestrigen Anruf und für Ihr Interesse an unseren Produkten und Dienstleistungen. Gerne offerieren wir Ihnen:

Titel	Gemäss Ihren Instruktionen		
Kopien	DVD-R		
Master	DVCPRO		
Länge	30 Minuten		
Menü	Hauptmenü mit 5 Kapiteln, 1xplay		
DVD-Aufdruck	4-farbig, alle benötigten Vorlagen werden von Ihnen angeliefert (X-Press)		
Cover und Booklets	4-farbig, alle benötigten Vorlagen werden von Ihnen angeliefert (X-Press)		
Auflage	1000 Stück		
Aufwand	DVD-Mastering	CHF	500.—
	Abnahme DVD	CHF	50.—
	Produktion DVD-R DVD-R-Aufdruck 4-farbig DVD-Box transparent Cover, Booklet und DVD in DVD-Box einlegen, in Plastikfolie einschweissen	CHF	800.—
	Covers 4/0-farbig, 1-seitig, 1000 Stück	CHF	280.—
	Booklets 4/0-farbig, 4-seitig, 1000 Stück	CHF	310.—
Kosten total	**1000 DVD-R**	**CHF**	**1940.—**
Hinweise	Keine		
Preise	Verstehen sich in Schweizer Franken exklusive Autorkorrekturen, Versandkosten und MWST		
Zahlung	Netto 30 Tage ab Rechnungsdatum		
Lieferzeit	Nach Absprache, 4 bis 5 Arbeitstage nach Erhalt sämtlicher Unterlagen		

Datensicherung	Ohne gegenteilige Mitteilung sind wir nicht verpflichtet, Daten zu sichern oder zu archivieren.
AGB	Es gelten unsere allgemeinen Geschäftsbedingungen im Anhang.
Gültigkeit Offerte	90 Tage ab Ausstellungsdatum

Haben Sie Fragen? Rufen Sie an. Wir beraten Sie gerne.

Wir würden uns sehr freuen, wenn wir diesen Auftrag für Sie ausführen könnten. Dürfen wir mit Ihrem Bescheid bis nächsten Freitag rechnen?

Freundliche Grüsse

OFFERTE IN FORMULARFORM MIT BRIEFANFANG UND -SCHLUSS

Offerte Installation Ölofen

Sehr geehrte Frau Langner

Vielen Dank für Ihre Anfrage. Gerne unterbreiten wir Ihnen das gewünschte Angebot:

Anzahl	Artikel/Dienstleistung	Betrag CHF
2	Thermolino-Ölofen, Standmodell mit Luftgitter, Flexrohr, Panzerschlauch und Bodenluftaustritt	
1	Bodenplatte, Ofenrohr, elektrischer Anschluss	6800.—
	Arbeitsaufwand 2 Mitarbeiter	2000.—
	MWST 8%	704.—
Total		**9504.—**

Konditionen:	Zahlbar innert 30 Tagen netto
	Bei Zahlung innert 10 Tagen 5% Skonto
Gültigkeit:	Diese Offerte ist während 30 Tagen ab Ausstelldatum gültig.

Wir würden uns freuen, wenn Sie sich für den Thermolino entscheiden und wir diesen Auftrag für Sie ausführen dürfen.

Haben Sie Fragen? Wir beraten Sie gerne.

Beste Grüsse

OFFERTE IN BRIEFFORM

Entdecken Sie PerfectHair mit Traubenkernextrakt

Sehr geehrter Herr Juchli

Gerne informieren wir Sie über ein neues Pflegeprodukt aus unserer beliebten PerfectHair-Linie:

Die neuen PerfectHair-Pflegeprodukte enthalten als erste Haarpflegelinie in der Schweiz einen Pflegekomplex mit Traubenkernextrakten, der das Haar Ihrer Kundinnen schützt und noch besser pflegt.

Überzeugen Sie sich gleich selbst und testen Sie unverbindlich die zwei Mustersachets in der beiliegenden Broschüre. Dort finden Sie auch die attraktiven Preise der neuen Pflegeserie.

Vom 20. Mai bis 2. Juni profitieren Sie zusätzlich von unserer Sortimentsaktion: Bei einer Bestellung erhalten Sie 20 Prozent Rabatt auf das gesamte PerfectHair-Sortiment. Wir freuen uns auf Ihre Antwort.

Freundliche Grüsse

OFFERTE IN BRIEFFORM, BEFRISTET

Je früher Sie antworten, desto länger trainieren Sie gratis

Guten Tag, Frau Degen

Herzlichen Dank für Ihr Interesse an unserem Fitnesscenter mit Wellnessoase.

Der Aufenthalt in der Sauna mit Dampfbad ist ein einmaliges Erlebnis und Balsam für Körper und Seele. Lassen Sie den Alltag hinter sich, tauchen Sie ein in unsere Badewelt, spüren Sie, wie Sie von Minute zu Minute gelöster werden und wie die naturreinen Pflanzenessenzen auf Ihre Atemwege wirken.

Mit einer Jahreskarte haben Sie neben der Nutzung der Wellnessoase uneingeschränkten Zutritt zum Trainingsraum mit den neusten Kraft- und Ausdauermaschinen und zu wöchentlich über zwanzig verschiedenen Gruppenkursen. Eben haben wir Pilates-plus-Stunden in unser Angebot aufgenommen – ein hocheffektives Ganzkörpertraining, das erst noch entspannt.

In der beiliegenden Broschüre finden Sie detaillierte Beschreibungen der verschiedenen Jahreskarten sowie die Preise dafür. Wählen Sie Ihr bevorzugtes Angebot und bringen Sie Ihre Antwortkarte noch heute zur Post. Es lohnt sich: Wenn Sie Ihre Bestellung bis 21. August aufgeben, trainieren Sie einen Monat lang gratis.

Wir freuen uns auf Sie.

Freundliche Grüsse

BEGLEITBRIEF ZU OFFERTE IN FORMULARFORM (SIEHE MUSTER 13)

Offerte für Malerarbeiten

Sehr geehrte Frau Menzi

Als Beilage erhalten Sie meine detaillierte Offerte für die anstehenden Malerarbeiten in Ihrer Liegenschaft an der Zürichstrasse in Dübendorf.

Umweltschutz ist mir wichtig. Ich arbeite ausschliesslich mit gesundheitlich unbedenklichen Farben und Materialien. Zudem besitze ich eine eigene Abwasseraufbereitungsanlage, in der ich sämtliche Roller, Pinsel und Kessel fachgerecht und umweltfreundlich reinige. Farbreste, Lösungsmittel und Farbhäute bewahre ich gemäss der Gewässerschutzverordnung gesondert auf und entsorge sie in offiziellen Sammelstellen.

Ich würde mich sehr freuen, wenn ich diesen Auftrag für Sie ausführen dürfte. Gerne werde ich mich nächste Woche telefonisch bei Ihnen melden.

Freundliche Grüsse

Der Kostenvoranschlag

Ein Kostenvoranschlag ist eine etwas spezielle Art eines Angebots. Kostenvoranschläge werden in der Praxis vor allem bei Reparaturen und Handwerkerarbeiten verlangt. Oft aber erkundigen sich die Kunden nur mündlich nach den ungefähren Kosten, was bei der Rechnung zu bösen Überraschungen und zu Streit führen kann. Aus diesem Grund ist es für Unternehmer empfehlenswert, ab einem bestimmten Kostenvolumen immer einen schriftlichen Kostenvoranschlag zu unterbreiten.

Geht es um hohe Beträge und kennen Sie einen Kunden nicht, sind Sie gut beraten, wenn Sie sich den Kostenvoranschlag von ihm als Auftragserteilung unterschreiben lassen. Sollte es später bei der Bezahlung Differenzen geben oder zu Verzögerungen kommen, haben Sie so eine gültige Schuldanerkennung.

> **MUSTER 19 UND 20**

Manchmal erhalten Sie auch eine Bestellung, ohne dass Sie einen Kostenvoranschlag oder eine Offerte abgegeben haben. Zum Beispiel, wenn eine Kundin per E-Mail bestellt: «2 Paar Socken Silver Runner». Kennt sie den Preis und ist sie bereit, diesen zu bezahlen? Mit einer kurzen Auftragsbestätigung können Sie sich absichern.

> **MUSTER 21**

Was darf der Kostenvoranschlag kosten?

In der Praxis taucht oft die Frage auf, ob ein Unternehmer für den Kostenvoranschlag etwas verlangen darf. Grundsätzlich sind Kostenvoranschläge gratis. Sobald aber ein grösserer Arbeitsaufwand nötig ist und zum Beispiel Teile demontiert werden müssen, um einen Voranschlag zu erstellen, dürfen Sie den Aufwand dafür verrechnen. Rechtlich liegt dann ein separater Vertrag vor – der Auftrag für die Offerte. Sie müssen jedoch im Voraus auf die Kosten hinweisen, wenn Sie den Voranschlag verrechnen wollen.

In einzelnen Branchen sind kostenpflichtige Offerten üblich, zum Beispiel bei Unterhaltungselektronik, bei Haushaltsgeräten, im Fotofachhandel oder bei Computern. Im Autogewerbe sind Offerten in schriftlicher Form kostenpflichtig. In allen Branchen wird der Voranschlag nicht zusätzlich verrechnet, wenn die Kunden den Auftrag erteilen. Unterschiedlich verhalten sich die Firmen beim Neukauf: Die einen rechnen den Preis für den Kostenvoranschlag an, andere nicht.

Weisen Sie Ihre Kunden darauf hin, unter welchen Bedingungen in Ihrem Betrieb welcher Betrag für einen Kostenvoranschlag verlangt wird. So ersparen Sie sich unnötige Konflikte.

Wenn Sie den Voranschlag nicht einhalten können

Was gilt, wenn sich während der Arbeit herausstellt, dass Sie Ihren Kostenvoranschlag nicht einhalten können?
- Bei pauschalen und exakten Kostenvoranschlägen muss Ihre Kundin grundsätzlich keine Überschreitung akzeptieren.
- Bei ungefähren Kostenvoranschlägen gilt die Faustregel, dass die Kundin eine Abweichung von maximal zehn Prozent tolerieren muss.

Stellen Sie bei einem Auftrag fest, dass zusätzliche, nicht offerierte Arbeiten nötig werden, müssen Sie diesen Teil der Kundin neu offerieren. Tun Sie das nicht und arbeiten einfach weiter, haben Sie den Auftrag überschritten – und das braucht die Kundin nicht zu akzeptieren. Am besten suchen Sie in einem solchen Fall zuerst das Gespräch mit der Kundin und bestätigen dann das Abgemachte schriftlich.

> MUSTER 22

KOSTENVORANSCHLAG MIT ZEILE FÜR HANDSCHRIFTLICHE BESTÄTIGUNG

Kostenvoranschlag Fiat Uno ZH 123 456

– Grosser Service
  2,5 Stunden inklusive Material   pauschal   CHF   800.—
– Lackarbeiten Beule Fahrerseite
  3 Stunden inklusive Material   pauschal   CHF   400.—
– Abgaswartung   pauschal   CHF   80.—

Total   **CHF**   **1280.—**

Alle Preise inklusive MWST

Mit diesem Kostenvoranschlag einverstanden:

_____

Ort, Datum   Unterschrift des Kunden

KOSTENVORANSCHLAG MIT UNGEFÄHREM PREIS

Kostenvoranschlag Fiat UNO ZH 123 456

– Grosser Service
  Arbeit und Material   ca. CHF   800.—
– Lackarbeiten Beule Fahrerseite
  Arbeit und Material   ca. CHF   400.—
– Abgaswartung pauschal   CHF   80.—

Total   **ca. CHF**   **1280.—**

Alle Preise inklusive MWST

AUFTRAGSBESTÄTIGUNG AUF ONLINE-BESTELLUNG

Auftrag Nr. 20789

Sehr geehrte Frau Born

Haben Sie vielen Dank für Ihre Onlinebestellung vom 29. März, die wir Ihnen gerne bestätigen:

	Lieferadresse	**Rechnungsadresse**	
Anrede	Frau	Frau	
Vorname, Name	Silvia Born	Silvia Born	
Adresse	Wehntalerstrasse 1	Wehntalerstrasse 1	
PLZ, Ort	8053 Zürich	8053 Zürich	
E-Mail	s.born@bluewin.ch		

Artikel	**Artikel Nummer**	**Anzahl**	**Preis in CHF**
Silver Runner left/right	62.098 / 1-36-38	2	50.—
Versandkosten			8.—
MWST (8%)			4.65
Total			**62.65**

Sie werden die Artikel in den nächsten Tagen zugestellt bekommen.
Für Ihren Auftrag danken wir Ihnen.

Beste Grüsse

OFFERIEREN EINER AUFTRAGSERWEITERUNG

Auftragserweiterung Sanitärarbeiten

Sehr geehrter Herr Rupp

Beim Einbau der neuen Dusche in Ihrem Haus hat sich herausgestellt, dass die Leitungen in einem unerwartet schlechten Zustand sind. Eine Sanierung wird spätestens in ein bis zwei Jahren notwendig sein.

Deshalb empfehle ich Ihnen, die Sanierung vorzuziehen und zusammen mit den anstehenden Renovationen zu folgenden Konditionen ausführen zu lassen:

Ersatz Leitungen Bad inklusive Arbeit und Material   pauschal CHF 2500.—

Für Ihren raschen Bescheid danke ich Ihnen. Ich könnte die Arbeiten nächste Woche beginnen und innerhalb von drei Tagen abschliessen.

Freundliche Grüsse

Bestellen und widerrufen

Wenn Sie eine schriftliche Offerte vorliegen haben, können Sie sich bei der Bestellung auf diese berufen. Aus Beweisgründen sollten Sie Ihre Bestellung schriftlich oder per Mail abgeben. So können Sie in einem Konflikt belegen, dass Sie sich auf ein bestimmtes Angebot berufen haben.

Auch wenn Sie bloss eine mündliche Offerte haben, ist es ratsam, die Bestellung schriftlich oder per Mail abzugeben. Wiederholen Sie kurz die mündlich vereinbarten Punkte. Eine solche Bestellung gilt im Streitfall zwar nicht als unumstösslicher Beweis. Doch wenn Ihr Geschäftspartner nach Erhalt die Konditionen nicht umgehend reklamiert, wird er später Mühe haben, diese zu bestreiten.

> **MUSTER 23 BIS 25**

Wenn Sie sich anders besinnen

Mit der Bestellung kommt ein gültiger Vertrag zustande. Dabei spielt es keine Rolle, ob Sie die Bestellung oder den Auftrag mündlich, per Mail oder per Brief erteilt haben. Was, wenn Sie sich anders besinnen?
- Von einmal geschlossenen **Kaufverträgen** gibt es grundsätzlich kein Rücktrittsrecht. Viele allgemeine Vertragsbedingungen beinhalten aber Klauseln, wonach der Käufer gegen Zahlung eines sogenannten Reuegelds vom Kaufvertrag zurücktreten kann.
- Anders bei **Aufträgen,** also beispielsweise bei einem Beratungsmandat: Bei diesem Vertragstyp sieht das Gesetz ein jederzeitiges Widerrufsrecht vor. Erfolgt ein solcher Widerruf allerdings sehr kurzfristig oder hat der Auftragnehmer bereits mit der Arbeit begonnen, schuldet der Auftraggeber Schadenersatz – in der Höhe des bereits geleisteten Aufwands.
- Ist einer Bestellung **keine ausdrückliche Offerte** vorausgegangen, ist laut Gesetz ein Widerruf möglich. Allerdings nur, wenn der Wider-

ruf beim Empfänger spätestens zeitgleich mit der Bestellung oder dem Auftrag eintrifft. Wenn Sie eine Bestellung also per Post abgeschickt haben, können Sie sie noch telefonisch oder mit einem Expressbrief widerrufen. Bei mündlichen oder per Mail erteilten Bestellungen ist das nicht möglich. Dort können Sie allenfalls auf das Entgegenkommen des Anbieters hoffen. Aus Beweisgründen lohnt es sich, einen telefonischen oder per Mail verschickten Widerruf per Einschreibebrief zu bestätigen.

MUSTER 26

BESTELLUNG NACH SCHRIFTLICHER OFFERTE

Offerte Gartenarbeiten Landhausweg 2, 4410 Liestal

Guten Tag, Herr Dezmir

Haben Sie vielen Dank für Ihre detaillierte Offerte vom 20. Dezember.

Wir sind mit Ihrem Vorschlag und den Konditionen einverstanden. Bitte rufen Sie die Mieterin der Liegenschaft zwei Wochen vor Beginn der Arbeiten an und vereinbaren Sie mit ihr die genauen Arbeitstage. Sie erreichen Frau Sanchez tagsüber unter der Nummer 061 444 33 33.

Beste Grüsse

BESTELLUNG NACH TELEFONISCHER OFFERTE

Gartenarbeiten

Guten Tag, Frau Balmer

Ich komme zurück auf unser heutiges Telefongespräch und bestätige Ihnen den besprochenen Auftrag:

Liegenschaft	Trichterstrasse 13, 4800 Zofingen
Leistung	Winterschnitt an allen Hecken und Bäumen samt Entsorgung der Grünabfälle
Ausführung	Woche 5
Pauschalpreis	CHF 700.— (inkl. MWST)

Bitte rufen Sie unseren Hauswart eine Woche vor Arbeitsaufnahme an und vereinbaren Sie mit ihm einen Termin. Sie erreichen Herrn Gross tagsüber unter der Nummer 062 555 33 31.

Freundliche Grüsse

BESTELLUNG UND VERLANGEN EINER BESTÄTIGUNG

Bestellung

Sehr geehrte Damen und Herren

Wir haben ein Exemplar der neusten Auflage Ihres Ratgeberbuchs «Schreiben leicht gemacht» zur Ansicht bekommen. Vielen Dank.

Gerne bestellen wir 160 Exemplare. Wir erwarten wie gewohnt einen Rabatt von 12 Prozent sowie die Lieferung innert 20 Tagen.

Für eine kurze Bestätigung danken wir Ihnen.

Freundliche Grüsse

WIDERRUF DER BESTELLUNG IN MUSTER 23

Gartenarbeiten

Sehr geehrter Herr Dezmir

Ich komme zurück auf unser soeben geführtes Telefongespräch, in dem ich den Auftrag widerrufen habe, den ich heute Morgen der Post übergab.

Unmittelbar nach der Auftragserteilung habe ich die Kündigung der Mieterin der Liegenschaft erhalten. Aus diesem Grund werde ich vorderhand darauf verzichten, das geplante Biotop zu errichten.

Für die Umtriebe bitte ich Sie um Entschuldigung. Selbstverständlich werde ich Sie bei anderer Gelegenheit wieder berücksichtigen.

Freundliche Grüsse

5 ■■■ ANFRAGEN, OFFERIEREN UND BESTELLEN

Verträge abschliessen, rügen und reklamieren

Verträge kommen auf unterschiedliche Art zustande: per Handschlag, schriftlich, per E-Mail oder SMS. Alltagsgeschäfte schliesst man mündlich ab, vor allem wenn sich die Geschäftspartner kennen und einander vertrauen. In vielen Situationen lohnt es sich allerdings, etwas mehr Zeit in einen schriftlich abgefassten Vertrag zu investieren. Häufig merkt man erst dann, dass man über gewisse Punkte doch nicht so klare Vorstellungen hat oder mit dem Partner nicht einig ist.

Aufträge, Werkverträge und Kaufverträge

Eine Vereinbarung in zwei, drei Sätzen schriftlich festzuhalten oder einen Kaufvertrag aufzusetzen, ist meist keine grosse Hexerei. Viele Branchenverbände bieten ihren Mitgliedern Vertragsmuster und auch Muster für allgemeine Geschäftsbedingungen. Dort finden Sie die wichtigsten branchenspezifischen Regeln schon zusammengefasst und können das Vertragswerk den Anforderungen Ihres Betriebs anpassen.

Auf den folgenden Seiten finden Sie – neben den Mustern – die rechtlichen Besonderheiten, die Sie zu den drei Vertragstypen beachten sollten.

> *Wer auf etwas Schriftlichem besteht, wird vielleicht auch einmal als Formalistin oder Papiertiger abgestempelt. Keine Sorge. Begründen Sie ruhig und sachlich, weshalb Sie die Schriftform vorziehen: um Unsicherheiten und allfälligem Ärger vorzubeugen.*

Was ist ein Auftrag?

Beim einfachen Auftrag verpflichtet sich der Auftragnehmer, die ihm übertragene Aufgabe vertragsgemäss zu erfüllen. Die geschuldete Leistung ist also eine Arbeitsleistung. Eine ärztliche Behandlung untersteht dem Auftragsrecht, ebenso der Rat eines Anwalts, einer Psychiaterin, eines Therapeuten oder Notars, einer Treuhänderin, Steuerberaterin oder Buchhalterin, eines Werbeberaters, Unternehmensberaters oder Liegenschaftenverwalters, einer Ingenieurin oder eines Architekten. Laut Gesetz ist die Arbeitsleistung zu entschädigen, wenn dies verabredet oder üblich ist.

Weil die meisten Aufträge mündlich erteilt werden, kommt es immer wieder zu Konflikten über die Höhe der Entschädigung. Gelten also bei einem Auftragnehmer nicht bekannte Tarife – wie etwa bei der Ärztin oder Zahnärztin –, sollten Sie die Höhe des Honorars unbedingt schriftlich vereinbaren und bei der Gelegenheit auch gleich die zu erbringende Leistung beschreiben.

Der Auftragnehmer ist verpflichtet, die Arbeit sorgfältig auszuführen. Ist die Arbeit mangelhaft, steht der Auftraggeberin – anders als beim Werkvertrag – jedoch kein Recht auf unentgeltliche Nachbesserung zu. Sie muss den Mangel rügen und kann eine Reduktion des Honorars verlangen.

> MUSTER 27 UND 28

Was ist ein Werkvertrag?

Auch beim Werkvertrag verpflichtet sich die Unternehmerin zu einer Arbeitsleistung. Im Gegensatz zum einfachen Auftrag verpflichtet sie sich jedoch, etwas herzustellen oder einen Erfolg herbeizuführen. Die Errichtung eines Zaunes gilt als Werkvertrag, das Streichen einer Wand, aber auch das Reinigen des Büros oder das Komponieren eines Musikstücks. Anders als beim einfachen Auftrag schuldet die Werkvertragsnehmerin nicht nur ein Tätigwerden, sondern einen greifbaren Erfolg – eben ein Werk.

Ist der Besteller mit dem Erfolg nicht zufrieden – weil das Werk zum Beispiel unvollständig ist oder Mängel aufweist –, hat er ein Recht auf unentgeltliche Nachbesserung. Mangelhaft ist ein Werk allerdings nicht schon deshalb, weil es dem Besteller nicht gefällt, sondern erst, wenn es nicht vereinbarungsgemäss ausgeführt worden ist.

> *Um Unklarheiten zu vermeiden, lohnt es sich, einen schriftlichen Werkvertrag aufzusetzen und die erwartete Leistung genau zu umschreiben. In vielen Branchen gibt es spezielle Normen. Diese gelten aber nur, wenn ihre Anwendung im Werkvertrag vereinbart wird.*

Der Besteller hat nach Erhalt des Werkes die Pflicht, dieses sofort zu prüfen und allfällige Mängel schriftlich zu rügen. Unterlässt er diese Rüge, hat er den Mangel akzeptiert. Die Mängelrechte verjähren ein Jahr nach Ablieferung des Werkes. Das gilt zum Beispiel bei Reparaturen, Maler- oder Schreinerarbeiten. Einzig bei unbeweglichen Bauwerken gilt eine Verjährungsfrist von fünf Jahren.

Diese Regeln zur Mängelrüge sind jedoch nicht zwingend und können von den Parteien abgeändert werden. Die in der Baubranche häufig verwendeten SIA-Normen sehen beispielsweise längere Verjährungsfristen vor.

> MUSTER 29 UND 30

Rechte und Pflichten beim Kaufvertrag

Der Kaufvertrag ist – anders als der Auftrag und der Werkvertrag – kein Vertrag auf Leistung einer Arbeit. Es werden Waren ausgetauscht. Der Verkäufer verpflichtet sich zur Lieferung der Ware, und die Kundin verpflichtet sich, den Kaufpreis zu bezahlen. In der Regel gilt: Geld gegen Ware.

Seit 2013 sieht das Gesetz zwei Jahre Garantie auf einer gekauften Sache vor. Ist der Kaufgegenstand nicht funktionstüchtig oder mangelhaft, hat die Kundin das Recht, als Ersatz ein einwandfreies Produkt zu verlangen. Ist dies nicht möglich, kann sie ihr Geld zurückfordern. Einen Gutschein muss sie in diesem Fall nicht akzeptieren. Bei geringfügigen Mängeln sieht das Gesetz einen angemessenen Preisnachlass vor.

Die Frist von zwei Jahren galt schon bisher in vielen Betrieben; nun muss sie überall angewendet werden. Ansonsten gibt es in der Praxis in vielen Branchen vom Gesetz abweichende Garantiebestimmungen. So muss die Kundin bei Mängeln am Kaufgegenstand häufig eine Reparatur akzeptieren und kann nicht einen neuen verlangen. Aber aufgepasst: Lässt sich der Mangel mit einer Reparatur nicht beheben, ist die Kundin nicht verpflichtet, unzählige Versuche mitzumachen. Schlägt auch die zweite und dritte Reparatur fehl, lebt das gesetzliche Rücktrittsrecht auf und die Kundin kann ein neues Gerät verlangen oder ihr Geld zurückfordern.

Bei Produkten ab einem bestimmten Kaufpreis lohnt es sich, einen Vertrag aufzusetzen, der die Garantiefrist und die Zahlungskonditionen regelt. Wichtig: Die Garantie kann auch ausgeschlossen werden. Dies lässt sich im Streitfall aber nur mit einem schriftlichen Vertrag beweisen.

Viele Unternehmer verwenden für ihre Kaufverträge vorgefertigte Vertragsmuster, in die sie nur noch die Personalien der Kundin, den Kaufgegenstand und den Preis einfügen müssen. In diesen Verträgen sind alle Rechte und Pflichten – zum Beispiel die Garantieregelungen – in den allgemeinen Geschäftsbedingungen (AGB) festgehalten. Solche AGB gelten aber nur, wenn die Kundin vor Vertragsabschluss darauf hingewiesen wird.

> **MUSTER 31 UND 32**

AUFTRAG ÜBER BERATUNGSDIENSTLEISTUNG

Vereinbarung über Beratungsdienstleitungen betreffend Versicherungsverträge

zwischen   Max Räber
            Ausserdorfstrasse 13
            6424 Lauerz
            nachstehend Auftraggeber

und   Melanie Hunkeler
            Versicherungsberaterin
            Bahnhofstrasse 25
            6424 Lauerz
            nachstehend Auftragnehmerin

Die Auftragnehmerin berät den Auftraggeber in anstehenden Fragen zu seinen Versicherungsverträgen.

Zu dieser Beratungstätigkeit gehört eine detaillierte Analyse der Versicherungsbedürfnisse des Auftraggebers, der sinnvollerweise zu versichernden Risiken und seines derzeit bestehenden Versicherungsschutzes.

Die Auftragnehmerin unterbreitet dem Auftraggeber detaillierte Vorschläge zur Anpassung bestehender Verträge, holt Vergleichsofferten ein und berät ihn bei der administrativen Abwicklung von Vertragskündigungen und Vertragsabschlüssen.

Die Beratung soll maximal zwei bis drei Besprechungen mit dem Auftraggeber umfassen und soll höchstens drei Monate dauern.

Die Entschädigung erfolgt nach Aufwand und beträgt 150 Franken pro Stunde. Die Auftragnehmerin ist verpflichtet, detaillierte Rechenschaft über ihre Aufwendungen abzulegen. Es wird ein Kostendach von 1200 Franken vereinbart.

Dieser Vertrag tritt mit der Unterschrift beider Parteien in Kraft. Änderungen bedürfen der Schriftform. Der Vertrag ist für beide Seiten jederzeit ohne Wahrung einer Frist kündbar. Gerichtsstand ist der Wohnort des Auftraggebers.

Sofern dieser Vertrag nichts anderes bestimmt, gelten die Regeln des Schweizerischen Obligationenrechts über den einfachen Auftrag.

Lauerz, 25. März 2013

Max Räber   Melanie Hunkeler

AUFTRAGSFORMULAR EINES BERATUNGSUNTERNEHMENS

Vertrag über Beratungsdienstleistungen

zwischen _____
_____
_____

nachstehend Auftraggeber

und _____
_____
_____

nachstehend Auftragnehmer

1. Vertragsgegenstand
_____
_____

[Beschrieb des Projekts, Erwartungen des Auftraggebers]

2. Leistungen des Auftragnehmers
_____
_____

[Beschrieb der Beratungsleistungen, Beschrieb der erwarteten Ziele]

3. Termine
_____
_____

[Beginn der Arbeiten, geplantes Ende des Projekts, Meilensteine, Massnahmen bei Nichteinhalten des Termins]

4. Vergütungen
_____
_____

[Vereinbarte Arbeitszeiten, vereinbarte Stunden- oder Tagesansätze, nach Aufwand oder pauschal, Vereinbarungen über Spesen und Entschädigung von Reisezeit, Vereinbarungen über ein Kostendach, Massnahmen bei Kostenüberschreitungen, vereinbarte Zahlungsmodalitäten]

5. Rechnungsstellung

[Adresse für die Rechnungsstellung, spezielle Wünsche des Auftraggebers]

6. Kontaktpersonen
Kontaktpersonen, verantwortliche Personen seitens des Auftraggebers:

Kontaktpersonen, verantwortliche Personen seitens des Auftragnehmers:

7. Vertraulichkeit/Datenschutz

[Besondere Vereinbarungen zur Vertraulichkeit und zum Datenschutz]

8. Inkrafttreten des Vertrags und Vertragsänderungen
Dieser Vertrag tritt nach gegenseitiger Unterzeichnung in Kraft. Jegliche Änderung des Vertrags bedarf der Schriftform.

9. Schlussbestimmungen
Sollten einzelne Bestimmungen dieses Vertrags lückenhaft, rechtlich unwirksam oder undurchführbar sein, wird die Gültigkeit der übrigen Vertragspunkte davon nicht berührt. Die Vertragsparteien werden in einem solchen Fall eine Vereinbarung treffen, die die betreffende Bestimmung durch eine gültige, wirksame und wirtschaftlich möglichst gleichwertige Bestimmung ersetzt.

10. Gerichtsstand
Als Gerichtsstand wird Zürich vereinbart.

Ort, Datum   Ort, Datum

Unterschrift Auftraggeber   Unterschrift Auftragnehmer

WERKVERTRAG IN BRIEFFORM

Broschüre und Newsletter

Sehr geehrte Frau Riesch

Vielen Dank für die gestrige Besprechung. Gerne bestätigen wir Ihnen die getroffene Vereinbarung:

Ihre Leistung:	Erstellen verschiedener Vorschläge für eine vierseitige Firmenbroschüre im Format A4, vierfarbig, Hochglanz, inklusive Bebilderung und Einholen der Bildrechte. Den Text erhalten Sie von uns. Sie liefern uns die Vorschläge im PDF-Format.
Entschädigung:	CHF 500.— pauschal
Liefertermin:	Letzte Woche Februar

Wir sind gespannt auf Ihre Vorschläge.

Freundliche Grüsse

UMFANGREICHER WERKVERTRAG

Werkvertrag

Projekt 3005	Eigentumswohnungen Sonnenblick, 8807 Freienbach
Auftraggeber	Generalunternehmer Minsch & Partner
	Industriestrasse 15, 8640 Rapperswil
Projektleitung	Generalunternehmer Minsch & Partner
Bauleitung	Generalunternehmer Minsch & Partner
Architekt	Architekturbüro Schmid, 8840 Einsiedeln
Bauingenieur	Ingenieurbüro Meise, 8840 Einsiedeln
Unternehmer	Malermeister Peter Peyer
	Rainstrasse 18, 8807 Freienbach
Auftragssumme Akkord	CHF 6413.40
Bereinigtes Angebot vom	5. April 2013
Garantieart	Bankgarantie
Zusammenstellung	285 innere Oberflächenbehandlungen
	785 Malerarbeiten
Konditionen	Abzüglich Skonto 3% innert 10 Tagen = CHF 192.40
	Abzüglich Bauabzüge 0,70% = CHF 44.90
	Abzüglich Bauwesenversicherung 0,30% = CHF 19.25
	Zuzüglich MWST 8% = CHF 492.55
Total	**CHF 6649.40**

Vertragsbedingungen

Allgemeines: Das Angebot des Malermeisters Peyer vom 27. Februar 2013 ist Grundlage und Bestandteil dieses Vertrags. Der Vertrag wird dreifach ausgefertigt. Änderungen bedürfen der Schriftform.

Termine: Der Unternehmer verpflichtet sich zur mängelfreien Erstellung seines Werkes gemäss den nachfolgenden Terminen: Baubeginn Mai, Rohbauvollendung November (Baustellenbeginn 15. Mai, Baustellenabschluss 15. Juni). Er bestätigt mit der Unterzeichnung der Vertragsbedingungen, den Ausführungstermin geprüft zu haben. Der Unternehmer erstellt auf Verlangen vor der Arbeitsaufnahme ein Bauprogramm. Die Ausführung der Arbeiten erfolgt vollständig durch Eigenleistung.

Preisbasis: Das bereinigte Angebot des Unternehmers gilt bis zur Vollendung des Werkes und basiert auf dem Preisstand von 2013 (Zürcher Index Wohnbaukosten, MWST-Satz 8%).

Teuerung: Es wird ein Festpreis bis Bauvollendung vereinbart.

Vertretungsbefugnis: Zuständig für alle verbindlichen Weisungen am Bau ist allein und ausschliesslich der Besteller. Es ist dem Unternehmer und seinen Angestellten ausdrücklich untersagt, Weisungen und Anordnungen von Drittpersonen entgegenzunehmen. Der Unternehmer bezeichnet diejenigen Personen, die für ihn auf der Baustelle Weisungen und Anordnungen, die das Werk betreffen, rechtsverbindlich entgegennehmen dürfen:

Rechnungsstellung: Die Rechnung ist dem Besteller wie folgt zuzustellen: adressiert, in einfacher Ausführung, Format A4. Akontozahlungsgesuche inkl. MWST sind auf ganze Tausenderbeträge zu runden. Der Schlussabrechnung sind das Abnahmeprotokoll, der Garantieschein und das Prüfprotokoll beizulegen.

Vor der Schlusszahlung erfolgt zwingend eine schriftlich festgehaltene Abnahme des Werkes zwischen Besteller und Unternehmer.

Baureklame: Für Baureklame werden pauschal CHF 300.— verrechnet. Das Anbringen von individuellen Firmentafeln ist nicht gestattet.

Haftung des Unternehmers: Der Unternehmer haftet für Schäden gegenüber Dritten, sofern den Besteller und seine Angestellten kein Verschulden trifft. Er erklärt, dass er eine Betriebshaftpflichtversicherung abgeschlossen hat, in der insbesondere die Ermittlungs- und Erhebungskosten sowie Schadenverhütungskosten miteingeschlossen sind.

Gesellschaft:
Deckungssumme:
Policen-Nr.:
Der Unternehmer stellt dem Besteller auf Verlangen vor Vertragsunterschrift eine Kopie der Police zu.

Sicherheit für Garantieansprüche: Der Unternehmer hat eine Solidarbürgschaft oder Baugarantieversicherung zu leisten über die Dauer von fünf Jahren (beginnend nach Übergabe des Gesamtbauwerks). Der Unternehmer ist mit einem einheitlichen Garantiebeginn einverstanden.

Solidarbürgschaft bei folgender Bank:

Baugarantie bei folgender Versicherung:

Prüfplanung: Es wird folgende Prüfplanung festgelegt:

Was	Wann	Durch wen	Wo

Bauarbeitenverordnung (BauAV): Die Verordnung über die Sicherheit und den Gesundheitsschutz der Arbeitnehmerinnen und Arbeitnehmer bei Bauarbeiten (Bauarbeitenverordnung BauAV) vom 29. Juni 2005 bildet Bestandteil dieses Vertrags. Die Vereinbarung ist mittels Formular der Suva zusammen mit der Angebotsabgabe zur Prüfung abzugeben.

Schwarzarbeit: Mit der Unterzeichnung des Vertrags erklärt der Unternehmer, dass er auf den Baustellen des Bestellers keine Schwarzarbeiter beschäftigt.

Besondere Vereinbarungen: Abfälle und Bauschutt sind vom verursachenden Unternehmer fachgerecht zu entsorgen.

Die allgemeinen Vertragsbedingungen des Generalunternehmers (AVB für Unternehmer und Lieferanten) sind Bestandteil dieses Vertrags, ebenso die SIA-Norm 118, wobei die AVB den SIA-Normen vorgehen.

Stempel, Ort, Datum　　　　　Stempel, Ort, Datum

(Besteller)　　　　　　　　　(Unternehmer)

KAUFVERTRAG

Kaufvertrag

Vertragsnummer　　　　　　　1240094
Datum Vertragsschluss　　　　18.3.2013
Voraussichtliches Lieferdatum　Woche 13/2013
Kundennummer　　　　　　　20722290

Vielen Dank für Ihre Bestellung. Gerne bestätigen wir Ihnen:

Position	Artikel / Bezeichnung	Menge	Preis CHF
10	Couchtisch Jakarta	1	399.—
20	Sessel Jakarta inklusive Kissen	1	390.—
30	Sofa Jakarta	1	720.—
40	Heimlieferung		120.—
Total			**1629.—**

Zahlungsbedingungen: innerhalb 30 Tagen ohne Abzug.

Bitte beachten Sie die allgemeinen Geschäftsbedingungen auf der Rückseite dieses Vertrags.

Unterschrift Kunde　　　　　　Stempel, Unterschrift Verkäufer

ALLGEMEINE GESCHÄFTSBEDINGUNGEN ZUM KAUFVERTRAG IN MUSTER 31

Allgemeine Geschäftsbedingungen

1. Kaufgegenstand
Kaufgegenstand sind die von der Kundschaft gewählten Artikel, jeweils mit der im Kaufvertrag angegebenen Artikelnummer. Geringfügige Abweichungen von den ausgestellten Objekten oder den im Prospekt abgebildeten Objekten in Farbe, Struktur und Verarbeitung sind vorbehalten.

2. Garantie / Mängel
Die Kundschaft hat den Kaufgegenstand innert 14 Tagen zu prüfen und, falls sie Mängel geltend macht, diese der Verkäuferin sofort schriftlich anzuzeigen. Unterlässt die Kundschaft eine Mängelrüge innert dieser Frist, gilt der Kaufgegenstand als genehmigt. Danach können nur noch versteckte Mängel geltend gemacht werden.

Die Garantiefrist beträgt zwei Jahre ab Kaufdatum. Die Kundschaft kann den Garantieanspruch nur durch Vorweisung dieses Vertrags inklusive der Kaufquittung geltend machen. Keine Garantie besteht bei Defekten am Kaufgegenstand infolge normaler Abnützung, infolge unsachgemässer Behandlung oder Beschädigung sowie bei Defekten, die auf äussere Einflüsse wie höhere Gewalt zurückzuführen sind. Der Garantieanspruch erlischt, wenn die Kundschaft den Kaufgegenstand weiterverarbeitet.

Die Verkäuferin kann die Garantieleistung wahlweise mittels kostenloser Reparatur, Ersatz durch einen gleichwertigen Kaufgegenstand oder mittels Minderung oder Rückerstattung des Kaufpreises erbringen. Weitere Ansprüche der Kundschaft, insbesondere für unmittelbare Schäden, sind ausdrücklich ausgeschlossen.

3. Rückgaberecht
Die Kundschaft hat das Recht, den Kaufgegenstand innerhalb von 14 Tagen ab Kaufdatum beziehungsweise Abholung oder Zustellung gegen Rückerstattung des Kaufpreises zurückzugeben oder unter Anrechnung des Kaufpreises und unter Abzug bezogener Dienstleistungen gegen einen oder mehrere andere Artikel umzutauschen. Dieses Rückgaberecht besteht nur, wenn der Kaufgegenstand noch neu ist und sich in der Originalverpackung befindet. Von diesem Rückgaberecht ausgeschlossen sind auf Auftrag der Kundschaft hergestellte Spezialanfertigungen und Sonderbestellungen.

4. Verkaufspreise
Die angegebenen Verkaufspreise sind Abholpreise für unmontierte Artikel.
Lieferung und Montage gehen zulasten der Kundschaft.

5. Totalbetrag im Kaufvertrag
Im Kaufvertrag ist der von der Kundschaft zu bezahlende Totalbetrag aufgeführt.
Er setzt sich zusammen aus dem Verkaufspreis und allfälligen Dienstleistungen
wie Lieferung und Montage.

6. Zahlungsbedingungen
Der Totalbetrag im Kaufvertrag ist ein Nettopreis (inklusive Mehrwertsteuer).
Die Verkäuferin hat das Recht, beim Vertragsschluss eine Anzahlung zu verlangen.
Sonderanfertigungen und Sonderbestellungen sind nur gegen Vorauszahlung
möglich.

7. Liefertermin
Bei Vertragsschluss wird ein provisorischer Abholungs- oder Liefertermin angegeben.
Die Verkäuferin bemüht sich um Einhaltung dieses Termins, behält sich Verzögerungen aber ausdrücklich vor. Eine Haftung der Verkäuferin bei Lieferverzögerung
ist ausgeschlossen.

8. Warenauslieferung
Bei Eintreffen der bestellten Waren wird die Kundschaft schriftlich aufgefordert,
diese innerhalb von 14 Tagen am avisierten Ort abzuholen. Wird die Ware nicht innerhalb dieser Frist abgeholt, wird die Kundschaft schriftlich gemahnt. Erfolgt nach
dieser Mahnung keine Reaktion der Kundschaft, wird die Ware retourniert und eine
allfällige Anzahlung verfällt.

9. Bestimmungen bei Hauslieferung
Die Hauslieferung beinhaltet den Transport und die Lieferung des Kaufgegenstands
bis in die Wohnung der Kundschaft. Das Wohnhaus der Kundschaft muss per Lastwagen erreichbar sein. Ebenso ist ein einfacher Wohnungszugang Voraussetzung.
Die Einholung von Bewilligungen für die Zufahrt ist Sache der Kundschaft.
Nicht enthalten sind das Auspacken und die Rücknahme der leeren Verpackungen.
Ausnahmen werden beim Vertragsschluss mitgeteilt.

10. Anwendbares Recht, Gerichtsstand
Es gilt schweizerisches Recht. Gerichtsstand ist der Sitz der Verkäuferin.

Mängel rügen

Wenn Sie mit der Leistung eines Lieferanten nicht zufrieden sind, sollten Sie umgehend reagieren. Am besten schriftlich. Laut Gesetz haben Sie eine Pflicht zur sofortigen Prüfung. Wenn Sie also zu lange warten, bis Sie das Werk oder den Kaufgegenstand kontrollieren, genehmigen Sie unter Umständen einen Mangel.

Welche Rechte Sie als Kunde oder Kundin bei Mängeln haben, hängt davon ab, welche Art Vertrag Sie mit dem Lieferanten abgeschlossen haben:
- Beim **Werkvertrag** steht Ihnen ein unentgeltliches Nachbesserungsrecht zu.
- Wurde ein **Auftrag** nicht korrekt ausgeführt, haben Sie das Recht, eine Honorarminderung zu verlangen.
- Beim **Kaufvertrag** können Sie – anderslautende allgemeine Geschäftsbedingungen vorbehalten – den Austausch des Gegenstands oder eine Preisermässigung verlangen oder den Gegenstand zurückgeben und den Kaufpreis zurückfordern.

Rügen Sie Mängel schriftlich und beschreiben Sie möglichst genau, worin die Leistung vom Vereinbarten abweicht. Machen Sie Ihrem Geschäftspartner einen fairen Vorschlag – das ist besser, als auf seinen Vorschlag zu warten.

Wichtig: Eine schlechte Lieferung ist ärgerlich. Halten Sie sich in Ihrer Rüge dennoch so kurz wie möglich. Verzichten Sie auf Schuldzuweisungen und Vorwürfe. Beschreiben Sie den Mangel sachlich und anschaulich und teilen Sie dem Lieferanten mit, was Sie nun von ihm erwarten.

> MUSTER 33 BIS 39

MANGEL RÜGEN BEI WERKVERTRAG

Gartenarbeiten Trichterstrasse, Zofingen

Sehr geehrte Frau Balmer

Wir kommen zurück auf die Gartenarbeiten, die Sie in der von uns verwalteten Liegenschaft ausgeführt haben.

Unser Hauswart meldet, dass die Hecken und Büsche auf der Nordseite der Liegenschaft, also bei der Kesslerstrasse, nicht geschnitten worden sind. Wir gehen davon aus, dass es sich um ein Versehen handelt, und bitten Sie, diese Arbeiten so rasch wie möglich nachzubessern.

Bitte vereinbaren Sie mit Herrn Gross einen Termin. Sobald er uns über die ausgeführte Nachbesserung informiert hat, werden wir Ihre Rechnung umgehend bezahlen.

Besten Dank und freundliche Grüsse

MANGEL RÜGEN, REDUZIERTE ZAHLUNG MITTEILEN

Zögerliche Erledigung

Sehr geehrter Herr Just

Mit Ihrer Rechnung vom 13. Juni bin ich nicht einverstanden.

Die von meinem Unternehmen gewünschten Verhandlungen mit der Gegenseite haben Sie trotz unserer mehrfachen Nachfragen und Mahnungen dermassen hinausgezögert, dass ich schliesslich selber den Kontakt gesucht und eine Lösung erzielt habe.

Aus diesem Grund bin ich nicht bereit, das vereinbarte Honorar vollumfänglich zu bezahlen. Ich habe Ihnen heute den um 25 Prozent reduzierten Betrag auf Ihr Konto überwiesen und betrachte das Mandat damit als erledigt.

Ich bitte Sie, mir die Akten zurückzuschicken.

Freundliche Grüsse

SCHLECHTE AUFTRAGSERLEDIGUNG RÜGEN

Schleppende Überweisungen

Sehr geehrter Herr Rufer

In den letzten Wochen habe ich mehrere Lieferantenmahnungen bekommen, aus denen hervorgeht, dass Sie mit der Erledigung der Kreditorenrechnungen im Verzug sind.

Bitte beachten Sie unsere Vereinbarung, wonach die Überweisung laufender Rechnungen so zu terminieren ist, dass das Geld am Verfalltag auf dem Konto des Kunden gutgeschrieben wird.

Sollten weitere Reklamationen eintreffen, behalte ich mir eine Reduktion Ihres Honorars und die Kündigung des Mandats vor.

Beste Grüsse

ZWEITE MÄNGELRÜGE AN AUFTRAGNEHMER

Unvollständige Steuererklärung

Sehr geehrter Herr Rufer

Als Beilage lasse ich Ihnen eine Kopie des Schreibens des Steueramts Oberwil vom 13. Juni zukommen.

Die Steuerverwaltung rügt die im letzten Jahr eingereichte Steuererklärung als unvollständig und fehlerhaft. Wir haben die fehlenden Dokumente und Belege in der Zwischenzeit nachgereicht und konnten die Fehler korrigieren.

Allerdings sind wir nicht bereit, für eine solch mangelhafte Leistung das volle Honorar zu bezahlen. Wir werden für die pendenten Arbeiten bei der nächsten Rechnung einen Abzug von 200 Franken vornehmen.

Für die Zukunft wünschen wir uns, dass Sie unseren Mandaten mehr Aufmerksamkeit schenken und sie mit der gewohnten Sorgfalt betreuen.

Beste Grüsse

KÜNDIGUNG EINES AUFTRAGS

Kündigung Treuhandmandat

Sehr geehrter Herr Rufer

Hiermit kündigen wir Ihr Treuhandmandat mit sofortiger Wirkung.

Bitte erstellen Sie uns eine detaillierte Schlussabrechnung Ihrer Aufwendungen und halten Sie alle unsere Unterlagen abholbereit. Wir werden sie bis Ende dieser Woche bei Ihnen abholen. Selbstverständlich werden wir uns telefonisch anmelden.

Freundliche Grüsse

KAUFVERTRAG: MANGEL RÜGEN, PREISREDUKTION FORDERN

Mängelrüge

Sehr geehrter Herr Maag

Vor drei Monaten habe ich bei Ihnen einen grösseren Posten Werbeschirme gekauft.

Von meiner Kundschaft bekomme ich jetzt schlechte Rückmeldungen. Die meisten Schirme klemmen bereits nach kurzem Gebrauch oder lassen sich gar nicht mehr öffnen. Auf Wunsch kann ich Ihnen gerne einige solche Exemplare zuschicken.

Ich erwarte eine Preisreduktion von 15 Prozent und werde diesen Betrag bei meiner nächsten Bestellung verrechnen. Sind Sie einverstanden?

Beste Grüsse

KAUFVERTRAG: MANGEL RÜGEN, VERTRAGSRÜCKTRITT ANKÜNDIGEN

Mängelrüge

Sehr geehrter Herr Maag

Vor drei Wochen haben Sie mir die bestellten Werbefeuerzeuge geliefert, die ich an einem Anlass letzte Woche meinen Kunden verschenken wollte.

Sehr zu meinem Ärger stellten die Kunden schon am Anlass fest, dass die Feuerzeuge allesamt nicht richtig funktionieren. Offenbar sind sie undicht.

Wenn Sie möchten, kann ich Ihnen die fehlerhafte Lieferung zurückschicken. Da ich die Rechnung bereits bezahlt habe, erwarte ich eine Rückerstattung des Kaufpreises.

Für Ihre Stellungnahme danke ich Ihnen.

Beste Grüsse

Lieferverzug und Rücktritt vom Vertrag

Ein Lieferverzug ist ärgerlich. Er bringt Ihren Terminplan durcheinander, löst vielleicht sogar bei Ihnen einen Lieferverzug aus. Welche Rechte haben Sie, wenn das Bestellte nicht rechtzeitig eintrifft? Und wie müssen Sie vorgehen? Die Antwort auf diese Frage ist nicht ganz einfach: Das Gesetz unterscheidet nämlich zwischen sogenannten Fix- und Mahngeschäften.

Fixgeschäft: keine Mahnung nötig

Bei einem Fixgeschäft vereinbaren Lieferantin und Kunde einen klaren Liefertermin: ein genaues Datum, manchmal sogar eine Uhrzeit. Kann die Lieferantin den vereinbarten Termin nicht einhalten, fällt der Vertrag dahin. Der Kunde hat das Recht, woanders zu bestellen, und kann die Mehrkosten der vertragsbrüchigen Lieferantin in Rechnung stellen. Will der Kunde an der Lieferung festhalten, muss er dies der Lieferantin ausdrücklich mitteilen. Tut er das nicht, muss die Lieferantin davon ausgehen, dass der Kunde die Lieferung nicht mehr will.

Der Kauf einer Hochzeitstorte ist ein klassisches Fixgeschäft: Wird sie nicht pünktlich geliefert, kann sich das Brautpaar Ersatz beschaffen und der vertragsbrüchigen Konditorei die Mehrauslagen aufbrummen (Transportkosten, Mehrpreis für die neue Torte). Und selbstverständlich muss die Hochzeitsgesellschaft die Torte am nächsten Tag nicht mehr akzeptieren.

Aufgepasst: Als Kunde haben Sie eine Schadenminderungspflicht. Sie müssen zwar nicht stundenlang herumtelefonieren, um das günstige Angebot zu finden, dürfen aber auch nicht einen unverhältnismässig teuren Ersatzgegenstand kaufen.

> **MUSTER 40**

Mahngeschäft

Bei einem Mahngeschäft ist nur ein ungefährer Liefertermin vereinbart, eine bestimmte Kalenderwoche zum Beispiel. Wird der Termin nicht eingehalten, muss die Kundin weiter Geduld haben. Die zum Vertrag gehörenden allgemeinen Geschäftsbedingungen schliessen in der Regel einen Rücktritt bei Lieferverzug ausdrücklich aus.

Was kann die Kundin tun? Das Gesetz schreibt vor, dass sie den Lieferanten mit einer Mahnung in Verzug setzen muss. In dieser Mahnung muss die Kundin eine angemessene Nachfrist zu Lieferung setzen. Wird auch diese nicht eingehalten, hat sie das Recht, vom Vertrag zurückzutreten und den Lieferanten für die Mehrkosten haftbar zu machen.

Eine Frist gilt als angemessen, wenn sie in einem vernünftigen Verhältnis zum Geschäft und zu den ursprünglich vereinbarten Lieferfristen steht. Wer im Mai einen Sonnenschirm mit einmonatiger Lieferfrist bestellt, kann eine Nachfrist von ein bis zwei Wochen setzen. Er muss sich also nicht bis Herbst gedulden.

Selbst wenn im Vertrag Lieferverzögerungen vorbehalten sind, muss eine Kundin nicht endlos Geduld aufbringen. Sie kann den Lieferverzug schriftlich rügen, eine Nachfrist setzen und in ihrer Mahnung ankündigen, sie werde vom Vertrag zurücktreten, sollte die Nachfrist ungenutzt verstreichen. Tritt dieser Fall ein, kann die Kundin mit schriftlicher Anzeige vom Vertrag zurücktreten. Ein umsichtiger Lieferant wird in dieser Situation Verständnis zeigen und nicht versuchen, eine Kundin, die er mit einem Lieferverzug verärgert hat, um jeden Preis zu binden.

> *Mahnen Sie bei Lieferverzug auf jeden Fall schriftlich und verschicken Sie den Mahnbrief eingeschrieben. So haben Sie im Streitfall ein Beweisstück in den Händen.*

> **MUSTER 41 BIS 43**

MAHNUNG BEI FIXGESCHÄFT

Lieferverzug

Sehr geehrte Frau Vontobel

Laut unserer Bestellung hätten Sie bis gestern Mittag 50 Kilogramm Tiefkühlteig liefern sollen. Die Lieferung ist jedoch bis heute nicht eingetroffen.

Damit ich meinen Verpflichtungen nachkommen kann, habe ich mich bei einem anderen Lieferanten eingedeckt – allerdings zu einem höheren Preis.

Ich wäre noch immer bereit, Ihre Lieferung anzunehmen. Sollten Sie in den nächsten Tagen liefern, würde ich die wegen Ihres Lieferausfalls entstandenen Mehrkosten von CHF 258.— von Ihrer Rechnung abziehen. Sollten Sie auf die Lieferung verzichten, würde ich Ihnen diesen Betrag in Rechnung stellen.

Bitte teilen Sie mir mit, ob Sie bis Freitagabend liefern können.

Besten Dank und freundliche Grüsse

MAHNUNG BEI MAHNGESCHÄFT

Lieferverzug

Sehr geehrter Herr Rüegg

Ich habe am 17. Juni bei Ihnen 500 Kilogramm Spezialdünger bestellt. Sie haben mir eine Lieferung bis Ende Juni zugesagt.

Diese Frist ist zwischenzeitlich abgelaufen. Ich setze Ihnen für die Lieferung eine Nachfrist von zehn Tagen.

Freundliche Grüsse

ZWEITE MAHNUNG UND ANDROHUNG DES VERTRAGSRÜCKTRITTS

Lieferverzug

Sehr geehrter Herr Rüegg

Am 17. Juni habe ich bei Ihnen 500 Kilogramm Sepzialdünger bestellt. Sie haben mir eine Lieferung bis Ende Juni zugesagt.

Am 7. Juli habe ich Sie schriftlich daran erinnert, dass die Lieferung noch immer aussteht. Inzwischen sind weitere vier Wochen vergangen, ohne dass ich den Dünger bekommen habe. Zwar behalten Sie sich in Ihren allgemeinen Vertragsbedingungen Lieferverzögerungen ausdrücklich vor. Trotzdem bin ich nicht verpflichtet, eine unbestimmt lange Lieferzeit zu akzeptieren.

Ich setze Ihnen eine letzte Frist von zwei Wochen, um die Bestellung zu liefern. Sollten Sie diese Frist ungenützt verstreichen lassen, werde ich vom Vertrag zurücktreten und Ihnen die mir entstandenen Mehrkosten verrechnen.

Freundliche Grüsse

MITTEILUNG DES VERTRAGSRÜCKTRITTS

Rücktritt vom Vertrag wegen Lieferverzug

Sehr geehrter Herr Rüegg

Da Sie die Ihnen am 6. August gesetzte Nachfrist ungenützt haben verstreichen lassen, trete ich vom Kaufvertrag über 500 Kilogramm Spezialdünger zurück.

Ich habe mich anderweitig günstig eindecken können und werde diesen Lieferanten auch in Zukunft berücksichtigen.

Freundliche Grüsse

Richtig reklamieren

Manchmal kommt einem ja schon die Galle hoch. Ganz genau hat man erklärt, was man will, und trotzdem wird etwas anderes geliefert. Und dann noch die unfreundliche Person am Telefon, die überhaupt nicht hilfsbereit ist. Jetzt reichts! Sie setzen sich hin und beschweren sich.

Das ist gut so. Unternehmen sind auf die Rückmeldung unzufriedener Kunden angewiesen. Und ein kluger Unternehmer nimmt die Reklamationen seiner Kunden ernst. Nur so kann er sich verbessern und Fehler vermeiden.

Ihre eigenen Reklamationen werden ernst genommen, wenn Sie folgende Punkte beachten:

- Kommen Sie sofort zur Sache.
- Beschreiben Sie genau, was Sie geärgert hat und was Sie erwartet hätten.
- Bleiben Sie sachlich! Kraftausdrücke, Zynismus, Beleidigungen oder gar Drohungen geben Ihrer Botschaft nicht mehr, sondern weniger Gewicht.
- Kommen Sie zum Schluss. Schreiben Sie, was Sie jetzt erwarten.

Wichtig: Manchmal tut es gut, seinen ganzen Ärger in den Computer zu hacken. Lassen Sie Ihr Schreiben aber eine Nacht lang liegen und überarbeiten Sie es dann nochmals. Machen Sie sich niemals selber angreifbar, indem Sie sich bei einem Reklamationsschreiben im Ton vergreifen.

> MUSTER 44 BIS 47

REKLAMATION WEGEN UNGERECHTFERTIGTEN MAHNUNGEN

Unberechtigte Mahnungen

Sehr geehrter Herr Wiener

Im Oktober habe ich bei Ihnen eine grössere Menge Industriedünger bestellt. Die Rechnung habe ich sofort nach Erhalt bezahlt.

Trotzdem habe ich am 5. Januar eine Mahnung erhalten. Ich habe unverzüglich mit Ihrer Buchhaltung Kontakt aufgenommen und Ihrer Mitarbeiterin das Datum der Überweisung angegeben. Frau Strehl schien mir etwas überfordert. Jedenfalls war sie sehr unfreundlich, liess mich lange am Telefon warten und bestätigte mir schliesslich, sie habe den Zahlungseingang gefunden. Die Sache sei erledigt. Für das Versehen entschuldigt hat sie sich nicht. Schon über diesen Umgangston habe ich mich geärgert. Noch viel mehr geärgert habe ich mich jedoch heute, als ich wieder eine Mahnung erhielt – diesmal sogar eingeschrieben.

Als Beilage finden Sie eine Kopie meines Zahlungsbelegs. Ich erwarte, dass Sie die angekündigten Inkassomassnahmen sofort stoppen. Zudem erwarte ich eine Entschuldigung.

Verärgerte Grüsse

REKLAMATION WEGEN FALSCHER POSTZUSTELLUNG

Postzustellung

Sehr geehrte Damen und Herren

In letzter Zeit finden wir immer wieder Briefe in unserem Postfach, die nicht an unsere Firma adressiert sind. Die bisher erhaltenen Irrläufer haben wir selber den richtigen Adressaten zugestellt.

Wir hoffen, dass Sie künftig beim Verteilen der Briefpost mehr Sorgfalt walten lassen und uns damit unnötige Arbeit ersparen.

Freundliche Grüsse

REKLAMATION WEGEN UNBERECHTIGTER RECHNUNG

Rechnung für Insertionsauftrag

Sehr geehrte Damen und Herren

Soeben haben wir Ihre Rechnung vom 27. September 2013 erhalten.

Diese Rechnung ist unberechtigt, denn wir haben den Insertionsvertrag nur für zwei Ausgaben abgeschlossen. Als Beilage lassen wir Ihnen eine Vertragskopie zukommen.

Bitte stornieren Sie die oben genannte Rechnung.

Freundliche Grüsse

REKLAMATION BEI TELEKOMMUNIKATIONSANBIETER

Reklamation

Sehr geehrte Damen und Herren

Seit drei Tagen funktioniert weder unsere Internetverbindung noch unser Festnetzanschluss. Von der Mitarbeiterin auf Ihrer Hotline wurde mir am Montagnachmittag zugesichert, das Problem werde umgehend behoben.

Unterdessen habe ich zwei weitere Male angerufen und stets wurde mir dasselbe versprochen. Jedoch hat sich bisher weder ein Techniker gemeldet noch funktionieren die Anschlüsse.

Als Unternehmer bin ich auf diese Kommunikationskanäle angewiesen. In der Zwischenzeit habe ich den Festnetzanschluss auf mein Handy umleiten lassen – eine unbefriedigende Situation. Ich erwarte, dass Sie das Problem umgehend lösen und für die entstandenen Mehrkosten aufkommen.

Für Ihre schriftliche Stellungnahme danke ich Ihnen im Voraus.

Freundliche Grüsse

7

Von Rechnungen, Forderungen und Betreibungen

Der Auftrag ist ausgeführt, die Ware geliefert – jetzt gehts daran, die Rechnung zu präsentieren. Probleme entstehen, wenn Ihr Kunde mit Ihrer Forderung aus irgendeinem Grund nicht einverstanden ist oder wenn er nicht zahlen kann. Dieses Kapitel behandelt alle rechtlichen Fragen zu den Themen Geld einfordern und Betreibung. Zudem finden Sie Antworten auf alle Fragen, die sich stellen, wenn Sie selber mit einer ungerechtfertigten Forderung konfrontiert sind.

Vorbeugen ist besser als heilen

Probleme mit zahlungsunwilligen oder zahlungsunfähigen Kunden lassen sich nie ganz verhindern. Wenn Sie aber die Bonität Ihrer Kunden prüfen, können Sie dieses Risiko etwas eindämmen. Am besten schützen Sie sich vor bösen Überraschungen, indem Sie folgende Tipps beachten:

Verlangen Sie von unbekannten Kunden eine Anzahlung oder liefern Sie nur gegen Vorauskasse. Ersteres ist vor allem bei grösseren Aufträgen sinnvoll.

Lassen Sie Ihren Kunden ab einem gewissen Auftragsvolumen eine Auftragsbestätigung unterschreiben, in der der Auftrag klar beschrieben und der vereinbarte Preis festgehalten ist (siehe Muster 19).

Wichtig: Eine Antwort per Mail reicht nicht. Der Kunde muss von Hand unterschreiben. Mit dieser schriftlichen Schuldanerkennung können Sie im Fall einer Betreibung den Rechtsvorschlag des Kunden ohne grossen Aufwand beseitigen (mehr dazu auf Seite 143).

> MUSTER 48

Die Bonitätsprüfung

Ziehen Sie bei neuen Kunden Erkundigungen über deren Bonität ein. Sie können beim Betreibungsamt am Wohn- beziehungsweise Geschäftssitz Ihres Kunden einen Betreibungsregisterauszug verlangen. Darin sehen Sie, ob gegen ihn Betreibungen vorliegen oder vorlagen. Einen solchen Auszug bekommen Sie gegen Zahlung einer Gebühr von 17 Franken zuzüglich Porto. Finden sich auf dem Auszug viele Betreibungen, sollten Sie von diesem Kunden Vorauszahlung verlangen.

> *Damit Sie einen Betreibungsregisterauszug erhalten, müssen Sie einen Interessennachweis beibringen. Gemeint ist ein Dokument, das belegt, dass Sie mit der betreffenden Person oder Firma in Vertragsverhandlungen stehen – zum Beispiel eine Anfrage Ihres Kunden, eine Offerte oder Bestellung.*

Natürlich können Sie sich auch bei einer Wirtschaftsauskunftei über die Bonität Ihres Kunden informieren. Allerdings sind solche Auskunfteien recht teuer. Und: Nicht immer erhalten Sie aktuelle und korrekte Auskünfte. Weil das Gesetz nicht vorschreibt, wie lange welche Daten in einer solchen Bonitätsdatenbank gespeichert bleiben dürfen, befinden sich darin massenhaft veraltete und fehlerhafte Angaben.

Auch ein Blick ins Handelsregister kann sich lohnen. Kein gutes Zeichen sind häufige Wechsel in der Geschäftsführung oder im Verwaltungsrat, frühere Liquidationen oder ein sehr weit gefasster Firmenzweck (Import und Export von Waren jeglicher Art).

Schliesslich kann eine Suche im Internet interessante Informationen zutage fördern – ohne irgendwelche Kosten.

> **MUSTER 49**

Vielleicht kommen Sie nach Ihren Abklärungen zum Schluss, dass Sie diesen Kunden überhaupt nicht beliefern wollen. Auch dann gilt es, Ihren Entscheid höflich zu kommunizieren.

> **MUSTER 50**

LIEFERUNG NUR GEGEN VORAUSZAHLUNG

Ihre Bestellung

Sehr geehrter Herr von Arx

Vielen Dank für Ihre Bestellung.

Aufgrund häufiger Zahlungsausfälle in letzter Zeit beliefern wir Neukunden bei grösseren Bestellmengen nur noch gegen Vorauszahlung.

Sobald Ihre Zahlung auf unserem Konto eingegangen ist, werden wir die Bestellung unverzüglich ausführen.

Wir zählen auf Ihr Verständnis und grüssen Sie freundlich.

BETREIBUNGSAUSKUNFT VERLANGEN

Betreibungsauskunft

Sehr geehrte Damen und Herren

Wir bitten Sie um Zustellung einer Betreibungsauskunft über:

Malermeisterin Helga Dahinden, Seestrasse 18, 8700 Küsnacht.

Als Interessennachweis legen wir Ihnen die Kopie einer Bestellung bei. Bitte lassen Sie uns die Auskunft samt Rechnung zukommen.

Besten Dank und freundliche Grüsse

AUFTRAG WEGEN SCHLECHTER BONITÄT ABLEHNEN

Ihre Bestellung

Sehr geehrter Herr Merz

Danke für Ihre Bestellung vom 3. April.

In unserer Buchhaltung haben wir einen auf Ihren Namen lautenden Verlustschein aus dem Jahr 2008 bei den Akten. Aus diesem Grund haben wir Ihre Bestellung storniert. Sie werden verstehen, dass wir keine Kunden beliefern, die offene Verpflichtungen bei uns haben.

Freundliche Grüsse

Rechnung und Mahnung

Im Gesetz gibt es keine Vorschriften zur Rechnungsstellung. Sie können Ihre Rechnung per Post verschicken, per Mail oder SMS oder sogar mündlich Ihr Geld einfordern. Doch wie lange darf sich der Kunde Zeit nehmen, um eine Rechnung zu bezahlen? Darf er einen Skonto abziehen? Und wie oft muss man einen säumigen Zahler mahnen, bevor man die Betreibung einleitet?

Solche Fragen gehen am Beratungstelefon des Beobachters fast täglich ein. Über das Thema Rechnungen stellen und bezahlen geistern viele falsche Vorstellungen herum. Hier die Rechtslage.

Welche Zahlungsfristen gelten?

Das Gesetz kennt keine Zahlungsfristen. Es gilt: Zug um Zug, also Ware respektive Dienstleistung gegen Geld.

In der Praxis stellen die meisten Unternehmen schriftliche Rechnungen aus und räumen der Kundschaft eine Zahlungsfrist von zehn, 20 oder 30 Tagen ein. Die Zahlungsfrist ist jedoch ein freiwilliges Entgegenkommen des Unternehmers. Kein Kunde hat einen Anspruch darauf. Es ist deshalb wichtig, dass Sie bereits bei der Offertstellung über Ihre Zahlungskonditionen informieren. Wird nichts vereinbart, gilt das Gesetz und der Kunde hat bei Empfang der Leistung zu bezahlen.

Darf der Kunde Skonto abziehen?

Ein Skonto ist ein Barzahlungsrabatt. Auch dies ist ein reines Entgegenkommen des Unternehmers. Die meisten Unternehmen gewähren zwei Prozent, wenn die Kundin innerhalb von zehn Tagen bezahlt. Viele Kunden meinen, sie hätten einen Anspruch auf einen Skontoabzug, wenn sie sofort bezahlen. Diese weitverbreitete Ansicht ist falsch.

> *Weisen Sie Ihre Kunden in der Offerte oder im Kostenvoranschlag auf die Zahlungskonditionen hin und bringen Sie diesen Hinweis auch auf Ihrer Website an (siehe Muster 13 bis 15). So können Sie bei Unsicherheiten auf diese Quellen verweisen.*

Die Rechnung übersichtlich aufstellen

Bei der Rechnungsstellung haben Sie zwei Möglichkeiten: Sie können Ihre Rechnung – wie eine Offerte – in Formularform darstellen oder in einen Brieftext kleiden. Letzteres ist vor allem dann sinnvoll, wenn Sie nicht viele Posten zu addieren haben, es sich also um eine nicht besonders umfangreiche Rechnung handelt. Bei einer Rechnung verzichtet man für gewöhnlich auf die Anrede. Auch eine Unterschrift ist nicht nötig.

> **MUSTER 51 BIS 53**

Ist Ihnen der Formularstil zu unpersönlich, die Rechnung aber doch recht umfangreich? Dann können Sie auch eine Kombination wählen. Stellen Sie die Rechnung in Formularform auf und legen Sie einen Begleitbrief bei. Eine gute Gelegenheit, nochmals etwas Werbung zu machen.

> **MUSTER 54**

Bei Zahlungsverzug mahnen

Im Geschäftsalltag kommt es immer wieder vor, dass Ihre Kunden die Rechnungen nicht pünktlich bezahlen. Weil das Mahnwesen in der Schweiz gesetzlich nicht geregelt ist, steht es Ihnen frei, wie lange Sie zuwarten, bis Sie eine säumige Zahlerin mahnen. Gesetzlich ebenfalls nicht vorgeschrieben ist, wie oft Sie mahnen müssen, bevor Sie die Betreibung einleiten, und ob Sie die Mahnung per E-Mail, Normalpost oder mit eingeschriebenem Brief verschicken müssen.

Aus Beweisgründen sind Sie in jedem Fall gut beraten, nicht per Mail, sondern brieflich zu mahnen. In der Praxis hat sich ein dreistufiges Mahnsystem bewährt:

- **Erste Mahnung**
  Bezeichnen Sie Ihre erste Mahnung als «Zahlungserinnerung». Weisen Sie Ihren Kunden höflich auf die unbezahlte Rechnung hin. Formulieren Sie so, dass er weiterhin Ihr Geschäftspartner bleiben will. Legen Sie der Zahlungserinnerung eine Kopie der Rechnung bei.
- **Zweite Mahnung**
  Nehmen Sie Bezug auf die Zahlungserinnerung und fragen Sie nach, warum die Zahlung noch immer nicht geleistet worden ist. Setzen Sie eine Frist und bieten Sie Hand zu einem Zahlungsvorschlag.
- **Dritte Mahnung und Betreibungsandrohung**
  Trifft das Geld immer noch nicht ein, mahnen Sie in bestimmtem Ton ein letztes Mal und drohen an, die Betreibung einzuleiten.

Verschicken Sie nur die letzte Mahnung eingeschrieben. So sparen Sie Kosten. Da das Gesetz nicht vorschreibt, wie oft Sie mahnen müssen, genügt es, wenn Sie in der letzten Mahnung auf die vorgängigen verweisen.

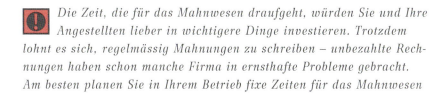 *Die Zeit, die für das Mahnwesen draufgeht, würden Sie und Ihre Angestellten lieber in wichtigere Dinge investieren. Trotzdem lohnt es sich, regelmässig Mahnungen zu schreiben – unbezahlte Rechnungen haben schon manche Firma in ernsthafte Probleme gebracht. Am besten planen Sie in Ihrem Betrieb fixe Zeiten für das Mahnwesen ein. Übrigens: Mit Standardbriefen hält sich der Aufwand in Grenzen.*

Mahnungen gut formulieren

Wenn Ihre gute Leistung nicht bezahlt wird, sind Sie zu Recht verärgert. Trotzdem: Sie kommen eher zum Ziel, wenn Sie Ihrem Ärger nicht einfach freien Lauf lassen. Beachten Sie folgende Tipps:
- Bemühen Sie sich um einen freundlichen, sachlichen Ton
- Bieten Sie Hand zu einem Gespräch oder einem Zahlungsvorschlag
- Drohen Sie nicht. Damit können Sie sich unter Umständen strafbar machen – selbst wenn Ihre Forderung berechtigt ist.
- Rufen Sie an, bevor Sie die Betreibung einleiten. Einen Brief kann der Kunde zur Seite legen. Einer telefonischen Mahnung muss er sich stellen. Deshalb sind telefonische Mahnungen sehr wirkungsvoll.

> MUSTER 55 BIS 57

Mahnspesen und Verzugszinsen

Hat ein Unternehmer das Recht, Verzugszinsen, Mahnspesen oder eine Umtriebsentschädigung zu verlangen? Hier die Antwort:
- Laut Gesetz ist ein **Verzugszins** von fünf Prozent ab dem Datum der ersten Mahnung oder ab Ablauf der vereinbarten Zahlungsfrist geschuldet. Sie dürfen vertraglich einen höheren Zins vereinbaren. Allerdings müssen Sie Ihren Kunden beim Vertragsabschluss in Ihren allgemeinen Geschäftsbedingungen auf diese Regelung hinweisen.
- Viele Unternehmen verrechnen je nach Mahnstufe unterschiedlich hohe **Mahnspesen.** Das ist rechtlich nur dann zulässig, wenn die genaue Höhe in den allgemeinen Geschäftsbedingungen festgehalten und der Kunde beim Vertragsabschluss darauf hingewiesen worden ist.
- Für die Verrechnung von **Verzugsschaden, Bonitätsprüfungskosten oder Rechtsberatungskosten** gibt es keine rechtliche Grundlage.

Wenn Sie ein Inkassobüro damit beauftragen, offene Forderungen einzutreiben, dürfen Sie diese Kosten nicht auf den Schuldner überwälzen. Zwar versuchen viele Inkassobüros, solche Spesen bei den Schuldnern einzutreiben. Dieses Vorgehen ist aber gesetzeswidrig. Vom Schuldner einfordern können Sie nur die Kosten für eine allfällige Betreibung.

Der Kunde bittet um Zahlungsaufschub

Manche Kunden warten bis zur Betreibungsandrohung, andere melden sich kurz vor Ablauf der Zahlungsfrist und bitten um einen Zahlungsaufschub oder möchten den Betrag in Raten abstottern. Wenn Sie mit einer solchen Bitte konfrontiert werden, sollten Sie sich das Zahlungsversprechen unbedingt schriftlich bestätigen lassen. Signalisieren Sie Ihr Einverständnis und verlangen Sie, dass Ihr Kunde den Abzahlungsvorschlag schriftlich aufsetzt (nicht per Mail!), unterschreibt und Ihnen zustellt. Oder setzen Sie selber eine Vereinbarung auf und verlangen Sie, dass der Kunde sie unterschrieben zurückschickt. So ersparen Sie sich unnötigen Aufwand, wenn es dann doch zu einer Betreibung kommen sollte.

> MUSTER 58

RECHNUNG IN FORMULARFORM

Rechnung für Feuerungskontrolle

Liegenschaft	Waldackerweg 13, 8810 Horgen
Eigentümer	Hans Waldvogel, 8805 Richterswil
Kundennummer	9867494
MWST-Nummer	CHE-123.456.321 MWST
Rechnungsdatum	12.4.2013

Arbeitsdatum	Anzahl	Bezeichnung	Betrag in CHF
26.2.2013	1	Reinigung und Kontrolle	
	1	Kamin	
	2	Rauchrohre	
	1	Standmodell	
	60	Minuten Arbeit à 1.93	115.80
	1	Grundtaxe	10.—
Netto			125.80
MWST 8%			10.05
Total			**135.85**

Zahlbar innert 30 Tagen netto.

Besten Dank für Ihren Auftrag.

RECHNUNG IN FORMULARFORM ZUR OFFERTE IN MUSTER 13

Rechnung für Malerarbeiten

Rechnungsnummer	1276
Offertnummer	1275
MWST-Nummer	CHE-156.041.989 MWST
Leistung	Maler- und Tapezierarbeiten
Objekt	3-Zimmer-Wohnung Zürichstrasse 127, 8600 Dübendorf, 1. Stock rechts

1. Korridor
Spachteln, Dispersion, Streichen
und Rollen, 45 m² CHF 255.50

2. Wohnzimmer
Spachteln, Dispersion, Streichen
und Rollen, 217 m² CHF 1697.40

3. Schlafzimmer
Spachteln, Dispersion, Streichen
und Rollen, 167 m², 4 Sockelleisten CHF 912.50

4. Küche
Spachteln, Dispersion, 14 m²
Boden mit Folie abdecken CHF 337.00

5. WC
Spachteln, Dispersion, 35 m²
Boden mit Folie abdecken, 4 Sockelleisten CHF 196.00

Auftragswert	CHF	3398.40
Mehrwertsteuer 8 %	CHF	271.85
Total	**CHF**	**3670.25**

Bitte überweisen Sie den Betrag mittels beiliegendem Einzahlungsschein innerhalb von 30 Tagen auf unser Konto bei der Raiffeisenbank Dübendorf. Bei einer Überweisung innerhalb von 10 Tagen gewähren wir Ihnen einen Skontoabzug von 2 Prozent.

Für Ihren Auftrag und das Vertrauen in unser Unternehmen danken wir Ihnen.

Freundliche Grüsse

RECHNUNG IN BRIEFFORM

Rechnung

Sehr geehrter Herr Metzger

Firmenseminar «Umgang mit schwierigen Kunden»
vom 17. September 2013 in Ihrem Unternehmen
Pauschalpreis gemäss Offerte,
inklusive Tagungsunterlagen   CHF 1000.—

Danke, dass Sie diesen Betrag auf mein Konto 1134-0011.11111 bei
der Zürcher Kantonalbank in 8053 Zürich überweisen (Clearing-Nummer 700,
IBAN-Nummer CH32 0070 000111 4000 100001).

Herzlichen Dank für Ihren Auftrag!

Freundliche Grüsse

BEGLEITBRIEF ZU RECHNUNG IN FORMULARFORM

Rechnung Kommunikationsseminar

Sehr geehrter Herr Metzger

Das Seminar «Umgang mit schwierigen Kunden» in Ihrem Unternehmen hat mir grossen Spass gemacht. Es war auch für mich sehr anregend. Ich habe durch den Einblick in Ihre Arbeitsweise viel gelernt und den Austausch mit Ihren Mitarbeitenden genossen.

Als Beilage lasse ich Ihnen die Rechnung samt Einzahlungsschein zukommen.

Ich wünsche Ihnen und Ihrem Team, dass Sie die erarbeiteten Kommunikationshilfen im Alltag gut und nachhaltig einsetzen können.

Für Ihren Auftrag danke ich und wünsche Ihnen alles Gute.

Freundliche Grüsse

Beilage: Rechnung

ZAHLUNGSERINNERUNG (ERSTE MAHNUNG)

Zahlungserinnerung

Sehr geehrter Herr Spörri

Vielleicht haben Sie im hektischen Alltag übersehen, dass Sie unsere Rechnung vom 23. Oktober noch nicht bezahlt haben.

Danke, dass Sie die Überweisung in den nächsten Tagen vornehmen.

Haben Sie Fragen? Rufen Sie uns an.

Freundliche Grüsse

Beilage: Rechnungskopie

ZWEITE MAHNUNG

Zweite Mahnung

Sehr geehrter Herr Spörri

Trotz unserer Zahlungserinnerung vom 30. November haben Sie den offenen Betrag von 1250 Franken noch immer nicht überwiesen.

Bitte zahlen Sie den Betrag bis Ende dieser Woche ein. Wenn Sie uns einen Vorschlag unterbreiten, sind wir auch gerne bereit, über Ratenzahlungen zu diskutieren.

Freundliche Grüsse

LETZTE MAHNUNG UND BETREIBUNGSANDROHUNG

Dritte und letzte Mahnung

Sehr geehrter Herr Spörri

Auf unsere Mahnungen vom 30. November und 14. Dezember haben Sie nicht reagiert. Auch einen Abzahlungsvorschlag haben Sie uns nicht unterbreitet.

Wir fordern Sie ein letztes Mal auf, den offenen Betrag von 1250 Franken bis 31. Dezember zu bezahlen. Lassen Sie diese Frist nicht ungenutzt verstreichen. Wir werden sonst die Betreibung einleiten, was für Sie mit weiteren Kosten verbunden ist.

Wir hoffen, dass Sie es nicht so weit kommen lassen.

Freundliche Grüsse

REAKTION AUF BITTE UM ZAHLUNGSAUFSCHUB

Zahlungsvereinbarung

Sehr geehrte Frau Jäger

Ich habe Ihr Gesuch um eine Ratenzahlung bekommen und geprüft.

Die offerierten Raten von 500 Franken pro Monat sind mir zu gering. Ich wäre einverstanden, wenn Sie den offenen Saldo mit monatlichen Raten von 700 Franken tilgen würden. Die erste Rate erwarte ich Ende Monat. Mit der letzten Rate wird Ende Dezember zudem der Betrag von 250 Franken für Mahn- und Betreibungsspesen fällig.

Bitte schicken Sie mir zum Zeichen Ihres Einverständnisses das beiliegende Briefdoppel unterschrieben zurück.

Sollte ich von Ihnen bis 18. Juni keine Antwort erhalten, werde ich die Betreibung einleiten.

Freundliche Grüsse

Die Betreibung

Wenn die Zahlung Ihres Kunden trotz Mahnungen ausbleibt, können Sie Ihr Geld mit staatlicher Hilfe auf dem Betreibungsweg einfordern. Geregelt ist das Betreibungsverfahren im Bundesgesetz über Schuldbetreibung und Konkurs (SchKG).

Wenn Sie einen Schuldner betreiben wollen, müssen Sie sich ans Betreibungsamt an seinem Wohn- oder Geschäftssitz wenden. Handelt es sich um eine Firma, können Sie wenn nötig über das Handelsregister herausfinden, wo dieser Sitz ist. Am schnellsten geht das im Online-Handelsregister des Bundes und der Kantone (www.zefix.ch).

Beim Betreibungsamt reichen Sie ein sogenanntes Betreibungsbegehren ein. Dazu können Sie das offizielle Formular verwenden, das die Betreibungsämter zur Verfügung stellen.

Das gehört ins Betreibungsformular

Auf dem Formular geben Sie den Schuldner an sowie den Grund Ihrer Forderung und die Forderungssumme samt Zins.
- Der Zins läuft ab dem Datum der ersten Mahnung und beträgt laut Gesetz fünf Prozent. Wenn Sie vertraglich einen höheren Zins vereinbart haben, können Sie diesen geltend machen.
- Beim Grund der Forderung müssen Sie angeben, worauf sich Ihre Forderung stützt, also zum Beispiel auf eine Bestellung oder Rechnung. Einen Beleg oder eine Kopie dieser Dokumente müssen Sie weder auf dem Betreibungsamt vorlegen noch mit der Betreibung mitschicken.

Am einfachsten füllen Sie Ihr Betreibungsbegehren online aus (www.betreibungsschalter.ch). Da werden Sie Schritt für Schritt durchs Formular geführt, können es anschliessend ausdrucken und unterschrieben einsenden.

> MUSTER 59

GEBÜHR FÜR DAS AUSSTELLEN EINES ZAHLUNGSBEFEHLS
(inklusive Porto von CHF 10.—)

Bis	CHF 100.—			CHF	7.—
Über	CHF 100.—	bis	CHF 500.—	CHF	20.—
Über	CHF 500.—	bis	CHF 1000.—	CHF	40.—
Über	CHF 1000.—	bis	CHF 10 000.—	CHF	60.—
Über	CHF 10 000.—	bis	CHF 100 000.—	CHF	90.—
Über	CHF 100 000.—	bis	CHF 1 000 000.—	CHF	190.—
Über	CHF 1 000 000.—			CHF	400.—

Hinzu kommen CHF 7.— für jeden Zustellungsversuch.

Wenn Sie dem Betreibungsamt das ausgefüllte Betreibungsbegehren übergeben, müssen Sie einen Kostenvorschuss leisten. Wie viel das ist, hängt von der Höhe Ihrer Forderung ab (siehe Kasten).

Der Zahlungsbefehl

Haben Sie das Betreibungsbegehren und den Kostenvorschuss bezahlt, stellt das Betreibungsamt einen Zahlungsbefehl aus und überbringt ihn dem Schuldner innerhalb der nächsten Arbeitstage.

Der Zahlungsbefehl ist die amtliche Aufforderung an den Schuldner, die betriebene Forderung samt Zinsen innerhalb von 20 Tagen beim Betreibungsamt zu bezahlen. Er wird dem Schuldner auf einem amtlichen Formular zugestellt, und zwar persönlich durch den Weibel oder durch den Briefträger. Privaten Schuldnern wird er zu Hause überreicht, Geschäftskunden am Firmensitz. Wird der Schuldner nicht angetroffen, erhält er eine schriftliche Aufforderung, den Zahlungsbefehl innerhalb von zwei Tagen auf dem Betreibungsamt beziehungsweise bei der Post abzuholen. Kommt der Schuldner dieser Aufforderung nicht nach, wird der Zahlungsbefehl durch die Polizei zugestellt.

> *Eine Betreibung einzuleiten, ist vor allem dann sinnvoll, wenn Sie über eine schriftliche Schuldanerkennung verfügen. Also über ein Dokument, das belegt, welchen Betrag Sie aus welchem Geschäft von Ihrem Schuldner zugut haben. Wichtig: Das Dokument gilt nur dann als Schuldanerkennung, wenn es vom Schuldner von Hand unterschrieben ist. Ohne ein solches Dokument können Sie die Betreibung nicht fortsetzen, wenn Ihr Schuldner Rechtsvorschlag erhebt (siehe Seite 152). Bei mündlich vereinbarten Geschäften müssen Sie direkt eine Klage einreichen (siehe nächste Seite).*

Wenn der Schuldner doch noch zahlt
Häufig erheben Schuldner gegen eine Betreibung Rechtsvorschlag und zahlen dann den geforderten Betrag auf das Konto des Gläubigers ein. Dieser bleibt auf den Betreibungskosten sitzen. Bieten Sie in diesem Fall Ihrem Schuldner an, die Betreibung zurückzuziehen, wenn er Ihnen diese Kosten ersetzt. Das ist durchaus im Interesse eines säumigen Zahlers. Denn wenn die Betreibung zurückgezogen wird, erscheint sie nicht mehr auf seinem Betreibungsregisterauszug.

> **MUSTER 60 UND 61**

Rechtsöffnung verlangen

Viele Schuldner machen von ihrem Abwehrrecht Gebrauch und erheben gegen eine Betreibung Rechtsvorschlag. Dann steht die Betreibung vorerst einmal still. Wollen Sie daraufhin Ihre Forderung durchsetzen, müssen Sie das Gericht anrufen.

Welcher Richter zuständig ist und welches Verfahren zur Anwendung kommt, hängt davon ab, ob Sie über eine von Ihrem Kunden unterschriebene schriftliche Schuldanerkennung verfügen oder ob Sie nichts dergleichen in den Händen halten.

> *Immer wieder kommt es vor, dass ein Schuldner gegen eine Betreibung Rechtsvorschlag erhebt, um Zeit zu gewinnen, und Ihnen dann die geforderte Summe überweist, allerdings ohne Zins und Betreibungskosten. Dann müssen Sie sich gut überlegen, ob Sie*

den Aufwand einer neuen Betreibung auf sich nehmen wollen, um auch diese Forderungen einzutreiben.

Verfügen Sie über eine schriftliche Schuldanerkennung, können Sie in einem einfachen Verfahren die Aufhebung des Rechtsvorschlags verlangen. Zuständig ist der Rechtsöffnungsrichter im Gerichtskreis, in dem das Betreibungsamt liegt. Welches Gericht für die Rechtsöffnung zuständig ist, erfahren Sie beim Betreibungsamt. Das Verfahren vor dem Rechtsöffnungsrichter ist einfach und kostengünstig. Je nach Gericht wird es schriftlich oder mündlich durchgeführt.

Je nach der Art der Schuldanerkennung, die Sie von Ihrer Schuldnerin haben, können Sie die definitive oder die provisorische Rechtsöffnung verlangen.

- Die **definitive Rechtsöffnung** erteilt der Richter nur gestützt auf ein rechtskräftiges Urteil.
- Liegt ein anderes Dokument vor, etwa ein Vertrag oder eine unterschriebene Offerte, erteilt der Richter die **provisorische Rechtsöffnung.**

Der Unterschied: Gegen die provisorische Rechtsöffnung kann sich der Schuldner gerichtlich wehren, indem er in einem sogenannten Aberkennungsprozess den Grund der Schuldanerkennung bestreitet. Allerdings trägt er in diesem Prozess das Kostenrisiko. In der Praxis wird häufiger die provisorische Rechtsöffnung verlangt.

Das Rechtsöffnungsverfahren ist nicht kompliziert. Mit einer Schuldanerkennung in den Händen können Sie es in aller Regel ohne Probleme selber bestreiten.

> MUSTER 62

Die Schlichtungsverhandlung

Wenn Sie keine schriftliche Schuldanerkennung in Händen halten, die Ihre Forderung belegt, und Sie die Betreibung fortsetzen möchten, müssen Sie Ihre Forderung gerichtlich anerkennen lassen. Bevor Sie allerdings ans Zivilgericht gelangen können, wird – bis zu einem Streitwert von 100 000 Franken – zuerst ein Schlichtungsverfahren oder eine Mediation durchgeführt. So verlangt es die Zivilprozessordnung, die seit Januar 2011 für die ganze Schweiz gilt. Die Gerichtsorganisation ist weiterhin Sache der Kantone, deshalb wird die Schlichtungsstelle in einigen Kantonen wie bisher Friedensrichter- oder Vermittleramt genannt. Aus Kostengründen amten vielerorts juristische Laien als Schlichter.

Als klagende Partei können Sie das Gesuch um Schlichtung mündlich, schriftlich oder elektronisch bei der zuständigen kantonalen Schlichtungsstelle einreichen. Das ist in der Regel die Schlichtungsstelle am Wohnort oder Sitz der beklagten Partei. Das in der ganzen Schweiz gültige Formular für Schlichtungsgesuche sowie Instruktionen für das Ausfüllen finden Sie im Internet unter www.bj.admin.ch (→ Themen → Zivilprozessrecht → Formulare für Parteieingaben → Schlichtungsgesuch).

Die Parteien werden innerhalb von zwei Monaten zu einer mündlichen Verhandlung vorgeladen. Ziel dieser Verhandlung ist es, eine einvernehmliche Lösung herbeizuführen.

Bei Streitigkeiten bis zu einem Streitwert von 2000 Franken kann der Schlichter auf Antrag der Parteien einen definitiven Entscheid fällen, bis 5000 Franken kann er einen Urteilsvorschlag unterbreiten.

Wichtig: Bevor Sie die Rechtmässigkeit Ihrer Forderung in einem Schlichtungsverfahren oder gar mit einer gerichtlichen Klage feststellen lassen, sollten Sie einen Betreibungsregisterauszug Ihres Schuldners verlangen, um sich so ein Bild von seiner Zahlungsfähigkeit zu machen. Kommt ein seitenlanger Auszug zurück, ist nicht damit zu rechnen, dass Sie Ihr Geld erhalten. Wo es nichts hat, ist meist nicht viel zu holen. Verzichten Sie also auf die Forderungsklage. Sie würden bloss schlechtem Geld noch gutes hinterherwerfen.

Bereiten Sie sich gut auf die Schlichtungsverhandlung vor. Überlegen Sie sich vorher, wo Ihre Schmerzgrenze für einen Kompromiss liegt. Argumentieren Sie in der Verhandlung sachlich und ruhig. Sind Sie bei einem Vergleichsvorschlag nicht sicher, lassen Sie eine Widerrufsklausel aufnehmen. Das bedeutet, dass Sie den Vergleich innerhalb einer bestimmten Frist widerrufen können. Das gibt Ihnen Zeit, die Vereinbarung zu überdenken und sich allenfalls nochmals beraten zu lassen.

Vor dem Zivilgericht

Kommt vor der Schlichtungsstelle keine Einigung oder kein Urteilsvorschlag zustande, stellt der Schlichter die Nichteinigung fest und erteilt die Klagebewilligung. Dann können Sie das Verfahren ans Zivilgericht weiterziehen. Sie müssen also klagen und verlangen, dass das Gericht die Gültigkeit Ihrer Forderung in einem Urteil feststellt, den Schuldner zur Zahlung verpflichtet und den Rechtsvorschlag beseitigt.

> MUSTER 63

Bei Forderungen bis zum Betrag von 30 000 Franken kommt das vereinfachte Verfahren zur Anwendung. Es beginnt mit der Klage, die Sie zusammen mit der Klagebewilligung beim Gericht am Wohnort oder Sitz der beklagten Partei einreichen. Diese Klage müssen Sie nicht begründen, es genügt, wenn Sie zum Beispiel schreiben: «Bezahlung der Rechnung von 18 000 Franken für Malerarbeiten». Sie können Ihrer Klage Dokumente beilegen, die zwar vom Schuldner nicht unterschrieben sind, aber doch einen Hinweis liefern, dass eine Verpflichtung eingegangen wurde (zum Beispiel E-Mails). Sie können auch Zeugen benennen, die beim Vertragsschluss dabei waren.

Das Gericht wird von Ihnen als Kläger einen Vorschuss für die Gerichtskosten verlangen. Wie hoch dieser ausfällt, ist in den kantonalen Gebührenverordnungen festgelegt. Im Urteil werden dann sämtliche Kosten dem Verlierer auferlegt, dazu zählen die Gerichtsgebühren und die Anwaltskosten beider Seiten. Doch Achtung: Falls der Verlierer kein Geld hat, um diese Kosten zu bezahlen, bleiben die Gerichtsgebühren und das Honorar für Ihren Anwalt an Ihnen hängen.

ONLINE AUSGEFÜLLTES BETREIBUNGSBEGEHREN

Betreibungsbegehren

Quellsystem: Betreibungsschalter

Betreibung Nr.:
Eingang am:

Betreibungsamt Dielsdorf
Mühlestr. 4
Postfach 219
8157 Dielsdorf

Schuldner
Technik GmbH
Rebbergstrasse 2
8157 Dielsdorf
(Kontakt: Herr Sebastian Z.)

Mitbetriebene Person

Gläubiger
Werkzeug AG
Holzgasse 3
8001 Zürich
(Kontakt: Herr Anton H.)

Gläubiger-Vertreter

Postkonto
PC 80-1886-4 (Inhaber: Werkzeug AG)

Bankkonto
-

Forderung(en)
1. Forderungssumme: 4500.00 Fr. nebst Zins zu 5.0% seit 19.02.2013
   Forderungsgrund: Kaufvertrag vom 15. Januar 2013, Lieferschein vom 18. Januar 2013, Mahnung vom 19. Februar 2013

Bemerkungen
-

Unterschrift

Dieses Formular ist zu unterzeichnen und an die voradressierte Stelle einzusenden.
Beachten Sie bitte die Erläuterungen auf der Folgeseite.

WENN EIN SCHULDNER NACH DEM RECHTSVORSCHLAG ZAHLT

Rechtsvorschlag gegen unsere Betreibung

Sehr geehrter Herr Strüby

Gegen unsere Betreibung haben Sie zwar Rechtsvorschlag erhoben, die offene Forderung jedoch gestern auf unser Konto überwiesen.

Wir erwarten, dass Sie uns auch die entstandenen Betreibungskosten in der Höhe von CHF 150.— überweisen. Ein Einzahlungsschein liegt bei.

Sobald wir das Geld haben, werden wir die Betreibung zurückziehen. Da dieses Vorgehen in Ihrem Interesse ist, erwarten wir Ihre umgehende Zahlung.

Freundliche Grüsse

RÜCKZUG EINER BETREIBUNG

Rückzug der Betreibung Nr. 1234.45

Sehr geehrte Damen und Herren

Wir ziehen obgenannte Betreibung zurück.

Der Schuldner hat die offene Rechnung zwischenzeitlich bezahlt.

Freundliche Grüsse

RECHTSÖFFNUNG VERLANGEN

Gesuch um provisorische Rechtsöffnung

Sehr geehrte Damen und Herren

In Sachen

Gläubiger (Kläger):	Arno Grün, Gärtnerei Grün GmbH, Pflanzschulstrasse 15, 8400 Winterthur
vertreten durch:	—

gegen

Schuldner (Beklagter):	Liegenschaften GmbH, Hotzestrasse 10, 8006 Zürich
vertreten durch:	—

ersuchen wir Sie, in der Betreibung Nr. 1234.456 des Betreibungsamts Winterthur vom 11. Januar 2013 den Rechtsvorschlag der Beklagten zu beseitigen und uns für den Betrag von CHF 2510.— (zuzüglich Zins von 5% seit dem 17.8.2012) sowie CHF 70.— für den Zahlungsbefehl die provisorische Rechtsöffnung zu erteilen. Alles unter Kosten- und Entschädigungsfolgen zulasten der Beklagten.

Begründung

Die Beklagte hat der Klägerin am 17. Juli 2012 einen Auftrag über Gartenarbeiten erteilt und hierzu eine Auftragsbestätigung unterzeichnet. Trotz wiederholter Mahnungen hat sie die Rechnung für die ausgeführten Arbeiten bis heute nicht bezahlt. Gegen die Betreibung vom 11. Januar 2013 hat die Beklagte Rechtsvorschlag erhoben.

Freundliche Grüsse

Beilagen
Zahlungsbefehl Nr. 1234.456 des Betreibungsamts Winterthur vom 11.1.2013
Kopie der von der Beklagten unterzeichneten Auftragsbestätigung vom 17.7.2012
Kopie der Mahnungen vom 17.8. und 27.8.2012

FORDERUNGSKLAGE

Forderungsklage

Sehr geehrte Damen und Herren

In Sachen
Gläubiger (Kläger):		Arno Grün, Gärtnerei Grün GmbH,
				Pflanzschulstrasse 15, 8400 Winterthur

vertreten durch:		—

gegen

Schuldner (Beklagter):		Liegenschaften GmbH,
				Hotzestrasse 10, 8001 Zürich

vertreten durch:		—

stelle ich folgendes Rechtsbegehren:

Es sei die Beklagte zu verpflichten, der Klägerin CHF 1580.— nebst Zins zu 5% seit dem 13. August 2013 zu zahlen, alles unter Kosten- und Entschädigungsfolge zulasten der Beklagten.

Begründung
Forderung aus Rechnung vom 10. Juli 2013 für Gartenarbeiten

Freundliche Grüsse

Beilagen
Zahlungsbefehl Nr. 123.89 vom 21. Oktober 2013
Rechnung vom 10. Juli 2013
Arbeitsrapport vom 18. Juni 2013
Mahnungen vom 13. August und 19. September 2013

Wenn Sie eine Rechnung nicht bezahlen können oder wollen

Bisher war von den Überlegungen des Lieferanten die Rede. Nun wechseln Sie die Perspektive und betrachten die Fragen rund um Rechnung, Zahlung und Betreibung aus der Sicht des Schuldners.

Vielleicht sind Sie ja selber schon einmal in die Lage gekommen, dass Sie eine offene Rechnung nicht termingerecht bezahlen konnten. In solchen Momenten lohnt es sich, mit dem Lieferanten oder Geschäftspartner einen Zahlungsaufschub zu vereinbaren. Am besten ist die Verhandlungsbasis, wenn Sie den Vorschlag unterbreiten, bevor sich die Mahnungen in Ihrem Büro stapeln.

Wichtig: Ihr Geschäftspartner wird auf Sie eingehen, wenn Sie ihm rechtzeitig eine realistische Zahlungsvereinbarung vorschlagen und diese dann auch einhalten. Zu einer solchen Vereinbarung gehört, dass Sie einen Verzugszins anbieten, wenn kein solcher vereinbart ist.

Zahlungsvorschläge unterbreiten

Unterbreiten Sie Zahlungsvorschläge immer schriftlich in Briefform und nicht etwa per Mail. Wenn Sie keine Antwort bekommen, erkundigen Sie sich telefonisch nach dem Stand der Dinge. Auf keinen Fall dürfen Sie das Schweigen Ihres Geschäftspartners als Einwilligung oder als einen Aufschub deuten.

Kommt eine Vereinbarung zustande, bestätigen Sie diese Ihrem Geschäftspartner schriftlich und bedanken sich für das Entgegenkommen. Nur so haben Sie etwas in Händen, sollte es später trotzdem zu Unklarheiten oder Meinungsverschiedenheiten kommen.

Auf eine einmal getroffene Zahlungsvereinbarung können Sie sich übrigens verlassen. Der Geschäftspartner darf sie ohne ausdrückliche anderslautende Abmachung nicht widerrufen. Wenn Sie allerdings Ihrerseits die

> **PÜNKTLICH ZAHLEN**
>
> Pünktlich zahlen – was heisst das eigentlich? Ist eine Zahlungsfrist oder ein Zahlungstermin vereinbart, muss der Gläubiger bei Ablauf dieser Frist das Geld auf seinem Konto haben.
> Es genügt also nicht, wenn Sie am letztmöglichen Termin den geschuldeten Betrag einzahlen oder der Bank den Überweisungsauftrag zustellen. Wo eine pünktliche Bezahlung besonders wichtig ist, sollten Sie also genügend Reserve einplanen.

getroffene Vereinbarung nicht einhalten und mit den Zahlungen wieder in Rückstand geraten, ist Ihr Geschäftspartner auch nicht mehr daran gebunden. Dann drohen Ihnen die Betreibung und – weil die Vereinbarung eine sogenannte Schuldanerkennung darstellt (siehe Seite 143) – eine Pfändung oder ein Konkursverfahren. Besser also, Sie lassen es nicht so weit kommen.

> **MUSTER 64 UND 65**

Eine ungerechtfertigte Forderung bestreiten

Immer wieder kommt es vor, dass eine Rechnung vom Kostenvoranschlag abweicht oder nicht dem entspricht, was telefonisch vereinbart worden ist. Hin und wieder trudeln gar Rechnungen ein für etwas, was sie weder bestellt noch bekommen haben.

Ein ganz besonderes Ärgernis sind die sogenannten Registerhaie. Diese schicken Ihnen zum Beispiel per Fax eine Offerte für einen Eintrag in einem Branchenregister. Wenn Sie den Eintrag nicht wünschen, müssen Sie angeblich bloss das ausgedruckte Papier unterschreiben und zurückfaxen oder zurückschicken. Wer dies tut, verpflichtet sich mit der Unterschrift für einen mehrjährigen Werbevertrag – gut versteckt im Kleingedruckten ist das auch vermerkt. Andere Unternehmer werden von einem Vertreter angerufen oder besucht und an einen «auslaufenden Vertrag» für Anzeigenwerbung erinnert, den man auch kündigen könne – Unterschrift bitte gleich hier. Auch da der gleiche Trick: Wer unterschreibt, sitzt in der Kostenfalle und bekommt postwendend eine gesalzene Rechung.

Wenn Sie sich gegen eine ungerechtfertigte Forderung wehren wollen, sollten Sie rasch reagieren. Am besten mit einem eingeschriebenen Brief.

> MUSTER 66 UND 67

Bei mündlichen Vereinbarungen ist es später schwierig, zu beweisen, was abgemacht wurde. Wenn Sie auf eine schriftliche Bestätigung verzichten, notieren Sie unbedingt die telefonisch oder mündlich getroffene Vereinbarung in Ihrer Agenda. Zwar gelten solche Eintragungen vor Gericht nicht als unumstösslicher Beweis. Die Notizen können aber im Streitfall Ihre Glaubwürdigkeit stärken.

Rechtsvorschlag: sich gegen eine Betreibung wehren

Wer eine Betreibung einleitet, muss auf dem Betreibungsamt keine Belege vorlegen, die seine Forderung beweisen. In der Schweiz kann also tatsächlich jeder jeden betreiben. Selbst dann, wenn eine Forderung bestritten ist oder gar nicht besteht.

Aus diesem Grund hat der Gesetzgeber dem Betriebenen ein wirkungsvolles Abwehrmittel zur Verfügung gestellt: den Rechtsvorschlag. Wer betrieben wird, kann innerhalb von zehn Tagen seit Zustellung des Zahlungsbefehls «Recht vorschlagen» und damit den Gläubiger zwingen, seine Forderung zu beweisen.

Auf dem amtlichen Zahlungsbefehl des Betreibungsamts (siehe Seite 141) befindet sich unterhalb der Zustellbescheinigung ein Abschnitt mit dem Titel «Rechtsvorschlag». Dort muss der Betriebene den Rechtsvorschlag handschriftlich anbringen. Begründen muss er ihn nicht. Der Rechtsvorschlag ist gültig, wenn der Betriebene notiert: *Rechtsvorschlag,* oder: *Ich erhebe Rechtsvorschlag,* und daneben unterschreibt.

Durch den Rechtsvorschlag wird das Verfahren gestoppt. Der Gläubiger kann jetzt nicht die Fortsetzung der Betreibung verlangen, sondern muss seine Forderung gerichtlich durchsetzen. Welches Gericht zuständig ist und welches Verfahren zur Anwendung kommt, hängt davon ab, ob der

Gläubiger eine von Ihnen unterschriebene Schuldanerkennung hat (etwa einen Vertrag, eine unterschriebene Offerte, eine Auftragsbestätigung) oder ob das Geschäft mündlich abgewickelt wurde (siehe Seite 143).

Wenn Sie nur einen Teil der Forderung bestreiten
Ein häufiger Fall: Sie haben einen Auftrag erteilt, sind aber mit der Erledigung nicht zufrieden und wollen deshalb nur einen Teil der Rechnung bezahlen. Oder Sie sind nicht einverstanden mit dem geforderten Betrag, weil er viel höher liegt als der Kostenvoranschlag. Auch da können Sie den Gläubiger vorerst einmal mit einem Rechtsvorschlag stoppen.

Bevor dieser aber die Rechtsöffnung verlangt oder vor Gericht zieht, lohnt es sich, nochmals das Gespräch zu suchen und eine einvernehmliche Lösung anzustreben. Kommt eine solche zustande, sollten Sie die getroffene Vereinbarung unbedingt schriftlich festhalten und von Ihrem Gläubiger den Rückzug der Betreibung verlangen. Dann erscheint sie in einem künftigen Betreibungsauszug nicht mehr.

> **MUSTER 68**

Zeit gewinnen?
In der Praxis erheben viele Schuldner Rechtsvorschlag, nicht etwa, weil sie die Forderung grundsätzlich bestreiten, sondern um Zeit zu gewinnen. Nicht gerade ein faires Vorgehen: Schliesslich hat der Lieferant seine Leistung rechtzeitig erbracht und hat ein Anrecht auf pünktliche Bezahlung. Falls Sie doch einmal zu diesem Mittel greifen, sollten Sie anschliessend nicht nur die Forderung, sondern auch den Verzugszins und die Betreibungskosten überweisen. Sonst wird Sie diese Firma künftig höchstens noch gegen Vorauskasse beliefern.

> **MUSTER 69**

Feststellungsklage ja oder nein?

Ist allerdings eine Betreibung zu Unrecht erfolgt – etwa wegen einer bestrittenen Forderung –, sollten Sie sich unbedingt wehren. Erheben Sie Rechtsvorschlag und fordern Sie den «Gläubiger» auf, die Betreibung zurückzuziehen. Weigert er sich, können Sie eine sogenannte Feststellungsklage einreichen und gerichtlich feststellen lassen, dass die Betreibung zu Unrecht eingeleitet wurde. Mit dem Urteil können Sie dann die Betreibung löschen lassen.

Überlegen Sie sich aber gut, ob Sie diesen Aufwand auf sich nehmen wollen. Diese Klage ist mit Kosten und mit einem nicht zu unterschätzenden Zeitaufwand verbunden. Auch die Rückforderung der Kosten beim Verursacher ist mit Aufwand und mit neuen Kosten verbunden. Eine Klage ist deshalb nur ratsam, wenn Ihnen der Eintrag im Betreibungsregister wirklich gravierende Nachteile bringt.

In den meisten Fällen lohnt es sich nicht, die Betreibung über eine gerichtliche Klage löschen zu lassen. Lassen Sie sich auf jeden Fall rechtlich beraten, bevor Sie eine solche Klage erheben.

> **MUSTER 70 UND 71**

UM ZAHLUNGSAUFSCHUB BITTEN

Zahlungsaufschub

Sehr geehrte Frau Fröhlich

Ihre Rechnung Nr. 124456 vom 28. Februar ist in wenigen Tagen zur Zahlung fällig.

Weil ich auf die Überweisung einer grossen Kreditorenforderung warte, bin ich in einen finanziellen Engpass geraten. Aus diesem Grund bitte ich Sie um eine verlängerte Zahlungsfrist bis Ende März.

Für Ihr Entgegenkommen danke ich Ihnen im Voraus bestens. Sie können darauf zählen, dass ich vereinbarungsgemäss bezahlen werde.

Für Ihren Bescheid danke ich Ihnen.

Freundliche Grüsse

ZAHLUNGSVEREINBARUNG BESTÄTIGEN

Zahlungsvereinbarung

Sehr geehrter Herr Küng

Ich komme zurück auf meine schriftliche Bitte um einen Zahlungsaufschub vom 13. Mai und auf unser heutiges Telefongespräch. Gerne bestätige ich Ihnen unsere Vereinbarung:

Ich werde Ihnen den offenen Betrag von CHF 1500.— aus Ihrer Rechnung Nr. 235 vom 10. März wie folgt überweisen: jeweils CHF 500.— am 30. Juni und am 15. Juli, weitere CHF 500.— zuzüglich Mahnspesen von CHF 33.— am 31. Juli.

Für Ihr Verständnis und Ihr Entgegenkommen danke ich Ihnen. Seien Sie versichert, dass Sie alle Raten pünktlich erhalten werden.

Freundliche Grüsse

EINE ZU HOHE RECHNUNG BEANSTANDEN

Überschreiten des Kostenvoranschlags

Sehr geehrte Frau Etter

Ich habe Ihre Rechnung vom 13. Mai erhalten und bin damit nicht einverstanden.

Sie haben mir am 14. April einen verbindlichen Kostenvoranschlag über zirka CHF 1500.— unterbreitet. Die Rechnung beläuft sich nun aber auf CHF 2100.—. Da ich einer Abweichung von den vereinbarten Arbeiten nicht zugestimmt habe, bin ich lediglich bereit, Zusatzkosten von zehn Prozent zu akzeptieren. Ich habe Ihnen heute den Betrag von CHF 1650.— auf Ihr Konto überwiesen.

Bitte informieren Sie mich ein andermal, wenn sich Abweichungen abzeichnen.

Freundliche Grüsse

SICH WEHREN GEGEN EINEN REGISTERHAI

Eintrag in Branchenregister

Sehr geehrte Damen und Herren

Am 13. Juli haben Sie mir eine Rechnung geschickt. Diese Forderung bestreite ich.

Letzte Woche rief mich Ihr Mitarbeiter an, um mich an einen auslaufenden Werbevertrag zu erinnern. Tatsächlich stehe ich in einem solchen Vertragsverhältnis. Dass es sich bei Ihrer Firma jedoch um einen anderen Anbieter handelt, war mit nicht bewusst. Ich teilte Ihrem Mitarbeiter mit, dass ich den Vertrag nicht erneuern möchte, worauf er mir erklärte, er werde mir ein Fax schicken, das ich unterschreiben und zurückfaxen solle. So würde der Vertrag aufgelöst. Tatsächlich faxte ich das unterschriebene Dokument sofort zurück.

Erst als ich wenige Tage später Ihre Rechnung erhielt, schaute ich mir den Text auf dem Faxschreiben genauer an und stellte fest, dass es sich um einen mehrjährigen Vertrag für einen Eintrag in einem Branchenregister handelt.

Inzwischen habe ich mich rechtlich informiert: Sie haben mich durch Ihren täuschenden Anruf und durch Fehlinformationen zur Unterschrift gedrängt. Hätte ich gewusst und realisiert, dass es sich um einen neuen Vertrag handelt, hätte ich nicht unterschrieben.

Aus diesem Grund bestreite ich Ihre Forderung. Sollten Sie mich betreiben, werde ich Rechtsvorschlag erheben und meine Argumente dem Richter im Rechtsöffnungsverfahren darlegen.

Freundliche Grüsse

EINEN TEIL DER FORDERUNG BESTREITEN UND EINEN VERGLEICH ANBIETEN

Betreibung Nr. 789.12

Sehr geehrter Herr Werninger

Gegen Ihre Betreibung habe ich Rechtsvorschlag erhoben.

In dieser Sache vertrete ich noch immer den Standpunkt, den ich Ihnen in meinen Schreiben vom 12. Mai und 18. Juni dargelegt habe.

Um Ihnen und mir die Aufwendungen einer gerichtlichen Auseinandersetzung und die damit verbundenen Kosten zu ersparen, mache ich Ihnen im Sinn einer einvernehmlichen Lösung nochmals einen Vorschlag:

Ich überweise Ihnen den Betrag von CHF 1580.— per Saldo aller Ansprüche. Das entspricht 75 Prozent der verrechneten Kosten. Im Gegenzug ziehen Sie die Betreibung zurück.

Dieser Vorschlag erfolgt ohne Anerkennung einer Rechtspflicht und gilt bis 13. August.

Ich hoffe, dass wir uns aussergerichtlich einigen können, und danke Ihnen für Ihre rasche Antwort. Sollten Sie mit diesem Vorschlag einverstanden sein, senden Sie mir das beiliegende Briefdoppel bitte unterzeichnet zurück.

Freundliche Grüsse

ZAHLUNG NACH RECHTSVORSCHLAG

Betreibung Nr. 1234.45

Sehr geehrte Frau Arnold

Gegen Ihre Betreibung habe ich Rechtsvorschlag erhoben.

Ich anerkenne Ihre Forderung und entschuldige mich für meinen Zahlungsverzug und die damit für Sie entstandenen Umtriebe. Heute habe ich den geforderten Betrag von CHF 2510.— zuzüglich Zins und Betreibungskosten auf Ihr Konto überwiesen.

Ich bitte Sie, nach Erhalt der Zahlung die Betreibung zurückzuziehen. Damit Ihnen dadurch kein zusätzlicher Aufwand entsteht, lege ich Ihnen eine vorformulierte Rückzugserklärung samt Antwortkuvert bei. Danke, dass Sie mir diese Erklärung nach Erhalt meiner Zahlung unterschrieben zurücksenden.

Freundliche Grüsse

FORDERUNG BESTREITEN UND RÜCKZUG DER BETREIBUNG VERLANGEN

Betreibung Nr. 456.78

Sehr geehrte Damen und Herren

Gegen Ihre Betreibung habe ich Rechtsvorschlag erhoben.

Wie ich Ihnen in meinem eingeschriebenen Brief vom 16. April mitgeteilt habe, bestreite ich, dass zwischen uns ein Vertrag zustande gekommen ist. Ich wurde durch Ihren Mitarbeiter am Telefon getäuscht.

Ich fordere Sie auf, die Betreibung zurückzuziehen. Sollten Sie das Verfahren fortsetzen, werde ich meine Argumente dem Richter im Rechtsöffnungsverfahren darlegen.

Freundliche Grüsse

FESTSTELLUNGSKLAGE

Feststellungsklage

Sehr geehrte Damen und Herren

In Sachen

Klägerin:	Liegenschaften GmbH, Hotzestrasse 10, 8006 Zürich
vertreten durch:	RA Franz Ausfeld Kanzleistrasse 52, 8004 Zürich
gegen	—
Beklagter:	Arno Grün, Gärtnerei Grün GmbH, Pflanzschulstrasse 15, 8400 Winterthur
vertreten durch:	—

stellen wir folgendes Rechtsbegehren:

Es sei festzustellen, dass die Betreibung Nr. 1723.712 des Betreibungsamts Winterthur vom 2. Juli 2013 gegen uns zu Unrecht erfolgt ist und dass keine Forderung der Beklagten gegen die Klägerin besteht. Alles unter Kosten- und Entschädigungsfolgen zulasten der Beklagten.

Begründung

Die Klägerin erteilte der Beklagten am 15. Januar 2013 einen Auftrag über Gartenarbeiten. Trotz wiederholter Mahnungen und einer Fristansetzung führte die Beklagte diese Arbeiten nicht aus. Mit Schreiben vom 8. März ist die Klägerin vom Auftrag zurückgetreten, worauf die Beklagte der Klägerin eine Rechnung über eine Konventionalstrafe von CHF 1000.— zugestellt hat. Da die Beklagte den Rücktritt selber zu verantworten hat, ist keine Konventionalstrafe geschuldet.

Durch den Eintrag dieser ungerechtfertigten Betreibung im Betreibungsregister wird die Kreditwürdigkeit meines Unternehmens geschädigt. Aus diesem Grund habe ich ein Interesse daran, dass die Betreibung gelöscht wird.

Freundliche Grüsse

Beilagen
Auftrag vom 15. Januar 2013
Mahnungen vom 18. und 28. Februar 2013
Rücktritt vom Vertrag vom 8. März 2013
Zahlungsbefehl Betreibung Nr. 1723.712 des Betreibungsamts Winterthur vom 2. Juli 2013

8

Vom Umgang mit Kunden

Neue Kunden zu finden, einen Kundenkreis aufzubauen und zu halten, das ist eine der stärksten Herausforderungen für jeden Unternehmer. Grössere Firmen leisten sich eine Marketingabteilung, die sich um nichts anderes kümmert, als neue Kunden anzuwerben und bestehende Kundenbeziehungen zu pflegen. Hier erfahren Sie, wie Sie auch mit bescheideneren Mitteln kundenfreundlich und kompetent für sich werben können.

Neue Kunden gewinnen: Werbebriefe und Kundendatei

Ihre Kunden sind Ihr wichtigster Aktivposten. Nehmen Sie sich die Zeit, neue Kunden anzuwerben und Ihre bestehenden Kundenbeziehungen zu pflegen: indem Sie auf ein besonderes Angebot hinweisen, bei der nächsten Bestellung Vorzugskonditionen gewähren, am Jahresende mit einem kleinen Geschenk für die angenehme Zusammenarbeit danken, einen Kundenanlass veranstalten und und und. Wichtig ist, dass Sie sich entscheiden, welche Ihrer Kunden Sie wie pflegen wollen, und dass Sie dies auch tun.

Werbung und Kundenpflege gehören zu Ihren wichtigsten Aufgaben. Wer nicht permanent und gezielt die Werbetrommel rührt, muss dieses Versäumnis vielleicht einmal teuer bezahlen. Ihre Konkurrenz schläft nicht.

Auch mit kleinem Budget möglich

Die gross angelegte Imagekampagne mit TV-Spots, ganzseitigen Inseraten und Plakaten liegt für ein KMU kaum drin. Doch es gibt viele gute Möglichkeiten, auch mit kleinem Budget wirkungsvoll zu werben:

- **Kleine, gezielte Werbemailings:** Das Reinigungsinstitut, das auf Büroreinigung spezialisiert ist, beschafft sich die Adressen von Firmen in seinem Einzugsgebiet. Die Coiffeuse verschickt eine Einladung zur Neueröffnung an die Adressen im Umkreis ihres Geschäfts.
- **Gezielt gestreute Flugblätter:** Der Malermeister, der einen repräsentativen Auftrag ausführt, verteilt einen Handzettel in die Briefkästen im Quartier und macht auf seine Arbeit aufmerksam. Die Inhaberin eines privaten Vorschulkindergartens legt ihr Flugblatt in Gemeinschaftszentren, bei der Mütterberatung und in Ludotheken auf.
- **Anzeigen in lokalen und regionalen Medien:** Hier gilt, wenig ist nichts. Statt einmal ein grosses, teures Inserat zu schalten, investieren Sie Ihr Geld besser in mehrere pfiffige Kleinanzeigen.

- **Ihr Internetauftritt:** Ohne Website geht heute nichts mehr. Mit ihr sind Sie rund um die Uhr im Netz präsent, können Ihre Dienstleistung oder Ihre Produkte beschreiben, Referenzen angeben und Interessenten eine einfache Kontaktmöglichkeit bieten. Und das Beste: Ein guter Internetauftritt ist schon für wenig Geld zu haben.
- **Bannerwerbung:** Diese kleinen Anzeigen auf den Websites anderer Anbieter springen ins Auge – wenn sie gut gemacht und am richtigen Ort platziert sind. Eine günstige Werbemöglichkeit, mit der Sie vor allem auch ein jüngeres Publikum erreichen.

> *Für Website, Bannerwerbung und sonstige Internetaktivitäten lohnt sich der Beizug eines Profis. Interessenten surfen rasch weiter, wenn sich eine Internetseite unendlich langsam aufbaut oder man sich darauf nicht zurechtfindet. Und ebenso wichtig: Ihre Website müssen Sie pflegen und regelmässig aktualisieren. Niemand will dort Anfang Dezember die Einladung zu Ihrem Tag der offenen Tür im Sommer lesen.*

Egal, für welchen Kanal Sie sich entscheiden – werben Sie mit Ihrer Kompetenz: Machen Sie potenzielle Kundinnen und Kunden mit gezielten Werbebotschaften auf besondere Angebote, neue Produkte oder Dienstleistungen aufmerksam. Besonders wirkungsvoll ist es, wenn Sie einem solchen Schreiben einen Probier-Gutschein beilegen.

Aufgepasst: Einträge in Online-Branchenregistern oder in breit gestreuten Werbeträgern sind meist ebenso teuer wie nutzlos. Zudem tummeln sich auf dem Markt viele unseriöse Anbieter, die versuchen, Unternehmer mit Knebelverträgen mehrere Jahre zu verpflichten (siehe Seite 151).

> *Die wirkungsvollste Möglichkeit: Verschicken Sie Offerten und Kostenvoranschläge in Formularform und legen Sie einen persönlichen Werbebrief bei (siehe Muster 18). Antwortet der Kunde nicht, rufen Sie ihn an, um nachzufragen. Bei dieser Gelegenheit erhalten Sie wichtige Informationen und können nochmals für sich werben.*

> **MUSTER 72 BIS 77**

Präsenz auf Social-Media-Plattformen

Neben den herkömmlichen Werbemitteln stehen Ihnen heute mit den sozialen Netzwerken und ihren verschiedenen Anwendungsmöglichkeiten effiziente und sehr wirksame Werbe-Plattformen zur Verfügung. Facebook zählt weltweit 955 Millionen Nutzer, davon 3 Millionen in der Schweiz. Bei Google sind weltweit 90 Millionen User registriert, 120 Millionen sind es bei Linkedin und 11 Millionen bei Xing.

Dennoch sind die KMU-Betriebe auf den verschiedenen Social-Media-Plattformen noch nicht oder mangelhaft präsent. Ob Sie sich besser auf Facebook, Youtube oder Twitter präsentieren, lässt sich nicht nach einer allgemeinen Regel beurteilen. Es ist auch nicht nötig, auf jeder Plattform dabei zu sein, um potenzielle Kunden zu erreichen. Ausschlaggebend ist, wo sich die Interessengruppen hauptsächlich tummeln, die Ihr Unternehmen bedient.

Social-Media-Marketing erfordert einiges an Wissen und Erfahrung. Deshalb sollten Sie sich entweder selber weiterbilden oder einen Spezialisten beiziehen. Verschiedene Institute bieten auf KMU-Bedürfnisse ausgerichtete Kurse in Social-Media-Marketing an. Auf keinen Fall sollten Sie diese wichtige Aufgabe dem Lernenden oder einer jungen Mitarbeiterin überlassen, nur, weil diese die Netzwerke privat nutzen. Es gilt, die für Ihr Unternehmen passende Strategie zu erarbeiten und sie dann professionell umzusetzen. Diese Anfangsinvestition wird sich auszahlen. Denn nur so erreichen Ihre Informationen die gesuchte Zielgruppe.

Nachhaken

Sie haben ein Werbemailing an ausgewählte Adressen verschickt, aber wenig Rücklauf erhalten. Fassen Sie nach, rufen Sie sich in Erinnerung. Der potenzielle Kunde hat schon mal von Ihnen gehört, daran können Sie anknüpfen. Werbefachleute sind sich einig, dass sich die Rücklaufquote auf ein Mailing mit Nachfassen bis aufs Doppelte steigern lässt.

> MUSTER 78

Von Anfang an anlegen: die Kundendatei

Sammeln Sie alle Informationen zu Ihrem Kundenkreis. Legen Sie von bestehenden und von potenziellen Kunden eine Kundendatei an. Was früher aufwendig von Hand oder Maschine auf Karteikarten notiert werden musste, können Sie heute elektronisch erledigen. Auf dem Markt gibt es eine grosse Anzahl solcher Kundenprogramme – am besten lassen Sie sich von Ihrem IT-Supporter beraten. Folgende Informationen gehören in Ihre Kundendatei:

- Vorname, Name, Adresse, Telefonnummer, Faxnummer, Mailadresse, Website
- Persönliche Daten wie Geburtsdatum, spezielle Interessen, Hobbys
- Wie kam der Kontakt zustande (Website, Empfehlung, Inserat)?
- Bisherige Bestellungen
- Kontakte und Vereinbarungen
- Zahlungsweise, Zahlungseingänge

Die Kundenkartei hilft Ihnen, Ihre Kundinnen und Kunden gezielt zu bewerben. Zum Beispiel, indem Sie zum Geburtstag gratulieren oder auf ein passendes Angebot, eine interessante Aktion hinweisen. Zudem erhalten Sie wertvolle Hinweise, wie die Kunden auf Ihre Werbung reagieren.

> **MUSTER 79**

WERBEBRIEF MIT PROBIER-GUTSCHEIN

Bald kommt der Frühling!

Liebe Frau Wegmüller

Endlich: Die Tage werden wieder länger.

Freuen Sie sich jetzt auf unsere leichten Übergangskollektionen. Die Mode ist in diesem Jahr vielschichtig. Aktuell sind Kontraste bei Stoffen – wir sehen ein Spiel von Baumwollmischungen und Technofasern, schwere Stoffe werden mit leichten kombiniert, matt trifft auf schimmernd und fliessende Schnitte treffen auf enge. Besonders attraktiv: Stoffe mit von der Stadt inspirierten Grafiken und architektonischen Mustern oder zweifarbige Streifen bei Strickwaren.

Überzeugen Sie sich selber und bringen Sie bei Ihrem nächsten Einkauf den unten angefügten Gutschein mit.

Wir freuen uns auf Ihren Besuch und wünschen Ihnen einen schönen Frühling.

Freundliche Grüsse

Frühlings-Gutschein

Wert: 10 FRANKEN

Einlösbar bis 31. März 2013, ab einem Einkauf von 75 Franken, nicht kumulierbar, nur auf regulären Artikeln

WERBEBRIEF ZUR ERÖFFNUNG

Herzlich willkommen!

Liebe Frau Gmür

In den letzten Wochen haben wir gestrichen, geschliffen, lackiert und dekoriert!

Jetzt ist der neue Salon «Haar & Stil» an der Kanonengasse für Sie bereit. Kommen Sie am Samstag, 14. Oktober, vorbei: Wir möchten mit Ihnen auf unsere Eröffnung anstossen und Ihnen unser Angebot und unsere Pflegeprodukte vorstellen.

Lassen Sie sich überraschen. Wir freuen uns auf Sie.

Herzliche Grüsse

FLUGBLATT FÜR DIE BRIEFKÄSTEN

Für schöne Gärten

**Jetzt im Einsatz
in Ihrem Quartier
am Eggweg 5**

Martin Steiner

Gartenbau

3257 Grossaffoltern

Telefon: 032 317 14 84

Gartenunterhalt

Umänderung

Neuanlagen

Natursteine aller Art

KLEIN, ABER WIRKSAM – KLEINANZEIGEN

Alle reden vom Umweltschutz. Wir tun etwas dafür.

Wir haben unsere gesamten CO_2-Emissionen mit Klimaschutzprojekten kompensiert. Weil Sie und unsere Umwelt uns das wert sind.

Ihre klimaneutrale Feldegg Druckerei AG in Rümlang

**Wir räumen Ihren Estrich, Keller und helfen bei Haushaltsauflösungen.
Rasch und günstig. Rufen Sie uns an.**

Toni Kunz Entsorgungen GmbH, www.entsorgunggmbh.ch, Telefon 031 311 21 34

WERBLICHER BEGLEITBRIEF ZU EINER OFFERTE

Firmenjubiläum

Sehr geehrte Frau Kindler

Haben Sie vielen Dank für Ihre Anfrage. Wir freuen uns, dass Sie daran denken, Ihr Familienfest bei uns zu feiern. Gerne stellen wir Ihnen unseren Betrieb und unser Gastronomieangebot am oberen Zürichsee vor:

Das «Landhaus» thront über dem historischen Städtchen Rapperswil und eröffnet eine traumhafte Aussicht auf den See, die Berge und die Umgebung. Sorgfältig renovierte Räume stehen Ihnen und Ihren Gästen für kleine und grössere Feste zur Verfügung.

Zur Anlage und zum ganz besonderen Ambiente gehören der Kräutergarten für die kleinen Geheimnisse der Kochkunst auf Ihrem Teller, der romantische Park zum Verweilen, die Allee und der Burghügel für kurze Spaziergänge. Lassen Sie für eine Weile Ihre Seele baumeln: Beobachten Sie die Hirsche im Park, geniessen Sie den Garten, sanfte Sonnenuntergänge und wilde Wolkenzüge.

Wir bieten Ihnen marktfrische, ausgezeichnete Küche, erstklassige Weine und herzliche Bedienung. Bei der Zubereitung unserer Gerichte verwenden wir nur qualitativ hochstehende Produkte aus biologischem Anbau.

Als Beilage erhalten Sie unsere Hausdokumentation samt Menü-Vorschlägen. Saisonal geprägte Mehrgang-Menüs sind eine unserer Stärken.

Rufen Sie uns an oder kommen Sie vorbei. Wir beraten Sie gerne.

Wir freuen uns auf Sie und Ihre Gäste.

Freundliche Grüsse

BEGRÜSSUNG EINES NEUEN KUNDEN

Ihre Super-Plus-Kundenkarte

Sehr geehrter Herr Villiger

Wir freuen uns, Sie als Neukunden begrüssen und Ihnen Ihre Super-Plus-Kundenkarte überreichen zu dürfen. Sie profitieren damit von vielen Vorteilen und, wenn Sie möchten, auch von längeren Zahlungsfristen.

- Pro 100 Franken Einkaufssumme erhalten Sie als **Treue-Bonus** einen Gutschein im Wert von 10 Franken. Diesen Einkaufsgutschein können Sie nach freier Wahl in all unseren Filialen einlösen.
- Mit jeder Monatsrechnung offerieren wir Ihnen attraktive und exklusive **Vorteilsangebote.**
- Sie können bei uns bequem und **bargeldlos einkaufen.** Ihre persönliche Kreditlimite beträgt 5000 Franken.

Für Ihr Vertrauen und Ihre Treue zu unserem Unternehmen danken wir Ihnen. Wir sind stolz, dass Sie zu unserer bevorzugten Stammkundschaft zählen.

Und jetzt wünschen wir Ihnen viel Vergnügen beim Einkaufen.

Freundliche Grüsse

Psst! Am 15. Dezember beginnen wir, unsere Preise herabzusetzen. Sichern Sie sich attraktive Angebote zu Schnäppchenpreisen!

NACHFASSBRIEF ZU MUSTER 73

Nicht verpassen!

Liebe Frau Gmür

Psst! Neukundinnen von «Haar und Stil» profitieren im November von einem ganz besonderen Angebot:

Geniessen Sie bei Ihrem nächsten Besuch eine exklusive Haarmaske. Eine Wohltat für Kopfhaut und Haar. Als Neukundin erhalten Sie diese Behandlung gratis.

Buchen Sie Ihren Termin noch heute. Wir freuen uns auf Sie!

Herzlich

GEZIELTE WERBUNG MITHILFE DER KUNDENDATEI

Ein Dankeschön an Sie!

Sehr geehrte Frau Domenico

«Kinderernährung gesund und praktisch», das erste Werk von Marianne Botta Diener, gehört bereits zu Ihrer Familienbibliothek. Damit diese komplett ist, offerieren wir Ihnen das Nachfolgewerk

«Mit Kindern kochen, essen und geniessen»

für kurze Zeit zu besonders günstigen Konditionen: Wir **schenken** Ihnen **15% Rabatt** und bieten Ihnen die Möglichkeit, das neue Werk für **Fr. 32.00** statt 38.00 zu erhalten.

Im beiliegenden Flyer finden Sie mehr Informationen zum Inhalt dieses speziellen Kinder-Kochbuchs.

Wir freuen uns auf Ihre Bestellung und wünschen Ihnen und Ihrer Familie guten Appetit!

Freundliche Grüsse

PS: Alle unsere Familien-Ratgeber finden sie unter www.beobachter.ch/buchshop.

Pflegen Sie Ihre Kundenbeziehungen

Wir alle sind Konsumentinnen, Kunden, Könige. Als solche wissen wir es zu schätzen, wenn wir von einem Unternehmen gepflegt und bevorzugt behandelt werden. Und wir alle wissen, dass es manchmal die kleinen Dinge sind, die uns das gute Gefühl geben, beim richtigen Anbieter zu sein.

Einen Kunden mit einer Flut von unpersönlichem Werbematerial einzudecken, das ihn zur Hälfte gar nicht interessiert, ist keine gute Art der Kundenpflege. Auch bei der Werbung gilt der Leitsatz: Weniger ist mehr.
Eine besonders wichtige Form der Kundenpflege ist der Umgang mit Kritik und mit Reklamationen. Wer diese Chance nutzt, macht die beste Werbung in eigener Sache. Mehr dazu erfahren Sie auf Seite 184.

Sympathische Kundenkontakte verteilt übers Jahr

Weisen Sie Ihre Kunden möglichst gezielt auf Angebote und Neuigkeiten hin. Die in Ihrer Kundendatei gespeicherten Informationen helfen Ihnen dabei. Rufen Sie sich bei Ihren Kundinnen angenehm in Erinnerung, indem Sie ihnen zum Geburtstag mit einem kleinen Geschenk oder einem Gutschein gratulieren und ihnen zum Jahresende mit einer persönlichen Botschaft für die Treue danken. Holen Sie die Kunden in Ihr Geschäft: Organisieren Sie hin und wieder einen Kundenanlass oder einen Apéro. Besonders wichtigen Kunden zeigen Sie Ihre Wertschätzung, wenn Sie sie zu einem Essen oder gar zu einer Veranstaltung einladen (mehr dazu auf Seite 189).

> *Dankeskärtchen am Jahresende sind besonders wirkungsvoll. Vor allem, wenn die Kundin sieht, dass es sich nicht um einen unpersönlichen Massenversand handelt. Out sind Verdankungen und Wünsche zum neuen Jahr per E-Mail und ohne persönliche Anrede.*

Diesen Aufwand können Sie sich getrost schenken. Nehmen Sie sich am Jahresende die Zeit und schreiben Sie Ihren Kunden ein paar persönliche Zeilen – am besten von Hand.

Einen guten Werbebrief zu schreiben, ist enorm schwierig. Davon zeugen all die grauenhaften Texte, die fast täglich im Briefkasten liegen – und manchmal voll unfreiwilliger Komik sind. Bringen Sie in Ihrem Werbebrief Ihr Angebot möglichst farbig an den Mann oder an die Frau. Langweilen Sie Ihre Leser nicht mit der Abhandlung Ihrer Firmenchronik (das interessiert niemanden!) oder mit der Aufstellung Ihrer Konditionen (das gehört in eine Preisliste in der Beilage). Streichen Sie das Besondere, Aufregende, Neuartige heraus. Und werben Sie niemals mit Dingen, die ein Kunde von Ihnen als Selbstverständlichkeit erwartet. Oder kommt der folgende Satz aus der Offerte eines Restaurants bei Ihnen etwa gut an: «Gerne garantieren wir Ihnen einen netten und aufmerksamen Service und eine tadellose Küche»? Und wie finden Sie den: «Wir sichern Ihnen eine pünktliche und einwandfreie Ausfertigung zu»? Eben.

> **MUSTER 80 BIS 85**

Verfassen Sie Ihre Texte so, dass Ihrem Kunden das Wasser im Mund zusammenläuft, dass er aufsteht und zu Ihnen ins Geschäft kommt. Das wird nur gelingen, wenn Sie konkret, lebendig, anschaulich und bildhaft schreiben – sich aber dennoch kurzfassen.

Wirkungsvolle Infobriefe und Newsletters

Einen Infobrief oder Newsletter können Sie heute schriftlich oder elektronisch versenden. Welchen Weg Sie wählen, hängt davon ab, wie gross Ihr potenzieller Kundenkreis ist, welches Produkt oder welche Dienstleistung Sie anbieten, und schliesslich auch davon, welches Werbebudget Ihnen zur Verfügung steht.

Das Versenden per Mail ist zweifellos die günstigste und heute verbreitetste Methode, Werbebotschaften um die Welt zu schicken. Vor allem grössere Unternehmen beliefern ihre Kunden regelmässig mit elektronischen Newsletters. Solche Infobriefe sind eine spezielle Form der Werbung: Sie werben, indem sie Kunden mit Informationen über neue Produkte, neue Mitarbeitende oder andere Aktualitäten beliefern.

Ein solcher Newsletter kann eine reine Text-E-Mail sein, mit einem direkten Link zu Ihrer Website. Wenn Sie Wert darauf legen, dass Ihr Kunde die mitgelieferte Information ausdrucken kann, können Sie Ihrem Newsletter ein PDF-Dokument anhängen.

Der Vorteil beim elektronischen Newsletter: Sie können die Nutzung statistisch erfassen, erfahren also, wie viele Ihrer Botschaften geöffnet, weitergeleitet oder gelöscht wurden. Das verschafft Ihnen wichtige Informationen für neue Werbeaktionen. Mittlerweile ist eine ganze Reihe von Programmen in verschiedenen Preisklassen auf dem Markt, die Ihnen das Verwalten der Verteilerlisten, das automatische An- und Abmelden sowie das Erstellen von Newsletters erleichtern.

 Bevor Sie sich entscheiden: Fragen Sie bei einigen Ihrer Kunden nach, welche Art der Werbung bei ihnen besser ankommt, die elektronische oder die briefliche. Diese Rückmeldungen werden vielleicht sogar bewirken, dass Sie gewisse Ankündigungen per Mail, andere per Briefpost versenden.

Wenn Sie sich für E-Mail-Marketing entscheiden, also Werbemails und Newsletters versenden wollen, beachten Sie folgende Tipps:
- Verschicken Sie solche Mails nur an Kundinnen und Kunden, die dies wünschen.
- Bieten Sie Ihren Kunden eine einfache Registrierung, verlangen Sie nur die allernötigsten Informationen. Wer zu viel ausfüllen und von sich preisgeben muss, springt mit grosser Wahrscheinlichkeit ab.
- Geben Sie Ihren Kunden einen kurzen, aber klaren Hinweis, welche Vorteile sie haben, wenn sie den Newsletter regelmässig bekommen.
- Informieren Sie Ihre Kunden knapp, wie häufig der Newsletter erscheint.
- Weisen Sie an einem gut sichtbaren Ort darauf hin, wie die Kunden mit einigen wenigen Klicks ihr Profil ändern oder den Newsletter abbestellen können.
- Wählen Sie einen aktuellen Betreff und sprechen Sie Ihre Empfänger persönlich an.
- Steigen Sie spannend ein und bringen Sie Ihre Werbebotschaft an zweiter Stelle.

- Halten Sie sich kurz. Unterstreichen Sie Ihre Botschaft mit aussagekräftigen Bildern.
- Vergessen Sie nicht, nach der Grussformel einen Namen anzugeben.

Aufgepasst: Das Versenden von Spam-Mails, also unerwünschter Werbung, ist in der Schweiz gesetzlich verboten. Auch der Versand von Newsletters und anderer Mailwerbung ist nur erlaubt, wenn Ihr Kunde dem Empfang solcher Botschaften mit einer Registrierung ausdrücklich zugestimmt hat. Zudem müssen Sie Ihre Kunden bei der Registrierung darauf hinweisen, dass sie weitere Werbung jederzeit ohne Aufwand und Kosten ablehnen können. Sonst machen Sie sich mit Ihrer E-Mail-Werbung strafbar.

> **MUSTER 86 UND 87**

Unangenehme Botschaften gut kommunizieren

Manchmal müssen Sie Ihren Kundinnen und Kunden Unangenehmes mitteilen: Preiserhöhungen etwa, kürzere Öffnungszeiten oder dass eine Filiale geschlossen wird. Auch solche Mitteilungen sind eine Chance, die Kundenbeziehung zu vertiefen. Sagen Sie in klaren Worten, was zu sagen ist. Verzichten Sie auf ausschweifende Erklärungsversuche oder Schuldzuweisungen. Betonen Sie, dass Sie auch in Zukunft alles daransetzen werden, dass Ihre Kundinnen und Kunden zufrieden sind.

> **MUSTER 88 UND 89**

Frühere Kunden wiedergewinnen

Konnten Sie einen einzigen Auftrag für einen Kunden ausführen und haben seither nichts mehr von ihm gehört? Oder ist eine langjährige Kundin abgesprungen? Diese Kontakte sollten Sie nicht einschlafen lassen. Es ist einfacher, jemanden wiederzugewinnen, der schon einmal mit Ihnen zu tun gehabt hat, als eine neue Kundenbeziehung ganz von null aufzubauen.

> **MUSTER 90 UND 91**

GRATULATION ZUM GEBURTSTAG

Herzlichen Glückwunsch

Liebe Frau Arbenz

Alles Gute zum Geburtstag! Das Team vom «grünen Glas» wünscht Ihnen von ganzem Herzen ein glückliches, neues Lebensjahr mit vielen genussvollen Stunden.

Freuen Sie sich. Bei Ihrem nächsten Besuch haben wir eine kleine Überraschung für Sie parat!

Herzliche Grüsse

Ihre Weinhandlung Zum grünen Glas

WERBUNG FÜR EINE SOMMERAKTION

Sommer-Event

Liebe Frau Roggenmoser

Weil Ihnen und uns im vergangenen Jahr das Sommer-Festival so viel Spass gemacht hat, führen wir es dieses Jahr gleich wieder durch!

Vom 21. bis 28. Juni gibt es in all unseren Filialen den Sommer-Event mit heissen Tagesangeboten und gratis Glacé für alle Kundinnen und Kunden. Kommen Sie am Freitag, 25. Juni, zum Sommernachts-Shopping in unsere Mega Stores. Die Türen sind bis 22 Uhr offen, ab 20 Uhr profitieren Sie von einem Rabatt von 10 Prozent auf dem ganzen Sortiment.

Wir freuen uns auf Ihren Besuch!

Herzliche Grüsse aus Richterswil

PS: Bringen Sie Ihre Bekannten mit! Wir begrüssen Neukunden mit einem besonderen Angebot.

TREUEAKTION ANKÜNDEN

Der Sommer ist da – und auch unsere neue DVD/CD-Preisliste!

Sehr geehrter Herr Petermann

Wir haben unser Erscheinungsbild aufgefrischt. Und frisch sind auch die Preise! Um Ihnen für Ihre Treue zu danken, gewähren wir Ihnen in den Monaten Juli und August einen Rabatt von 15 Prozent auf unserem gesamten Angebot!

- DVD-Kopien und CD-Kopien (brennen und pressen)
- DVD-Boxen und CD-Boxen
- Cover, Booklet und Inlay drucken
- Konfektion inklusive Einschweissen
- Coverdruck, Kopieretiketten

Der Mindestbestellwert beträgt Fr. 100.—. Als Berechnungsgrundlage dient unsere aktuelle Preisliste. Selbstverständlich finden Sie die Preisliste auch auf www.vcc.ch.

Das ganze Team vom VIDEO COPY CENTER wünscht Ihnen einen schönen und erfolgreichen Sommer. Wir beraten Sie gerne.

Mit sommerlichen Grüssen

PERSÖNLICHER DANK AN EINE TREUE KUNDIN

Liebe Frau Meissner

Wissen Sie, dass wir schon seit fünf Jahren miteinander zu tun haben? Tatsächlich: Am 10. Oktober 2008 durfte ich zum ersten Mal das Treppenhaus in Ihrer Liegenschaft reinigen. Und seither sorge ich mit meinen Mitarbeiterinnen für Ordnung und Sauberkeit in Ihrem Haus.

Für Ihre Kundentreue, aber auch für die vielen netten, kurzen Gespräche in diesen Jahren bedanke ich mich ganz herzlich. Ich hoffe, dass ich mit dem beiliegenden guten Tropfen Ihren Geschmack getroffen habe.

Auf unsere nächste Begegnung in Ihrem Treppenhaus freue ich mich.

Herzlich, Ihr

KURZER NEUJAHRSGRUSS FÜR EINEN GROSSEN KUNDENKREIS

Liebe Frau Gmür

Für Ihre Kundentreue danken wir herzlich und wünschen Ihnen ein tolles neues Jahr. Wir freuen uns, Sie bald wieder begrüssen zu dürfen.

Ihr Salon Haar & Stil   Corinne   Margot   ANNA   Daniela   Petra

PERSÖNLICHER NEUJAHRSGRUSS AN GUTE KUNDEN

Lieber Herr von Rotz

Im Namen meines ganzen Teams wünsche ich Ihnen viel Glück im kommenden Jahr. Für Ihr Vertrauen und die freundschaftliche Zusammenarbeit danke ich ganz herzlich. Ich freue mich auf unsere Zusammenarbeit im neuen Jahr. Herzlich, Ihr

KLASSISCHER INFOBRIEF AN KUNDEN

Neue Filialleitung

Sehr geehrte Frau Gerber

Am 1. Juni 2013 übergibt Klaus Peter nach sechs Jahren die Verantwortung für unsere Filiale an seine Nachfolgerin Karin Kleinert.

Mit viel Engagement und Freude hat Klaus Peter die Geschicke unserer Filiale erfolgreich gelenkt. Als neue Herausforderung wird er die Leitung der Marketingabteilung unseres Mutterhauses übernehmen. Für die tolle Zusammenarbeit und das Vertrauen, das Sie Klaus Peter und unserem Unternehmen in den vergangenen Jahren entgegengebracht haben, danken wir Ihnen ganz herzlich.

Seine Nachfolgerin Karin Kleinert ist eine bestens ausgebildete, versierte Fachfrau. Sie freut sich, zusammen mit ihren Mitarbeiterinnen und Mitarbeitern persönlich auf Ihre Anliegen einzugehen. In der beiliegenden Broschüre erfahren Sie mehr über das Team und unser Angebot.

Wir wünschen Klaus Peter und Karin Kleinert viel Erfolg und freuen uns auf eine weiterhin erfolgreiche Geschäftsbeziehung.

Freundliche Grüsse

NEWSLETTER

Von: geschenkidee@modehaus.ch
Gesendet: Montag, 2. Dezember 2013
An: Susanne Hebeisen <s.hebeisen@hotmail.com>
Betreff: Ihr Modehaus-Newsletter im Dezember

Geschenkideen für die kalte Jahreszeit

Guten Tag, Susanne Hebeisen

Winterliche Temperaturen halten die Schweiz derzeit fest im Griff.

Schenken Sie gemütliche Stunden. Mit unseren neuen Flanell-Kuscheldecken wird das Stubenhocken zum Genuss. Und wenn Sie oder Ihre Freunde sich an die eisige Kälte wagen wollen, sind Sie in unseren atmungsaktiven Fleece-Pullovern warm und wohlig eingepackt.

Kommen Sie vorbei oder besuchen Sie unseren Online-Shop (www.modehaus.ch/shop).

Wir wünschen Ihnen wunderschöne winterliche Tage!

Ihr Kuriger Modehaus

ww.modehaus.ch

Falls Sie unseren Newsletter in Zukunft nicht mehr erhalten möchten, senden Sie bitte eine E-Mail mit dem Betreff «Abmelden» an newsletter@modehaus.ch.

PREISERHÖHUNGEN KOMMUNIZIEREN

Guter Service hat seinen Preis

Sehr geehrte Kundinnen, sehr geehrte Kunden

Als Generalunternehmer im Kopierbereich kombinieren wir modernste Technologie mit umfassenden Serviceleistungen. Wir gehören in der Schweiz zu den führenden Firmen in den Bereichen Copy, Repro, Plotting, aber auch Scanning und Archivierung sowie Datenmanagement.

Damit wir in einem wirtschaftlich schwierigen Umfeld weiterhin bestehen und unsere erstklassige Leistung garantieren können, müssen wir zu Beginn des nächsten Jahres unsere Preise leicht anheben. Die Details finden Sie in der beiliegenden detaillierten Preisliste.

Selbstverständlich werden wir auch in Zukunft alles daransetzen, Ihr erster Ansprechpartner für Fragen zur Herstellung von professionellen Unterlagen zu sein. Dazu bieten wir Ihnen ab Januar neben neuen Technologien einen perfekten Plan-Plot-Service mit Datenübermittlung per Modem/OSDN, E-Mail, Internet oder per Kurier. Und unsere Stammkunden profitieren bei allen Aufträgen in sämtlichen Filialen vom kostenlosen, firmeneigenen Kurierservice.

Wir freuen uns, wenn wir Sie weiterhin zu unseren geschätzten Kunden zählen dürfen, und sind auch in Zukunft jederzeit für Sie da.

Ihre Druck Copy Service AG

GESCHÄFTSAUFGABE BEKANNT GEBEN

Das Ende eines langen, schönen Weges

Liebe Kundinnen
Liebe Kunden

Nach 16 aufregenden, spannenden, farbigen und lehrreichen Jahren haben wir beschlossen, mit unserer Firma FunFun GmbH Ende dieses Jahres in den Ruhestand zu gehen. Wir blicken auf wunderbare Begegnungen mit unseren Kunden und Lieferanten zurück und danken Ihnen allen herzlich für Ihre Treue und Ihre Begeisterung für unsere Sport-Outfits.

Seit einigen Wochen sind wir auf der Suche nach einem Nachfolger als Generalvertretung für die Schweiz. Selbstverständlich werden wir Sie diesbezüglich auf dem Laufenden halten.

Nutzen Sie jetzt die Möglichkeit, noch für den Herbst einzukaufen. Bitte beachten Sie dazu folgende Änderungen: Im Herbst verschicken wir keinen neuen Katalog mehr. Bestellungen nehmen wir gerne via Online-Shop entgegen; das Ladengeschäft ist ab sofort nur noch nach Vereinbarung offen. Reservieren Sie sich einen Termin unter der Nummer 072 659 75 74 oder unter info@funfun.ch.

Ihnen allen wünschen wir weiterhin viel Spass beim «Spörteln» und sagen von ganzem Herzen Danke für die Zeit, in der Sie uns begleitet haben.

Ihre FunFun GmbH

EHEMALIGE KUNDEN WIEDER ANSCHREIBEN

Ihre Auszeit für Körper und Seele

Liebe Frau Girschweiler

Haben Sie diesen herrlichen Sommer mit viel Bewegung an der frischen Luft geniessen können? Jetzt werden die Tage wieder kürzer und die Temperaturen fallen.

Nutzen Sie im Winter unser vielfältiges Fitnessangebot. Dann bleiben Sie auch in der kalten Jahreszeit in Schwung. Neben modernen Ausdauergeräten haben wir ein grosses Angebot an neuen Gruppen-Fitnesskursen. Hatha Yoga ist eine Wohltat für Körper und Seele, und mit gezieltem Pilates-Training wird Ihre Tiefenmuskulatur optimal gestärkt. Nach dem Training können Sie bei einem wohligen Dampfbad vom Alltag abschalten und Ihre Seele so richtig baumeln lassen.

Als «Wiedereinsteigerin» erhalten Sie unser Abonnement 10 Prozent günstiger. Ist das ein Angebot?

Wir freuen uns auf Sie!

Sportliche Grüsse

SICH BEI KUNDEN IN ERINNERUNG RUFEN

Herbstschnitt

Sehr geehrter Herr Frehner

Letzten Herbst durften wir in den von Ihnen bewirtschafteten Liegenschaften die Grünanlagen für den Winter schneiden.

Gerne würden wir den Herbstschnitt auch in diesem Jahr für Sie ausführen. Dürfen wir Ihnen unverbindlich eine Offerte zustellen?

Unseren Gärtnermeister Amerito Gonzalez kennen Sie ja schon. Er und sein Assistent werden die Arbeiten mit der gleichen professionellen Sorgfalt ausführen wie letztes Jahr.

Herbstliche Grüsse

Reklamationen sind eine Chance

Kundenreklamationen sind Chefsache. Wenn Sie sich einem verärgerten Kunden gegenüber richtig verhalten, haben Sie die Chance, ihn zufriedenzustellen und damit wieder für sich zu gewinnen. Wenn nicht, wandert er ab und ist für Ihre Firma verloren. Zudem: Reklamierende Kunden sollten Sie ernst nehmen; die meisten Menschen machen nämlich die Faust im Sack und wechseln lieber den Anbieter, als sich zu beschweren.

Ein gutes Reklamationsmanagement ist also die beste Kundenwerbung. Und erst noch die günstigste. Nutzen Sie diese Chance. Beachten Sie folgende Punkte, wenn Sie eine Beschwerde bekommen:

- Überlassen Sie die Antwort nicht Ihren Mitarbeitenden – oder prüfen Sie den Brief, bevor er rausgeht. Reklamationen sind Chefsache und damit Ihre Aufgabe.
- Lesen Sie die Reklamation Ihrer Kundin zweimal durch. Achten Sie auf Zwischentöne. Was erwartet Ihre Kundin von Ihnen?
- Denken Sie sich in die Lösung hinein. Greifen Sie in schwierigen Situationen auch einmal zum Telefon und suchen Sie zuerst das Gespräch

WAS SIE NIE TUN SOLLTEN
- Machen Sie sich vor Ihren Kunden nicht klein, sondern übernehmen Sie Verantwortung.
- Spielen Sie niemals interne Stellen und Personen gegeneinander aus und bringen Sie keine Ausreden.
- Schwächen Sie niemals die Kundenreaktion ab.
- Behandeln Sie Reklamationen nicht als «Fall». Schreiben Sie also nie: *In Ihrem Fall hat die Abklärung ergeben, dass ...*
- Benutzen Sie keine Fachausdrücke und keine internen Kürzel.
- Verweisen Sie Ihre Kunden niemals an den Lieferanten. Sie sind die Ansprechstelle für Ihre Kunden und schulden ihnen Rede und Antwort.

mit der Kundin. Danach fällt es oft leichter, den Brief zu schreiben, häufig erübrigt er sich.
- Beantworten Sie eine Reklamation sofort. Dauern die Abklärungen länger, teilen Sie Ihrer Kundin mit, dass Sie der Sache nachgehen und ihr dann Bescheid geben werden. Und vor allem: Halten Sie dieses Versprechen ein.
- Sprechen Sie Ihre Kundin mit dem Namen an.
- Verwenden Sie eine natürliche, der Kundin angepasste Sprache und erklären Sie Abläufe und Inhalte leicht verständlich.
- Hinterfragen Sie Ihr Handeln. Gehen Sie auch auf Kritik ein, wenn sie Ihnen unberechtigt erscheint. Zeigen Sie Ihrer Kundin, dass Sie sich mit dem Anliegen auseinandergesetzt haben.
- Beenden Sie Ihren Brief mit einem zukunftsorientierten, positiven Schluss.

> **MUSTER 92 BIS 95**

Auf ungerechtfertigte Reklamationen reagieren

Besonders schwierig zu beantworten sind ungerechtfertigte Reklamationen. Ihr Kunde liegt zwar mit seiner Ansicht völlig falsch, vielleicht hat er gar selber einen Fehler gemacht – verärgert ist er trotzdem. Und Sie möchten ihn ja als Kunden behalten oder zumindest verhindern, dass er schlechte Propaganda für Ihr Unternehmen macht.

> **MUSTER 96 UND 97**

ERSTE REAKTION AUF EINE REKLAMATION

Mahnungen

Sehr geehrter Herr Finsler

Haben Sie vielen Dank für Ihr Schreiben vom 19. November.

Ich werde persönlich in unserer Buchhaltung abklären, warum Sie immer wieder Mahnungen bekommen, obschon die Rechnung bezahlt ist.

Für die Unannehmlichkeiten bitte ich um Entschuldigung.

Freundliche Grüsse

REKLAMATIONSANTWORT NACH ABKLÄRUNGEN

Unberechtigte Mahnungen

Sehr geehrter Herr Meyer

Haben Sie vielen Dank für Ihr Schreiben vom 14. Februar, in dem Sie mir Ihre Verärgerung schildern. Ihre Offenheit und Ihre klaren Worte schätze ich sehr.

Ich erkenne, was falsch gelaufen ist, und entschuldige mich für die unberechtigten Mahnungen und die unfreundliche Behandlung durch meine Mitarbeiterin. Selbstverständlich habe ich mich persönlich vergewissert, dass die Bezahlung nun korrekt abgebucht und das Mahnverfahren gestoppt wurde. Ihre Rückmeldung hilft mir, unseren Kundenservice zu verbessern.

Bitte lassen Sie es mich wissen, wenn Sie das nächste Mal in unserer Gegend zu tun haben. Ich möchte Sie gerne auf einen Kaffee einladen. Bei dieser Gelegenheit würde ich Ihnen auch gleich eine Musterpalette unserer neuen Produkte zum Ausprobieren mitgeben.

Beste Grüsse

ANTWORT AUF REKLAMATION WEGEN WARTEZEITEN AM TELEFON

Wartezeiten am Telefon

Sehr geehrte Frau Stocker

Für Ihr Schreiben vom 31. Juli danke ich Ihnen. In der Tat mussten Sie überdurchschnittlich lange warten, bis Ihr Anruf persönlich entgegengenommen werden konnte. Dafür entschuldige ich mich.

Ihrer Rückmeldung bin ich sofort nachgegangen. An jenem Tag registrierten wir wegen einer technischen Störung in der Westschweiz ungewöhnlich viele Anrufe auf unseren Servicelinien. Aus diesem Grund kam es vereinzelt zu Wartezeiten.

Selbstverständlich werden wir auch in Zukunft alles daransetzen, dass solche Zwischenfälle rasch behoben und Wartezeiten vermieden werden.

Freundliche Grüsse

ANTWORT AUF REKLAMATION WEGEN QUALITÄT DES PRODUKTS

Nero d'avola sicilia

Sehr geehrter Herr Hegglin

Haben Sie vielen Dank für Ihren Anruf in unserer Weinabteilung. Wir haben Ihre Rückmeldung sofort geprüft.

Sie haben recht: Der gelieferte Nero d'avola sicilia hat nicht die versprochene Qualität. Wir befürchten, dass es bei der Lieferung zu einem ungünstigen Temperaturanstieg gekommen ist. Wir bedauern, dass Sie von uns einen ungeniessbaren Wein bekommen haben, und entschuldigen uns dafür.

Selbstverständlich werden wir die Rechnung stornieren. Als Ersatz senden wir Ihnen eine kleine Auswahl an ebenbürtigen Weinen – natürlich kostenlos. Bitte lassen Sie es uns wissen, falls Sie dem Nero d'avola nochmals eine Chance geben wollen.

Beste Grüsse

ANTWORT AUF UNGERECHTFERTIGTE REKLAMATION

Cashmere-Pullover

Sehr geehrte Frau Kurt

In Ihrem Brief vom 20. Januar schreiben Sie uns, dass Sie mit dem Cashmere-Pullover nicht zufrieden sind. Vielen Dank für diese Rückmeldung.

Wir haben Ihre Reklamation sofort dem Lieferanten zur Stellungnahme weitergeleitet. Er antwortet uns, dass über dieses Produkt keine weiteren Rügen eingegangen sind und auch eine Überprüfung des Materials keine Mängel gezeigt hat.

Kann es sein, dass Sie bei der ersten Wäsche einen wichtigen Hinweis übersehen haben? Cashmere-Produkte dürfen nur mit bestimmten Waschmitteln und vor allem nur von Hand gewaschen werden (siehe beiliegendes Informationsblatt).

Vielleicht haben wir Sie beim Kauf ungenügend beraten. Im Wissen, dass wir Ihre Enttäuschung nicht entschädigen können, überreichen wir Ihnen einen Gutschein. Damit erhalten Sie beim nächsten Einkauf 20 Prozent Rabatt.

Notieren Sie sich den 21. Februar. Dann findet unser Frühjahrs-Modeapéro statt. Wir werden Ihnen rechtzeitig eine persönliche Einladung zukommen lassen.

Freundliche Grüsse

ANTWORT AUF GRUNDLOSE REKLAMATION

Nero d'avola sicilia

Sehr geehrter Herr Hegglin

Wir haben Ihre telefonische Reklamation in unserer Weinabteilung geprüft.

Der gelieferte Nero d'avola sicilia ist aus unserer Sicht nicht zu beanstanden. Er hat einen eigenwilligen, ungewöhnlich herben Geschmack, an den sich manche unserer Kunden erst etwas gewöhnen mussten. Zudem ist die Lagertemperatur entscheidend. Dieser Wein darf nicht in einem Raum mit über 15 Grad aufbewahrt werden.

Wir bedauern, dass Ihnen dieser sizilianische Tropfen nicht schmeckt. Bitte lassen Sie es uns das nächste Mal sofort wissen, wenn Sie mit einem unserer Weine nicht zufrieden sind. In solchen Fällen tauschen wir die nicht angebrauchten Flaschen kostenlos aus. Da Sie das ganze Probierpaket bereits aufgebraucht haben, müssen wir auf Bezahlung der Rechnung bestehen.

Beste Grüsse

So organisieren Sie den perfekten Kundenanlass

Kundenanlässe sind zwar eine aufwendige, aber auch eine ausgesprochen wirkungsvolle und bei den Kunden beliebte Form der Werbung. Und für viele Unternehmer gehört das Vorbereiten eines Kundenanlasses zu den angenehmen und abwechslungsreichen Aufgaben. Hier können Sie neue Ideen ausprobieren und dem Alltag für einmal den Rücken kehren. Mit einem gelungenen Anlass machen Sie beste Werbung für sich und Ihr Unternehmen, denn von schönen Erlebnissen erzählen Ihre Kunden immer wieder.

Natürlich möchten Sie, dass am grossen Tag alles wie am Schnürchen klappt, dass sich die Leute wohlfühlen und gut unterhalten. Dafür müssen Sie gewisse Vorarbeiten leisten. Auf den folgenden Seiten erhalten Sie Tipps, wie Sie eine originelle Einladung gestalten können und worauf bei Verhandlungen mit Gastronomieunternehmen, Behörden und Künstlern zu achten ist.

Geeignete Lokale anfragen und reservieren

Vielleicht möchten Sie den Kundenanlass in Ihren Firmenräumlichkeiten organisieren und dafür einen Catering-Service buchen. Vielleicht lassen Sie Ihre Gäste aber auch in einem trendigen oder heimeligen Lokal verwöhnen. Bevor Sie mögliche Lokalitäten besichtigen, lohnt sich eine telefonische oder schriftliche Anfrage. So verlieren Sie keine Zeit. Sie erfahren, ob der gewünschte Termin überhaupt frei ist und ob die Preise Ihren Vorstellungen entsprechen.

Schildern Sie in Ihrer Anfrage Ihre Vorstellungen knapp, aber möglichst genau. Dazu eignet sich eine tabellenartige Darstellung. In einem fortlaufenden Text gehen einzelne Punkte leicht unter, was Rückfragen provoziert.

Wenn Sie für Ihren Anlass eine Showgruppe oder Musiker verpflichten wollen, lohnt es sich, frühzeitig Kontakt aufzunehmen. Gerade gefragte Künstler sind oft weit zum Voraus ausgebucht.

> MUSTER 98 UND 99

Haben Sie sich für ein Restaurant, Seminarhotel oder für einen Catering-Service entschieden, sollten Sie die getroffene Abmachung schriftlich bestätigen. Nur so können Sie später belegen, was vereinbart worden ist.

Selbst wenn sich die Gäste zu einer Veranstaltung anmelden müssen, kann man sich als Gastgeber nie wirklich darauf verlassen, dass alle Angemeldeten auch kommen. Der Wirt auf der anderen Seite muss Ihnen die Offerte anhand der gemeldeten Gästezahl machen. Kommen weniger Gäste, bleibt er auf einer falschen Kalkulation und zu viel Lebensmitteln sitzen. Wer übernimmt den Schaden?

Verträge mit Restaurants und Hotels unterstehen rechtlich gesehen weitgehend dem Auftragsrecht (siehe Seite 100). Das bedeutet, dass Sie als Gast zwar jederzeit das Recht haben, einen erteilten Auftrag zu widerrufen. Tun Sie das aber in einem für den Wirt besonders ungünstigen Moment, kann dieser von Ihnen Schadenersatz verlangen. Zum Schaden gehören seine bisherigen Aufwendungen, also die Zeit und das eingekaufte Material, das er nicht anderweitig verwenden kann. Weil die Berechnung dieses Schadens aufwendig und nur schwer nachvollziehbar ist, vereinbaren viele Wirte mit ihren Gästen **Annullationspauschalen.** Die Höhe dieser Pauschalen hängt davon ab, wie kurzfristig die Absage erfolgt.

Vergessen Sie also nicht, folgende Punkte in Ihre Auftragsbestätigung aufzunehmen:
- Allfällige Preisaufschläge, wenn weniger Gäste erscheinen als erwartet
- Welche Annullierungsregelungen gelten?
- Wer zahlt für Sonderbestellungen Ihrer Gäste?
- Allfällige Haftungsfragen

> MUSTER 100

Bewilligungen einholen und Künstler engagieren

Wenn Sie Ihren Anlass an einem besonderen Ort durchführen wollen, im Wald etwa oder in einem Zelt auf öffentlichem Grund, benötigen Sie für vieles eine Bewilligung: eine Zufahrtsbewilligung, eine Nachtfahrbewilligung, eine Bewilligung zur Verlängerung der Polizeistunde, eine Bewilligung für zusätzliche Parkgelegenheiten, eine feuerpolizeiliche Bewilligung für das Feuerwerk und was es sonst noch alles gibt.

Wenden Sie sich an die Gemeinde, in der Sie Ihren Kundenanlass durchführen möchten, und bestellen Sie die nötigen Formulare. In grösseren Städten können Sie die Gesuchsformulare von der Website herunterladen. Aber Sie müssen sich rechtzeitig um eine Bewilligung bemühen. In der Regel müssen solche Gesuche 20 bis 30 Tage vor der Veranstaltung eingereicht werden.

> **BUCHTIPP**
> Ist vorgesehen, dass Sie selber am Anlass eine Rede halten, und bereitet Ihnen das schon heute Bauchschmerzen? Was es alles braucht für einen gelungenen Auftritt, zeigt Ihnen Kommunikationsprofi Patrick Rohr in seinem Buch «Reden wie ein Profi. Selbstsicher auftreten – im Beruf, privat, in der Öffentlichkeit».
> www.beobachter.ch/buchshop

> **MUSTER 101**

Wenn Sie Ihre Gäste mit einem Bauchredner, einer Pianistin oder einer Showtanzgruppe überraschen wollen, sollten Sie auch hier die wichtigsten Punkte auf Papier festhalten. Künstler sind wie alle anderen Menschen nicht vor Unfall, Krankheit und Missverständnissen gefeit.

> **MUSTER 102**

Bestellen Sie wichtige Personen wie Künstler oder Redner mindestens eine Stunde vor Beginn des Anlasses zum Briefing. Zu einem Briefing gehört, dass Sie nochmals den Ablauf des Anlasses durchgehen, den Rednern oder Künstlern ihre Rolle aufzeigen und die verschiedenen Stationen begehen. Kommen Mikrofone oder andere technische Hilfsmittel zum Einsatz, können die Künstler diese Zeit für die Verkabelung und für einen Soundcheck nutzen.

> *Bei Künstlern ist in der Regel Barzahlung üblich. Bieten Sie ihnen einen sicheren Ort für die Hinterlegung von Wertgegenständen und Geld an, zum Beispiel einen Safe oder ein abschliessbares Fach. So können sie sich perfekt auf den Auftritt konzentrieren.*

Attraktive Einladungen

Der schönste Anlass fällt ins Wasser, wenn die Gäste nicht kommen. Achten Sie also darauf, dass Sie rechtzeitig einladen. Bei sehr grossen Anlässen lohnt es sich, eine Vorankündigung zu versenden, damit sich die Gäste den Termin freihalten. Bei kleineren Anlässen wie einem Geschäftsapéro hat es keinen Sinn, die Einladung ein halbes Jahr vorher zu verschicken. Hier genügen drei bis vier Wochen.

Die **Vorankündigung** sollte kurz und prägnant sein. Machen Sie die Leute neugierig und «gluschtig», schreiben Sie aber auf keinen Fall im Detail, welche Attraktionen geboten werden. Entscheidend ist nur, dass sich Ihre Gäste den Termin in der Agenda eintragen.

Die eigentliche **Einladung** sollte ebenfalls kurz und knapp sein. Verzichten Sie auf lange Ausführungen über den erfolgreichen Geschäftsgang, erzählen Sie nicht die ganze Firmengeschichte, schenken Sie sich Abhandlungen über neue Produkte und Verdankungen von grossartigen Leistungen. Wenn der Gast befürchtet, dass er sich solche Reden in epischer Breite stehend bei einem Glas Prosecco anhören muss, kommt er garantiert nicht.

Versuchen Sie, das Motto Ihres Anlasses grafisch oder mit einem schönen Bild auf der Einladung zu betonen. Keine Sprache ist so aussagekräftig wie die Bildsprache. Beim Anblick eines Cocktails oder eines schönen Apérohäppchens läuft Ihnen doch auch das Wasser im Mund zusammen, oder?

Wichtig bei Kundenanlässen: Der Kunde, die Kundin muss wissen, warum er oder sie kommen soll. Wollen Sie mit diesem Anlass für die Treue danken? Oder wollen Sie ein neues Produkt vorstellen? Sie verärgern Ihre Kunden, wenn Sie sie zu einem Anlass einladen und erst nach dem ersten Schluck mitteilen, dass man sich nun eine neue Produktserie anschauen muss.

> **MUSTER 103 BIS 105**

Organisieren Sie einen «Tag der offenen Tür»? Dann werden Sie Ihre Einladung allgemein halten müssen. Eine Kindertagesstätte beispielsweise, die zur Neueröffnung einlädt, richtet sich an *die Eltern im Mattenhofquartier*.

> **MUSTER 106**

> *Auch solche allgemeinen Einladungen können Sie für spezielle Kunden «personalisieren», indem Sie handschriftlich ein, zwei Sätze anfügen und unterschreiben. So fühlt sich Ihre Kundin persönlich angesprochen.*

Um Antwort wird gebeten

Bitten Sie Ihre Gäste um eine Anmeldung. Legen Sie dazu eine adressierte, frankierte Antwortkarte bei oder bitten Sie um eine kurze Antwort per Mail oder Fax. Setzen Sie eine Frist. Bei wichtigen Gästen dürfen Sie nach Ablauf dieser Frist natürlich telefonisch nachfragen. Vergessen Sie nicht, den Anfahrtsweg zu beschreiben und Parkiermöglichkeiten aufzuzeigen.

Bei grösseren Anlässen werden Sie Ihren Gästen nach der Anmeldung eine Bestätigung zukommen lassen – erneut eine Gelegenheit, die Vorfreude auf den Anlass zu steigern. Jetzt ist auch der Moment, wo Sie ein attraktiv gestaltetes Programm mitschicken können.

> **MUSTER 107 BIS 109**

VIP-Anlass

Manche Unternehmen pflegen besonders wichtige Kundenbeziehungen, indem sie einzelne Geschäftspartner zu ausgewählten kulturellen oder sportlichen Veranstaltungen einladen. Gestalten Sie die Einladung zu einer solchen Veranstaltung originell, stilvoll, anschaulich und vor allem kurz. Ihr potenzieller Gast will keinen langen Text lesen müssen – er soll nach wenigen Sätzen wissen: Da melde ich mich an.

> ⚠️ *Vor allem bei sehr exklusiven Anlässen sollten Sie unbedingt die Sprache dem Stil anpassen. Wichtig ist auf solchen Einladungen auch der Hinweis auf die gewünschte Garderobe. Je nachdem, wo und wann die Veranstaltung stattfindet, ist es sinnvoll, die Wetterprognose beizufügen. So kann der Gast die passende Kleidung auswählen.*

> **MUSTER 110**

Wichtig: Bedanken Sie sich nach dem Anlass bei Ihrem Gast mit ein paar netten Zeilen für seine Teilnahme. Das weckt schöne Erinnerungen und schafft zusätzliche Kundenbindung. Wenn Sie zusammen mit ein paar Worten des Dankes ein Fotobüchlein verschicken, wecken Sie noch intensivere Erinnerungen an die schönsten Momente und Ihr Gast wird nochmals im Gefühl bestärkt, an einem exklusiven Anlass teilgenommen zu haben.

> **MUSTER 111**

Der Anlass findet nicht statt

Bestimmt kennen Sie den Spruch: Erstens kommt es anders und zweitens als man denkt. Stellen Sie sich vor, ein Unwetter oder eine Grippeepidemie hindert den grössten Teil Ihrer Kunden, den Anlass zu besuchen. Bei Seminaren oder Produktvorstellungen kann es vorkommen, dass der Dozent krank wird oder wegen einer Erkältung die Stimme verliert.

In solchen Momenten entscheiden Sie sich vielleicht dazu, den geplanten Anlass auf unbestimmt zu verschieben oder ganz abzusagen. Das müssen Sie als Erstes allen mitteilen, die Sie dafür beauftragt haben: dem Wirt des Veranstaltungslokals, dem Catering-Service, der Dozentin. Tun Sie dies auf jeden Fall schriftlich.

Wenn Ihre Absage sehr kurzfristig beim Gastwirt eintrifft, hat dieser das Recht, Schadenersatz zu verlangen. Häufig wird für solche Fälle schon im Voraus eine Annullationspauschale vereinbart (siehe Seite 190). Ist dies nicht der Fall, verlangen Sie vom Wirt in Ihrer Absage eine schriftliche Aufstellung der Auslagen und versuchen Sie dann, eine Einigung zu finden.

> **MUSTER 112 UND 113**

Absagen müssen Sie natürlich auch Ihren Gästen. Dabei gilt: Reden Sie nicht um den heissen Brei. Begründen Sie Ihren Entscheid knapp und nachvollziehbar. Verzichten Sie auf Ausschweifungen und Schuldzuweisungen. Nur so wird man Ihren Entscheid zwar bedauern, aber respektieren.

> **MUSTER 114**

Nicht zufrieden mit dem Gebotenen

Wie gesagt: Erstens kommt es anders ... Sie haben Ihren Kundenanlass minutiös vorbereitet, alles schriftlich vereinbart und ärgern sich am grossen Tag, weil die Leistung des Restaurants oder Catering-Unternehmens zu wünschen übrig lässt.

Rügen Sie die mangelhafte Leistung und verlangen Sie eine Preisermässigung. Vergessen Sie nicht, sich bei Ihren Kunden zu entschuldigen.

> **MUSTER 115 UND 116**

Wenn Sie selber eingeladen werden

Als Unternehmer werden Sie Ihrerseits von Lieferanten zu solchen Anlässen eingeladen. Selbstverständlich sollten Sie sich danach beim Gastgeber schriftlich bedanken. Denken Sie daran: Ihr Geschäftspartner merkt, wer dieses Dankesschreiben verfasst hat, Sie oder Ihre Sekretärin. Letzteres kommt weniger gut an, denn Sie demonstrieren, dass Sie sich nicht einmal die Zeit genommen haben, ein paar Gedanken zu Papier zu bringen. Genau das sollten Sie jedoch tun.

> *In einem Dankesschreiben sind Floskeln besonders fehl am Platz. Ihr Dank überzeugt nur dann, wenn er ehrlich und echt ist. Verzichten Sie auf schwülstige Einleitungen. Kommen Sie zur Sache und heben Sie hervor, was Ihnen am Anlass besonders gefallen hat.*

> **MUSTER 117**

ANFRAGE AN EINEN CATERING-SERVICE

Anfrage

Sehr geehrte Damen und Herren

Wir planen einen Kundenanlass in unseren Büroräumlichkeiten. Bitte senden Sie uns ein detailliertes Angebot:

Datum:	26. April 2013
Zeit:	Die Gäste treffen um 18 Uhr ein, Dauer zirka 3 Stunden.
Anzahl Gäste:	Wir rechnen mit 60 bis 80 Kunden.
Leistungen:	Bereitstellen und Servieren von Mineralwasser, Orangenjus, Schweizer Weisswein und Rotwein; dazu Apérogebäck, Amuse-Bouches und Gemüsedips; anschliessend Abräumen.
Infrastruktur:	Wir benötigen zirka 20 Stehtische sowie Dekorationsmaterial (Servietten, Kerzen). Tische fürs Buffet sind vorhanden.

Haben Sie Fragen? Rufen Sie uns an.

Wir freuen uns auf Ihre Antwort und danken Ihnen dafür.

Beste Grüsse

ANFRAGE AN EINE BAND

Anfrage

Sehr geehrte Frau Franconi

Am Freitag, 19. März, feiern wir mit einem grossen Fest unser 25-jähriges Firmenbestehen. Unsere Gäste sollen ein gutes Essen geniessen und zu rassiger Musik das Tanzbein schwingen.

Gerne würden wir die Harlem Big Four von 19 Uhr bis 02.00 Uhr verpflichten. Bitten senden Sie uns eine Offerte mit Pauschalpreis und lassen Sie uns wissen, welche Infrastruktur Sie benötigen.

Wir freuen uns auf Ihre Antwort.

Freundliche Grüsse

RESERVATIONSBESTÄTIGUNG

Reservationsbestätigung

Sehr geehrter Herr Wirth

Haben Sie vielen Dank für Ihre attraktive Offerte und für das angenehme Gespräch in Ihrem Lokal. Gerne bestätigen wir Ihnen die getroffenen Vereinbarungen:

Anlass	Kundenanlass unserer Generalagentur
Datum	27. September 2013
Anzahl Personen	60 bis 80 eingeladene Gäste
Leistungen	Tagung von 8.30 Uhr bis zirka 17.30 Uhr im grünen Saal; Mittagessen inklusive Getränke und Kaffee; Zwischenverpflegung in den Kaffeepausen am Vormittag und am Nachmittag
Infrastruktur	Beamer, Flipchart und Hellraumprojektor, Leinwand
Bestuhlung	Rednerpult und Konzertbestuhlung
Tagungspauschale	CHF 90.— pro Person. In der Tagungspauschale inbegriffen ist die Benützung des Parkhauses.
Garderobe	Organisation und sichere Verwahrung ist Sache des Gastwirts.
Preisabweichungen	Sollten weniger als 50 Personen teilnehmen, erhöht sich die Tagungspauschale auf CHF 95.— pro Person.
Annullationsregelung	Bei einer Annullation bis 30 Tage vor dem Anlass wird eine Umtriebsentschädigung von CHF 100.— fällig, bei einer Annullation bis 15 Tage vor dem Anlass eine Entschädigung von CHF 500.—. Bei einer Annullation zu einem späteren Zeitpunkt wird der Pauschalbetrag von CHF 1500.— fällig.

Gerne teilen wir Ihnen bis spätestens 15 Tage vor dem Anlass mit, wie viele Teilnehmende sich angemeldet haben.

Wir freuen uns auf unseren Kundenanlass in Ihrem Haus.

Freundliche Grüsse

BEWILLIGUNGSFORMULARE ANFORDERN

Sommerfest

Sehr geehrte Damen und Herren

Unser Unternehmen möchte für seine Kundinnen und Kunden am 28. August ein Sommerfest auf unserem Firmenareal veranstalten.

Bitte senden Sie uns die Bewilligungsanträge für folgende Aktivitäten:

- Feuerwerk
- Nachtfahrbewilligung
- Zusätzliche Parkbewilligungen auf der Zufahrtsstrasse zum Firmengelände

Bei Fragen stehen wir Ihnen gerne zur Verfügung. Für die Zustellung der Formulare danken wir Ihnen.

Beste Grüsse

VERTRAG FÜR ENGAGEMENT EINES KÜNSTLERS

Auftrittsvereinbarung

zwischen   The Harlem Big Four
            c/o Géraldine Franconi
            Hauptstrasse 23
            4500 Liestal   (Künstler, Auftragnehmer)

und   Karl Kundert Verlags AG
            Tannstrasse 15
            5408 Ennetbaden   (Veranstalter, Auftraggeber)

1. Veranstaltung, Spielort
Buchhändler-Anlass der Karl Kundert Verlags AG am 22. März 2013 im Hotel Schwanen, Ennetbaden. Wir erwarten zirka 60 Gäste.

2. Auftritt: Leistungen des Auftragnehmers
Die Band besteht aus vier Musikerinnen und Musikern und spielt gemäss dem Motto unseres Abend Hits der Siebziger- und Achtzigerjahre. Der erste Showblock dauert von 20 bis 21.30 Uhr, der zweite Showblock von 22.30 bis 01.00 Uhr, eventuell mit Verlängerung bis 02.00 Uhr.

3. Gage
Fr. 3000.— pauschal. In dieser Gage inbegriffen sind die Reise- und Transportkosten sowie die Entschädigung für die eventuelle Verlängerung. Der Veranstalter kommt für die Verpflegungskosten auf. Die Gage wird nach dem Auftritt bar ausgezahlt.

4. Eintreffen
Die Künstlerinnen und Künstler treffen spätestens um 17 Uhr ein. Der Auftragnehmer ist für die Installation seiner Instrumente und für den Soundcheck selber verantwortlich. Proben sind zwischen 17 Uhr und 19 Uhr möglich.

5. Besondere Vereinbarungen
- Die Versicherung ist Sache des Auftragnehmers.
- Bei Ausfall der Veranstaltung bleibt die gesamte Gage geschuldet.
- Bei Ausfall der Veranstaltung aus Gründen höherer Gewalt (zum Beispiel wegen Unwetterkatastrophen) ergeben sich weder für den Auftraggeber noch für den Auftragnehmer Rechte und Pflichten aus diesem Vertrag.
- Kann der Auftragnehmer den Vertrag wegen Unfall oder Krankheit nicht erfüllen, hat er keine Honoraransprüche aus dieser Vereinbarung und schuldet dem Auftraggeber eine Konventionalstrafe in Höhe der zusätzlichen Kosten für das Engagement eines gleichwertigen Ersatzkünstlers.
- Der Vertrag wird zweifach ausgefertigt. Sämtliche Änderungen sind nur in Schriftform gültig.

Ennetbaden, 14. Januar 2013   Liestal, 16. Januar 2013

Karl Kundert Verlags AG   Géraldine Franconi
Irene Brunner

VORANKÜNDIGUNG EINES ANLASSES

Vorankündigung Tag der offenen Tür

Sehr geehrter Herr Visani

Bald sind unsere neuen Produktionsräume fertig. Das möchten wir feiern.
Mit einem Fest für unsere treuen Kunden.

Reservieren Sie sich den Samstagabend, 11. Mai. Eine detaillierte Einladung erhalten Sie in etwa einem Monat.

Wir freuen uns auf einen unvergesslichen Abend mit Ihnen.

Festliche Grüsse

PERSÖNLICH ADRESSIERTE EINLADUNG

Herzlich willkommen!

Liebe Frau Inglin

Nach drei erfolgreichen Jahren haben wir im Sommer unsere neuen Büroräume an der Fabrikstrasse beziehen können.

Dass diese Entwicklung in so kurzer Zeit möglich war, verdanken wir Ihnen und Ihrem grossen Vertrauen in unser Team. Wir freuen uns, dass wir auch im kommenden Jahr für Sie da sein dürfen.

Darauf möchten wir mit Ihnen anstossen, und zwar am Montag, 2. Februar, ab 18 Uhr in unseren neuen Büros. Danke, dass Sie uns bis Ende Woche kurz mitteilen, ob Sie dabei sein werden: fest@gammabuero.ch.

Wir wünschen Ihnen alles Gute, viel Erfolg im neuen Jahr und freuen uns auf eine weiterhin angenehme und spannende Zusammenarbeit.

Freundliche Grüsse

ALLGEMEINERE EINLADUNG

Einladung zur Weihnachtsparty!

Die Weinhandlung «Zum grünen Glas» freut sich, mit Ihnen in lockerer Atmosphäre auf das ablaufende Jahr anzustossen:

Wann:	Am 22. Dezember ab 18 Uhr
Wo:	In unserer Weinhandlung in Uster
Was:	Glühwein, Nüssli, Guetsli, Gritibänzen und vieles mehr

Wir freuen uns auf Sie!

Herzliche Grüsse

An- oder Abmeldung bitte bis 18. Dezember an: gruenes@glas.ch

EINLADUNG ZUM TAG DER OFFENEN TÜR

Fresco AG ganz neu – feiern Sie mit uns

Liebe Bülacherinnen
Liebe Bülacher

Jeden Tag verlassen 32 000 Kilogramm Frischprodukte unsere Produktionsstätte an der Rütlistrasse 19 in Bülach, um in die ganze Welt verschickt zu werden.

In den letzten Monaten haben wir unsere Fabrikationshallen renoviert und erweitert. Heute laden wir Sie ganz herzlich ein zum

Tag der offenen Tür am 11. Mai von 7 bis 22 Uhr.

Sie haben die einmalige Möglichkeit, einen Blick ins Innere unserer Fabrikhallen zu werfen. Als Höhepunkt geniessen Sie ab 22 Uhr ein Feuerwerk und eine verblüffende Lichtshow des Künstlers Henry Strahler.

Seien Sie unser Gast. Lassen Sie sich verzaubern, staunen Sie und geniessen Sie einen unvergesslichen Abend.

Wir freuen uns, Sie am 11. Mai begrüssen zu dürfen.

Festliche Grüsse

ANTWORTKARTE ZU EINER EINLADUNG

Galaabend am Tag der offenen Tür in Bülach

☐ Gerne komme ich zum Galaabend anlässlich der Einweihung der neuen Produktionsstätten am 11. Mai 2013.

   ☐ Ich werde mit Begleitung kommen – Name:
   _____

   ☐ Ich werde allein kommen.

☐ Ich bin leider verhindert.

Danke, dass Sie uns die ausgefüllte Karte bis zum 10. April im beiliegenden Antwortkuvert zurücksenden.

Ihre Fresco AG, Rütlistrasse 19, 8180 Bülach, www.fresco.ch, fest@fresco.ch

BESTÄTIGUNGSSCHREIBEN AN ANGEMELDETE GÄSTE

Eröffnungsfeier

Lieber Herr Trachsel

Wir danken Ihnen für Ihre Anmeldung und freuen uns, Sie als VIP-Gast an der Eröffnungsfeier der neuen Produktionsstätte Bülach willkommen zu heissen.

Erleben Sie mit uns am Samstag, 11. Mai, ein rauschendes Fest, das all Ihre Sinne verwöhnen wird.

Als Höhepunkt eines reich gefüllten Programms geniessen wir ein Feuerwerk sowie eine verblüffende Lichtkunstbeleuchtung des in Zezwil lebenden Künstlers Henry Strahler. Lassen Sie sich durch ästhetische und sensationelle Momente im Spiel von Hell und Dunkel verzaubern.

Zusammen mit dieser Einladung erhalten Sie als unser Gast eine Anstecknadel, die Ihnen während des ganzen Tages das Parkieren in der Tiefgarage sowie den Eintritt in die VIP-Lounge ermöglicht.

Wir wünschen Ihnen einen erlebnisreichen Tag und gute Unterhaltung.

Festliche Grüsse

PS: Tenue sportlich/elegant

PROGRAMM EINER VERANSTALTUNG

Eröffnungsfeier Produktionsstätte Bülach
11. Mai 2013

Programm

7 bis 10 Uhr
Besichtigung der neuen Produktionsstätte
mit Kaffee und Gipfeli

ab 17 Uhr
Apéro mit musikalischer Begleitung
und Zaubershow

18 Uhr bis 19 Uhr
Begrüssung
Rollercorso mit 60 Fahrzeugen

19.15 Uhr
Vorspeise
Unterhaltung mit der Showtanzgruppe
«Les vieilles prunes»

20.25 Uhr
Festliches Nachtessen

21.30 Uhr
Unterhaltung mit der Showtanzgruppe
«Les vieilles prunes»
Kaffee und Dessert

22 Uhr
Lichtkunstbeleuchtung von Henry Strahler

22.45 Uhr
Grosses Feuerwerk
danach
Schlummertrunk für Nachtschwärmer
bis 24 Uhr

EINLADUNG WICHTIGER KUNDEN ZU SPEZIELLER VERANSTALTUNG

Faszination Pferdesport

Grüezi Herr Liebherr

Hätten Sie Lust, mich am Freitag, 23. Januar, an ein einmaliges Spektakel zu begleiten?

Mit über einer Million Franken Preisgeld ist der Zürcher CSI das höchstdotierte Hallenspringturnier der Welt. In den 15 Springprüfungen messen sich die weltbesten Reiter und Pferde.

Aber auch der Spass kommt nicht zu kurz: Bei den beliebten Fun-Prüfungen lassen die über 10 000 Zuschauer das Hallenstadion erbeben, und an den zahlreichen Wettschaltern können Sie bei jeder Prüfung auf Ihr Lieblingspferd setzen.

Ich habe in der VIP-Lounge Plätze für unsere besten Kunden reserviert und würde mich sehr freuen, wenn ich Sie als Gast willkommen heissen dürfte.

Sportliche Grüsse

Beilage: Anmeldekarte

DANKEN FÜR DIE TEILNAHME AN EINEM ANLASS

Faszination Pferdesport

Lieber Herr Liebherr

Ich habe mich sehr gefreut, dass Ihnen der Abend am CSI Zürich so gut gefallen hat.

Wahrlich: Pferde sind fantastische Artisten. Nur so lässt sich erklären, dass der CSI jedes Jahr auch Tausende Nichtrösseler in seinen Bann zieht.

Dass wir an diesem Anlass eine kleine Auszeit vom geschäftlichen Alltag geniessen konnten, freut mich umso mehr und ich hoffe, dass wir diese angenehme Tradition bei anderer Gelegenheit werden fortsetzen können.

Ich wünsche Ihnen ein erfolgreiches Jahr und alles Gute.

Beste Grüsse

BEIM VERANSTALTUNGSLOKAL ABSAGEN

Absage Reservation Produktvorstellung

Sehr geehrter Herr Wirth

Wie ich Ihnen schon am Telefon erklärt habe, müssen wir unsere für den 28. September geplante Kundenveranstaltung leider absagen.

Unsere Geschäftsleitung hat sich zu diesem Schritt entschieden, weil die Umsatzzahlen in den letzten Monaten stark eingebrochen sind und sie sich jetzt mit einer Neupositionierung befassen will. Wir bedauern diese Absage ausserordentlich und hoffen, dass wir Ihr Haus bei anderer Gelegenheit berücksichtigen können.

Da wir keine Annullationsregelung getroffen haben, bitten wir Sie, uns eine ungefähre Aufstellung Ihrer bisherigen Aufwendungen und Auslagen zukommen zu lassen, damit wir Ihnen eine Entschädigung vorschlagen können.

Freundliche Grüsse

ABSAGE AN CATERING-UNTERNEHMEN

Absage Weihnachtsapéro

Sehr geehrte Frau Hermann

Leider müssen wir den für den 22. Dezember geplanten Weihnachtsapéro in unseren Büroräumen absagen.

Bei Umbauten an einer Nachbarliegenschaft wurde die Haupt-Wasserleitung beschädigt. Das Wasser hat auch unsere Räume total überflutet; die Aufräumarbeiten sind noch im Gang. Aus diesem Grund können wir dieses Jahr den Weihnachtsapéro nicht durchführen.

Wir bedauern, Ihnen so kurzfristig absagen zu müssen, und hoffen, dass wir Ihren Catering-Service ein andermal wieder engagieren dürfen. Gerne sind wir bereit, Ihnen für die Umtriebe eine Entschädigung zu zahlen. Sind Sie mit 100 Franken einverstanden?

Freundliche Grüsse

ABSAGE AN DIE GÄSTE

Absage Weihnachtsapéro

Liebe Frau Seeger

So ein Pech: Leider müssen wir den geplanten Weihnachtsapéro mit unseren Kundinnen und Kunden absagen.

Letzte Woche wurde bei Renovationsarbeiten in der Nachbarliegenschaft eine Wasserleitung beschädigt. Unsere Büroräumlichkeiten standen zwei Tage unter Wasser. Noch ist nicht absehbar, wann wir die Arbeit wieder aufnehmen können.

Aus diesem Grund müssen wir in diesem Jahr auf unseren traditionellen Weihnachtsapéro verzichten. Damit wir uns trotzdem bei Ihnen für die angenehme Zusammenarbeit bedanken können, werden wir Sie schon bald zu einem Frühjahrsapéro einladen.

Beste Grüsse

MÄNGELRÜGE FÜR VERPATZTEN ANLASS

Mängelrüge

Sehr geehrter Herr Wirth

Am 28. September haben wir unseren diesjährigen Kundenanlass in Ihrem Haus durchgeführt.

Leider waren wir mit Ihrer Leistung nicht zufrieden: Unser Referent konnte den bestellten Beamer nicht benutzen, weil ein Zwischenkabel fehlte. Als Alternative hätte er auf Folien umstellen können, doch war der ebenfalls bestellte Hellraumprojektor offenbar anderweitig im Einsatz – jedenfalls für uns nicht verfügbar. Besonders ärgerlich war, dass Ihr Seminarverantwortlicher erst am Nachmittag eine Ersatzlösung organisieren konnte.

Aus diesem Grund werden wir den Rechnungsbetrag um CHF 500.— reduzieren.

Freundliche Grüsse

ENTSCHULDIGUNG BEI KUNDEN FÜR VERPATZTEN ANLASS

Seminar «Besser schreiben»

Sehr geehrte Frau Schneider

Sie haben letzten Freitag unser Seminar in Kaltbrunn besucht.

Wie mir die Dozentin mitteilt, haben sich viele Teilnehmerinnen und Teilnehmer beschwert, weil das Mittagessen erst mit grosser Verspätung serviert wurde und deshalb der Zeitplan durcheinandergeriet. Ich bedaure es sehr, dass Sie Ihren Seminartag nicht wie vorgesehen geniessen konnten. Für die Unannehmlichkeiten entschuldige ich mich und sende Ihnen als kleine Wiedergutmachung einen Büchergutschein unseres Verlags.

Ich würde mich freuen, Sie schon bald wieder in einem unserer Seminare begrüssen zu dürfen, und wünsche Ihnen alles Gute.

Beste Grüsse

ALS EINGELADENER FÜR EINEN SCHÖNEN ABEND DANKEN

Faszination Pferd

Lieber Herr Camenzind

Der Abend mit Ihnen am CSI in Zürich hat mir die Tür zu einer neuen Welt geöffnet. Ich hätte es nicht für möglich gehalten, wie sehr einen Pferde faszinieren können.

Am nächsten Morgen habe ich beim Frühstück meinen Töchtern von der Freiheitsdressur erzählt, vom Indianer, der ohne Sattel reitet, von der atemberaubenden Wagenshow und natürlich vom Stechen im Springwettbewerb.

Für dieses unvergessliche Erlebnis bedanke ich mich noch einmal herzlich, ebenso für die interessanten Gespräche mit Ihnen in dieser ganz speziellen Umgebung.

Ich freue mich auf unsere weitere Zusammenarbeit und wünsche Ihnen ein erfolgreiches Jahr.

Herzlich, Ihr

Öffentlichkeitsarbeit und Pressemitteilungen

Öffentlichkeitsarbeit ist eine ganz spezielle Form der Kundenwerbung. Sie informieren indirekt über die Medien. Mit einem Pressetext – selbst verfasst oder von einem PR-Büro getextet – wollen Sie die Öffentlichkeit auf eine Veranstaltung hinweisen, auf ein neues Angebot, auf wichtige Veränderungen in Ihrer Firma, auf ein besonderes Engagement oder auf eine Forderung. Eine Pressemitteilung wird auch Medieninformation oder Kommuniqué genannt.

Pressetexte verschicken Sie entweder an ausgewählte Redaktionen oder geben Sie an einer Medienkonferenz ab. Zu Medienkonferenzen laden allerdings meist nur grössere Unternehmen – zum Beispiel wenn sie ihren Jahresabschluss vorstellen, eine Innovation präsentieren oder aufsehenerregende personelle Änderungen zu verkünden haben.

Regeln für wirkungsvolle Pressetexte

Für eine Pressemitteilung gelten ähnliche Regeln wie für einen Werbebrief. Denken Sie an das Motto: Der Köder muss dem Fisch schmecken, nicht dem Angler! Entscheidend ist nicht, was der Geschäftsleitung oder ihrem Umfeld wichtig erscheint, sondern was die Medienschaffenden für berichtenswert halten, weil sie wissen, dass ihre Leserinnen und Hörer das spannend finden.

Bevor Sie also wegen einer Produktneuheit sämtliche Zeitungen und Zeitschriften, Radios und Fernsehstationen anschreiben, sollten Sie sich unbedingt etwas näher mit den einzelnen Medien befassen: Blättern Sie die Zeitungen und Zeitschriften durch, hören und schauen Sie sich verschiedene Sendungen an. Wer wendet sich an Ihre Zielgruppe? Wer berichtet regelmässig über Neuheiten auf Ihrem Sektor? Viele Zeitungen und Zeitschriften haben sogenannte Shopping-Formate, in denen sie neue Produkte kurz vorstellen.

Pressemitteilungen zu verschicken, ist dann sinnvoll, wenn Sie als Unternehmer
- öffentlich informieren wollen oder müssen.
- das Vertrauen von Personen brauchen, die Sie nicht selber direkt ansprechen können, sodass Sie den Umweg über die Medien nehmen müssen.
- eine für eine breite lokale, regionale oder überregionale Öffentlichkeit interessante Geschichte oder Information zu bieten haben.
- den Mut zur Öffentlichkeit und damit zu Offenheit haben.
- bereit sind, das Risiko der Medienarbeit einzugehen und Ihre Chancen zu nutzen. Bedenken Sie: Journalisten fragen, recherchieren, wollen aktuelle Zahlen sehen – und Sie können nicht kontrollieren, was letztlich über Ihr Unternehmen geschrieben wird.

Sind diese Voraussetzungen erfüllt, können Sie sich daranmachen, Ihre Pressemitteilung zu verfassen. Dabei können Sie sich grundsätzlich an den auf Seite 52 beschriebenen Aufbau halten.

Jeder Pressetext steht und fällt mit dem Aufhänger, auch **Küchenzuruf** genannt. Gemeint ist die Quintessenz eines Textes, also das, was die auf dem Sofa liegende, Zeitung lesende Frau ihrem Mann in der Küche zuruft: «Hör mal her, die Miss Schweiz kriegt Zwillinge!» Es geht um das Hauptthema Ihrer Botschaft, das in der Öffentlichkeit oder beim angepeilten Zielpublikum auf möglichst grosses Interesse stossen soll. Ein guter Aufhänger ist die halbe Miete. Er macht es aus, ob Ihr Text gelesen wird oder in den Papierkorb wandert. Wenn Sie einen guten Aufhänger haben und folgende Regeln beachten, kann fast nichts schiefgehen:
- Halten Sie sich kurz. Schreiben Sie wenn irgend möglich nicht mehr als eine Seite.
- Im ersten Abschnitt kommt das Wichtigste, Neuste; weitere Informationen folgen.
- Beantworten Sie die W-Fragen: Wer macht was wie, wann und wo?
- Trennen Sie Tatsachen und Meinungen. Verzichten Sie auf seitenlanges, peinliches Eigenlob, langweilige Abhandlungen über die Firmengeschichte und breitgewalzte Philosophie.
- Setzen Sie einen Titel (eventuell auch einen Übertitel) und verfassen Sie einen kurzen Lead. Setzen Sie im Lauftext Zwischentitel.
- Schreiben Sie über den Text *Pressetext* oder *Medieninformation*.

- Wählen Sie einen anderthalbfachen Zeilenabstand und einen Rand von fünf Zentimetern.
- Geben Sie beim Absender die verantwortliche Kontaktperson an, samt Funktion, Telefonnummer und Mailadresse.

> **MUSTER 118**

Besonders schwierig: negative Botschaften

Nicht immer gibt es angenehme Botschaften zu verbreiten. Wenn in wirtschaftlich schwierigen Zeiten der Umsatz einbricht oder gar Arbeitsplätze abgebaut werden müssen, verunsichert das auch Ihre Kundschaft. Viele Unternehmen versuchen, solche Hiobsbotschaften unter dem Deckel zu halten. Ein Fehler. Wenn die Gerüchteküche erst einmal brodelt, sieht sich Ihre Kundschaft rasch nach einem anderen Lieferanten um. Eine negative Nachricht zu unterdrücken, wird Ihnen kaum gelingen. Deshalb sollten Sie das Heft in die Hand nehmen und offensiv informieren. Je früher, desto besser.

Bringen Sie die unangenehme Nachricht auf den Punkt. Schreiben Sie nicht drum herum. Verzichten Sie auf Schuldzuweisungen und Rechtfertigungen. Informieren Sie klar über die Gründe, über getroffene Massnahmen, Ihre Absichten und Ziele. Und vergessen Sie nicht, Ihre Belegschaft persönlich zu informieren, bevor Sie mit einer Pressemitteilung an die Medien gelangen.

BUCHTIPP
Medienmitteilungen, die ankommen, prägnante Aussagen im Interview – das lässt sich lernen. In seinem Beobachter-Ratgeber **«Erfolgreich präsent in den Medien. Clever kommunizieren als Unternehmen, Verein, Behörde»** verrät Medienprofi Patrick Rohr das Geheimnis des erfolgreichen Umgangs mit Presse, Radio, TV und den Social Media. Besonders hilfreich: das Kommunikationskonzept für den Krisenfall.
www.beobachter.ch/buchshop

> **MUSTER 119 UND 120**

So kommt die Mitteilung zur richtigen Person

Verschicken Sie eine Medienmitteilung nicht zu früh, aber auch nicht zu spät: mindestens zehn Tage vor dem Ereignis, maximal drei Wochen vorher. Sie können auch drei Wochen vorher eine Vorinformation verschicken und die eigentliche Information dann vierzehn bis zehn Tage im Voraus.

Eine andere Möglichkeit: Sie verschicken Ihre Pressemitteilung gezielt früher und versehen sie mit einer Sperrfrist. Die Redaktion darf die Mitteilung erst nach dieser Sperrfrist veröffentlichen. Durch dieses Vorgehen weiss die angeschriebene Redaktorin, dass sie von Ihnen früher als andere Medien bedient und damit bevorzugt behandelt wird. Über Produktneuheiten oder wichtige Personalentscheide wird häufig vorinformiert. Allerdings handelt es sich bei einer Sperrfrist um eine Art «Gentleman's Agreement». Sie haben keine Garantie dafür, dass eine Zeitung Ihre Information nicht doch vor Ablauf veröffentlicht.

Fragen Sie bei der Redaktion telefonisch nach, ob die Mitteilung angekommen ist, ob Sie mit einem Bericht rechnen dürfen und ob weitere Informationen erwünscht sind. Versuchen Sie niemals, eine Redaktion zu bestechen, weder mit Geschenken, Gratistickets noch indem Sie Inserate in Aussicht stellen. Auch das Erwähnen von guten Beziehungen kommt selten gut an.

> *Finden Sie heraus, wer auf der Redaktion die richtige Kontaktperson für Ihr Thema ist. Rufen Sie an, erkundigen Sie sich und adressieren Sie Ihre Medienmitteilung dann an diese Person. Schicken Sie immer auch eine nicht persönlich adressierte Pressemitteilung an die Redaktion. Es kann vorkommen, dass Ihre Ansprechperson in den Ferien ist oder gekündigt hat.*

PRESSEMITTEILUNG ZUM GUTEN JAHRESABSCHLUSS

Medieninformation: Geschäftsgang 2012

Ein gutes Jahr für Alpina

Zufriedenheit in Sargans: Letztes Jahr steigerte der Getränkehersteller Alpina den Umsatz um 9,4 und den Absatz um 7,6 Prozent. Das beliebte Getränk «Alpenquelle» wurde zudem aufgenommen ins «Inventar des kulinarischen Erbes der Schweiz». Das neue «Quellwasser» sorgte für viel Aufmerksamkeit und gab der Marke Alpina starke Impulse.

Steigerungen
Die Alpina AG im bündnerischen Sargans ist mit dem Geschäftsjahr 2012 zufrieden, vermochte sie sich doch in allen Bereichen zu steigern. Der Getränkeabsatz stieg um knapp 2 Millionen auf 28 Millionen Liter, der Nettoverkaufserlös um 3 Millionen auf 13,5 Millionen Franken. Der Pro-Kopf-Konsum nahm in der Schweiz im letzten Jahr um einen halben Liter auf 5 Liter zu. Insgesamt stieg der wertmässige Marktanteil von «Alpenquelle» bei den Erfrischungsgetränken in der Schweiz 2012 um 1,8 Prozentpunkte auf 20,1 Prozent.

Starke Marke
Mit zum guten Ergebnis trug bei, dass zwei Grossverteiler Anfang letzten Jahres ihre Eigenmarken aus den Gestellen nahmen und durch «Alpenquelle» ersetzten. Alpina-CEO Francine Knechtli führt dies auf die umfassende und konsequente Markenpflege der Alpina AG zurück: «Die Leute kennen ‹Alpenquelle› und sie wollen keine Kopie, sondern das Original.» Am meisten Aufmerksamkeit erhielt die Alpina AG nach der Lancierung von «Quellwasser» im Herbst. Das neue, sauerstoffangereicherte Getränk sei erfolgreich gestartet, sagt Francine Knechtli, was angesichts der breiten Kampagne allerdings keine Überraschung sei. Das erfreuliche Plus von 7,6 Prozent im Gesamtabsatz zeigt laut Knechtli deutlich, dass die beiden Getränke einander nicht konkurrenzierten, sondern dass die Neulancierung der gesamten Marke viel Schwung verliehen habe. «Inzwischen ist die Dynamik der Lancierung abgeebbt und wir sehen das Potenzial für Verbesserungen. ‹Quellwasser› wird uns noch einige Freude bereiten.» Letztes Jahr wurde «Alpenquelle» ins Inventar des kulinarischen Erbes der Schweiz aufgenommen und schaffte den Einzug in die Top 50 der Schweizer Markenrangliste.

Die weiteren Aussichten

2013 wird für die ganze Wirtschaft ein schwieriges Jahr. Die Alpina AG erwartet einen eher noch verschärften Preisdruck auf Markenartikeln. Auf die Preiserhöhung, die für Anfang 2013 vorgesehen war, hat Alpina AG aus Rücksicht auf die schwierige Wirtschaftslage verzichtet. CEO Francine Knechtli bezeichnet die Konsumentenstimmung als trüb: «Vor allem die Gastronomie muss Absatzrückgänge hinnehmen, was auch die Getränkelieferanten zu spüren bekommen.» Alpina AG wolle auf die Krise so reagieren, wie das Unternehmen in seiner bald 60-jährigen Geschichte immer reagiert habe: «Konsequente und aktive Markenpflege.» Um das gute Ergebnis von 2012 zu erreichen, seien im Sommer und Herbst vor allem zwei Dinge nötig: viel Sonne am Himmel und kräftige Aufhellungen bei der Konsumentenstimmung.

Kontakt Alpina AG: Christa Morena, Unternehmenskommunikation,
Telefon 081 885 44 41, E-Mail c.morena@alpina.ch

Pressebilder unter www.fotopress.ch/images/alpina/aktuell

Dokumente im PDF-Format zum Herunterladen:
Kennzahlen Alpina AG (26.7 Kb)
Facts & Figures (36 Kb)
Dieses Dokument (36 Kb)

MEDIENINFORMATION ZU SCHLECHTEM GESCHÄFTSGANG

Presseinformation

Bohner AG hält an Zielen fest

Der Verpackungsmaschinenhersteller Bohner AG zeigt sich auch nach einem Gewinneinbruch grundsätzlich zuversichtlich. Wie CEO und Finanzchef Christoph Bodin anlässlich der Aktionärsversammlung vom 28. Februar herausstreicht, ist es bei Bohner bisher weder zu Entlassungen noch zu Kurzarbeit gekommen.

Allerdings seien solche Massnahmen nicht ausgeschlossen. «Wir entlassen nicht, nur weil es gerade Mode ist», erklärte Bodin. Die Firma sei sich ihrer sozialen Verantwortung durchaus bewusst.

CEO Bodin zeigte sich hinsichtlich der Grundvoraussetzungen für die Bohner AG weiterhin verhalten zuversichtlich. Er habe absolutes Vertrauen in die Produktepalette und in die gute Marktposition des Traditionsunternehmens. Als sehr unsicher schätzt er dagegen die konjunkturelle Lage ein.

Die Bohner AG hatte ihre Aktionäre zuletzt im Dezember über den tiefen Auftragsbestand per Jahresbeginn informiert und vor einem möglichen Reinverlust im ersten Semester gewarnt. Davor hatte die Firma im Oktober bereits eher unerfreuliche Zahlen für das Jahr 2013 publiziert. Demnach soll der Umsatz in den Bereich von 1650 bis 1700 Mio. CHF zurückgehen. Aber auch der operative und der Reingewinn werden tiefer ausfallen als 2012.

Ehrgeizige Ziele für 2014 bis 2018

CEO Bodin hielt gegenüber den versammelten Aktionären an den bisherigen mittel- und langfristigen Zielen fest. Schon im Dezember wollte der Bohner-Chef nicht von den Ende des letzten Jahres erhöhten Zielen abrücken. «Wir wissen einfach nicht, wann wir diese erreichen werden», sagte er damals zu den Aktionären.

Für die Periode 2014 bis 2018 hat Bodin die Ziele neu formuliert: Das organische Wachstumsziel liegt bei 3,5 bis 4,5 Prozent pro Jahr. Von den Bereichen soll das Segment Faltkarton um 3,5 bis 4,5 Prozent wachsen, das Segment Wellkarton um 3 bis 4 Prozent und der Bereich Flexible Materialien um 5 bis 6 Prozent.

Der detaillierte Geschäftsbericht lässt sich als PDF herunterladen unter www.bohnerag.ch/geschaeftsbericht. Weitere Informationen erhalten Sie bei:

Markus Lamprecht, Pressesprecher Bohner AG, Telefon 027 443 43 32, 079 333 44 44

Bohner AG, Medienstelle, Schwarzbergstrasse 27, 5800 Brig,
Telefon +41 27 443 43 30, presse@bohnerag.ch, www.bohnerag.ch

PRESSEMITTEILUNG ZUR EINFÜHRUNG VON KURZARBEIT

Medieninformation

Kurzarbeit bei Travel AG Schweiz

Die Travel AG Schweiz, ein Mitglied der Travel International Group, führt Kurzarbeit ein. Davon betroffen sind rund 400 Mitarbeitende. Mit der Massnahme will Travel AG Schweiz Arbeitsplätze erhalten.

Aufgrund der anhaltend schwierigen Wirtschaftslage und der damit verbundenen geringeren Arbeitsauslastung wird die Kurzarbeit per 1. März 2013 eingeführt. Die Arbeitszeitreduktion variiert je nach Abteilung und Funktion und gilt zunächst auf unbestimmte Zeit. Betroffen sind rund 400 Mitarbeitende in der Schweiz.

Bereits im Januar kündigten der Verwaltungsrat und die Geschäftsleitung der Travel AG Schweiz einen Lohnverzicht an. Über 90 Prozent der Kadermitarbeitenden beteiligten sich auf freiwilliger Basis an den Sparmassnahmen, um Arbeitsplätze zu erhalten.

Über Travel AG Schweiz

Die Travel AG Schweiz wurde 1966 gegründet und hat sich über mehr als vier Jahrzehnte vor allem im Bereich gehobene Ferien- und Geschäftsreisen spezialisiert. Travel AG Schweiz gehört zu den führenden Reiseveranstaltern der Schweiz.

Travel AG Schweiz ist Spezialistin für Reisen in alle Regionen der Welt und richtet sich an eine Kundschaft, die hinsichtlich Qualität und Service überdurchschnittliche Ansprüche stellt. Das Unternehmen besitzt in der Schweiz über fünfzig Filialen sowie mehrere Franchise-Partner, die eigene Produkte wie auch diejenigen anderer Reiseveranstalter vertreiben. Wiederum verkaufen über 500 andere Schweizer Reisebüros auch Reisen von Travel.

In der Schweiz setzen sich gegen 600 Mitarbeitende der Travel AG dafür ein, dass die Kundinnen und Kunden erstklassige und unvergessliche Ferien erleben.

Pressekontakt:
Karen Pfiffner, Mediensprecherin
Telefon 044 411 13 14
Mobile 079 555 55 55
presse@travelag.ch
www.travelag.ch

Sponsoring betreiben, Spendengelder sammeln

Unzählige Vereine, Stiftungen und Non-Profit-Organisationen im Land sind auf Sponsorenbeiträge und Spendengelder angewiesen. Wie Sie als Unternehmer geschicktes Sponsoring betreiben, aber auch wie Sie als Vertreter einer Non-Profit-Organisation Ihre ganz speziellen Kunden, die Spenderinnen und Spender, erreichen – das ist Thema der folgenden Seiten.

Wirkungsvolles Sponsoring

Sponsoring ist zwischen Werbung und PR angesiedelt – und besonders wirkungsvoll, vor allem in ländlicheren Gebieten. Mit einem Beitrag unterstützen Sie einen Verein oder auch eine Stiftung, eine kulturelle Organisation. Im Gegenzug wirbt der Verein für Ihr Unternehmen, indem er Ihnen Werberaum auf seinen Kommunikationsflächen zur Verfügung stellt. Je nach Grösse und Professionalität des Vereins erreichen Sie so eine Vielzahl potenzieller Kunden. Die Solidarität der Mitglieder und der Fangemeinde zu Sponsoren von kleinen und mittelgrossen Vereinen ist nicht zu unterschätzen; sie kann Ihnen nebst Sympathie auch bares Geld durch neue Aufträge einbringen.

Es gibt zwei Arten, Sponsoring zu betreiben: Sie verpflichten sich über längere Zeit zur finanziellen Unterstützung und sind dann auch konstant bei sämtlichen Auftritten des Vereins präsent. Oder Sie engagieren sich mit einer einmaligen Zuwendung bei einer Veranstaltung und kommen dort zu Ihrem Werbeauftritt. Ein typisches Beispiel: Der lokale Getränkemarkt liefert die Getränke für das «Chränzli» des Turnvereins zum Selbstkostenpreis und kann dafür sein Werbematerial auf allen Tischen auflegen.

Vor allem in ländlichen Gebieten ist die Vereinskultur ausgeprägt: Handball-, Fussball- und Tennisclub, Aktive Senioren, Elternverein, Blasmusikkapelle, Schützenverein – und alle fragen Sie um Unterstützung an. Verzetteln Sie Ihre Mittel nicht; wichtig beim wirkungsvollen Sponsoring ist die Auswahl der unterstützten Organisation: Das grosse Musikhaus in

Zürich wird sich eher beim Jugendorchester engagieren, die auf Familienwohnungen spezialisierte Immobilienagentur ist beim lokalen Fussballclub mit der grossen Juniorenabteilung präsent. Wählen Sie die zu Ihnen passenden Sponsoring-Partner und sagen Sie den anderen Anfragenden freundlich ab.

> MUSTER 121 UND 122

Wichtig: Wenn Sie einen Verein mit einem grösseren Betrag unterstützen wollen, lohnt es sich, die Eckdaten dieser Zusammenarbeit in einer Vereinbarung zu notieren. Bei grösseren und langjährigen Engagements sollten Sie eine Fachperson beiziehen, damit diese einen kritischen Blick auf den Entwurf Ihres Sponsorenvertrags wirft.

> MUSTER 123

Non-Profit-Organisationen: Spendenaufrufe und Dankesschreiben

Spendenaufrufe sind ganz spezielle Werbebriefe. Mit solchen Texten möchten Sie Menschen dafür gewinnen, Ihrer Organisation eine freiwillige Zuwendung zukommen zu lassen, ohne dafür eine Gegenleistung zu bekommen. Dieses Ziel werden Sie nur erreichen, wenn es Ihnen gelingt, bei den angeschriebenen Personen Vertrauen und Verständnis zu erwecken. Das sind die wichtigsten Regeln:
- An erster Stelle eines Spendenaufrufs muss stehen, wofür das Geld verwendet wird und wer davon profitiert. Umschreiben Sie Ihre Ziele ganz konkret und schildern Sie, was Sie bis jetzt erreicht haben.
- Verzichten Sie auf billige Stimmungsmache und auf die drastische Schilderung von Schicksalen, illustriert mit entsetzenerregenden Bildern. Versuchen Sie nicht, im Empfänger das schlechte Gewissen anzusprechen.
- Formulieren Sie positiv und optimistisch. Die Spender sollen sich gut fühlen, weil sie mit ihrer Spende etwas Gutes unterstützen.

> MUSTER 124 UND 125

Wenn Ihre Organisation wenig bekannt ist, kann das **Zewo-Gütesiegel** im Briefkopf und auf dem Einzahlungsschein helfen, das Vertrauen zu stärken. Viele Spenderinnen und Spender achten auf dieses Siegel (www.zewo.ch). Andere suchen vielleicht Ihre Website auf, um sich über Ihre Projekte und Erfolge zu informieren. Zudem kann es sich lohnen, dem Spendenaufruf einen Prospekt beizulegen, mit dem sich der Empfänger mühelos ein Bild machen kann.

> *Geld sammeln ist Chefsache. Ein Spendenaufruf muss von der Geschäftsleiterin oder dem Direktor der Organisation unterschrieben sein. Empfehlenswert: Bringen Sie ein kleines Bild dieser Person neben der Unterschrift an.*

Nach dem Eingang einer Spende sollten Sie diese sofort verdanken. Die Spenderinnen und Spender können den Betrag von den Steuern abziehen, benötigen dafür aber eine schriftliche Bestätigung.

> MUSTER 126

ABSAGE AUF EINE SPONSORING-ANFRAGE

Anfrage für Sponsoring

Sehr geehrte Frau Gebhard

Haben Sie vielen Dank für Ihre Anfrage und die detaillierten Unterlagen zum Tennisclub Wiesental.

Der Leistungsausweis Ihres Teams ist beachtlich und als Werbeträger ist Ihr Verein attraktiv. Trotzdem müssen wir Ihnen leider einen Korb geben. Wie Sie vielleicht wissen, ist unsere Firma Hauptsponsorin des Handballclubs Seeland und dort noch zwei Jahre fest engagiert.

Wir drücken Ihnen bei der Suche nach einem Sponsor die Daumen und wünschen Ihnen und Ihrem Team für die anstehenden Wettkämpfe viel Erfolg.

Sportliche Grüsse

ABSAGE AUF SPONSORING-ANFRAGE AUS FINANZIELLEN GRÜNDEN

Sehr geehrter Herr Manz

Haben Sie vielen Dank für Ihre Anfrage und die schön gestaltete Dokumentation Ihres Vereins.

Kleinere und mittlere Unternehmen bekommen derzeit die wirtschaftlich schwierigen Zeiten besonders stark zu spüren. Aus diesem Grund werden wir im nächsten Jahr keine Sponsorenverpflichtung eingehen.

Wir hoffen, dass Sie bei einem anderen sportbegeisterten Unternehmen mehr Glück haben, und wünschen Ihnen viel Erfolg.

Beste Grüsse

SPONSORENVERTRAG

Sponsoring-Vereinbarung

Zwischen   Maleratelier Pinselstrich
               Xavier Gisler
               Zugerstrasse 17
               3600 Cham
               nachfolgend Sponsor genannt

und   Fussballclub Cham
               Präsident Albert Matter
               Giebelackersteinstrasse 77
               3600 Cham
               nachfolgend Verein genannt

1. Sponsoring

Der Sponsor unterstützt den Verein mit einem jährlichen Beitrag von CHF 3000.— (dreitausend Franken), zuzüglich Mehrwertsteuer.

Der erste Sponsorenbetrag ist innerhalb von 30 Tagen nach Vertragsabschluss zahlbar, in den beiden folgenden Jahren ist der Sponsorenbetrag jeweils Ende der Spielsaison fällig.

2. Leistungen und Pflichten des Vereins

Als Gegenleistung ist der Verein verpflichtet, die Spieler bei sämtlichen Spielen die mit dem Sponsorenlogo bedruckten Trikots und Trainingsanzüge tragen zu lassen. Das Sponsorenlogo wird auf der Vorder- und Rückseite angebracht. Der Sponsor übernimmt die Kosten für den Druck. Auf den Trikots dürfen keine anderen Sponsorenlogos angebracht werden.

Zudem überlässt der Verein dem Sponsor das Recht, bei sämtlichen Hallenturnieren und bei sämtlichen Heimspielen am Spielfeldrand zwei Werbebanner (Masse 200 cm x 80 cm) anzubringen. Der Sponsor stellt dem Verein die Banner zur Verfügung.

Der Verein druckt das Firmenlogo und den Firmennamen des Sponsors und den Hinweis «Unser Sponsor» auf sein Briefpapier, auf Flugblätter, Plakate und Werbebroschüren und bringt den gleichen Hinweis inklusive Link gut sichtbar auf seiner Website an.

Im Weiteren ist der Sponsor berechtigt, den Vereinsnamen sowie Bilder des Vereins im Zusammenhang mit dessen sportlichen Erfolgen für Werbezwecke zu verwenden.

3. Vertragsdauer

Diese Vereinbarung beginnt mit dem Datum der Vertragsunterschrift und wird für drei Jahre abgeschlossen. Im ersten Jahr wird der Sponsoringbeitrag pro rata temporis berechnet.

Eine vorzeitige Auflösung der Vereinbarung ist nur aus wichtigen Gründen möglich, zum Beispiel bei Konkurs oder Liquidierung des Sponsors, bei Auflösung des Vereins oder bei schwerwiegendem Vertrauensmissbrauch eines Vertragspartners.

4. Exklusivität

Der Verein verpflichtet sich, während der Dauer dieser Vereinbarung keine anderen Sponsoringvereinbarungen mit Unternehmen abzuschliessen, die mit dem Sponsor in direkter Konkurrenz stehen.

5. Vertragsänderungen und Ausschluss der Übertragbarkeit

Nebenabreden und Änderungen zu dieser Vereinbarung sind nur schriftlich gültig. Die Übertragung von in diesem Vertrag begründeten Rechten ist ausgeschlossen.

6. Anwendbares Recht und Gerichtsstand

Diese Vereinbarung unterliegt schweizerischem Recht. Der Gerichtsstand ist Cham.

7. Schlussbestimmungen

Sollten Teile dieses Vertrags unwirksam sein, so wird dadurch die Gültigkeit der übrigen Bestimmungen nicht berührt. An die Stelle eventuell unwirksamer Bestimmungen treten sinngemäss die einschlägigen gesetzlichen Bestimmungen. Diese Vereinbarung wird im Doppel ausgefertigt.

Cham, 15. August 2013

Maleratelier Pinselstrich	Fussballclub Cham
Xavier Gisler	Albert Matter

SPENDENAUFRUF

Danke für Ihre Unterstützung

Sehr geehrte Frau Wanner

Pro Viva Luzern ist eine private Anlaufstelle und Fachorganisation für Altersfragen. Wir bieten älteren Menschen ein breites Angebot an Dienstleistungen, Beratungen und Kursen, sodass sie ihr Leben aktiv und selbstbestimmt gestalten können.

Das ganze Angebot finanzieren wir aus dem Ertrag unserer kostenpflichtigen Dienstleistungen, aus Beiträgen der öffentlichen Hand und aus Spenden. Dürfen wir dieses Jahr auch auf Ihre Unterstützung zählen?

Mit Ihrer Spende ermöglichen Sie Pro Viva, eine vielseitige und wertvolle Aufgabe zum Wohl älterer Menschen zu erfüllen. Ratsuchende in schwierigen Lebenssituationen wie auch ihre Angehörigen finden bei uns unbürokratische Hilfe und vielseitige Begegnungsangebote, die den Kontakt fördern und so der Einsamkeit entgegenwirken.

Herzlichen Dank, dass Sie mit Ihrer Unterstützung helfen, die Lebensqualität älterer Menschen in unserem Kanton zu verbessern.

Freundliche Grüsse

AUFRUF AN FRÜHERE SPENDER

Dürfen wir weiterhin mit Ihrer Unterstützung rechnen?

Lieber Herr Eggenberger

Als Passivmitglied sind Sie eine der wichtigsten Stützen für die Arbeit unserer Organisation. Für Ihr bisheriges Engagement danken wir Ihnen ganz herzlich.

Dank Ihrem Mitgliederbeitrag können wir vielen Menschen helfen, die in Not geraten sind oder die sich in ihrem Leben nicht mehr allein und ohne Hilfe zurechtfinden. Damit wir diese so wichtigen Aufgaben weiterhin erfüllen können, sind wir auf Ihre Unterstützung angewiesen.

Wir freuen uns, wenn wir auch im kommenden Jahr mit Ihrem Beitrag rechnen dürfen, und danken Ihnen ganz herzlich dafür.

Freundliche Grüsse

DANK FÜR SPENDE

Herzlichen Dank!

Sehr geehrte Frau Freuler

Wir haben Ihre Spende von 200 Franken erhalten.

Im Namen unserer Fahrgäste, des freiwilligen Fahrerteams und des ehrenamtlichen Vorstands danken wir Ihnen herzlich für die Unterstützung unseres Vereins.

Ihre Spende trägt dazu bei, dass wir Menschen mit einer Behinderung mehr Mobilität und Lebensqualität ermöglichen können. Tag für Tag. Wir freuen uns, dass Sie unser Engagement mit Ihrer Spende unterstützen.

Wir wünschen Ihnen alles Gute.

Freundliche Grüsse

9

Schreiben aus der Personalabteilung

Wenn Sie in Ihrem Unternehmen Angestellte beschäftigen, haben Sie als Arbeitgeber diesen gegenüber eine Reihe von Rechten und Pflichten. Sie müssen Verträge schreiben, Zeugnisse verfassen, auf Bewerbungen Absagen verschicken, Abrechnungen erstellen, dürfen zur Hochzeit oder zur Geburt eines Kindes gratulieren. In diesem Kapitel finden Sie Muster für die häufigsten Korrespondenzen mit Ihren Angestellten – angereichert mit hilfreichen Tipps aus der Beobachter-Praxis.

Personalsuche: Stelleninserate, Antworten auf Bewerbungen

Wenn Sie in Ihrem Betrieb eine Stelle zu besetzen haben, gibt es verschiedene Möglichkeiten, die geeignete Person zu finden: Sie können ein Personalvermittlungsbüro beauftragen, Ihnen eine Auswahl an Kandidatinnen und Kandidaten zu präsentieren. Diese Variante ist effizient und zeitsparend, aber auch teuer. Wenn Sie die Personalsuche selber in die Hand nehmen wollen, werden Sie die frei werdende Stelle vermutlich in einer Fach- oder Tageszeitung ausschreiben und möglicherweise auch auf Ihrer Firmen-Website publizieren.

Wenn Sie Stellen im Internet ausschreiben und elektronische Bewerbungen akzeptieren, empfiehlt es sich, den Bewerbern eine spezielle Maske zum Ausfüllen zur Verfügung zu stellen. Sie sparen sich so viel Arbeit mit dem Herunterladen, Umformatieren und Ausdrucken der zugestellten Unterlagen. Und die Bewerber können einigermassen sicher sein, dass ihre vertraulichen Daten nicht in falsche Hände geraten.

Allerdings bevorzugen auch heute noch viele Unternehmen herkömmliche, also schriftliche Bewerbungen. Eine vollständige Bewerbung umfasst den eigentlichen Bewerbungsbrief, einen chronologischen Lebenslauf und die Kopien der Arbeits- und Ausbildungszeugnisse.

In wirtschaftlich angespannten Zeiten müssen Sie damit rechnen, auf eine ausgeschriebene Stelle haufenweise Bewerbungen zu erhalten. Viele Inhaber von KMU fürchten sich vor dem grossen administrativen Aufwand bei der Bearbeitung und verstecken sich hinter einem Chiffre-Inserat. Doch auch bei Chiffre-Inseraten sind Sie verpflichtet, jedes erhaltene Dossier dem Bewerber zurückzuschicken. Dasselbe gilt für Spontanbewerbungen, die Sie erhalten, ohne eine Stelle ausgeschrieben zu haben.

> *Sie können nicht steuern, wie viele Personen sich auf Ihr Stelleninserat melden. Wenn Sie die frei werdende Stelle und das Anforderungsprofil möglichst genau beschreiben, werden*

sich weniger gänzlich ungeeignete Kandidaten bewerben. Zudem lässt sich die administrative Abwicklung gut vorbereiten und effizient gestalten. Wie, das erfahren Sie auf der nächsten Seite.

Präzise Stelleninserate

Stellen Sie Ihr Unternehmen kurz vor und beschreiben Sie die Stelle möglichst genau. Verzichten Sie auf Fachchinesisch und schwülstige, nichtssagende Floskeln. Sie wollen nicht möglichst viele, sondern möglichst geeignete Bewerbungen erhalten. Folgende Punkte sollten in einem Stelleninserat nicht fehlen:

- Stellenantritt (Datum oder nach Vereinbarung)
- Bezeichnung der ausgeschriebenen Stelle
- Pensum (Voll- oder Teilzeit)
- Aufgabengebiet
- Anforderungsprofil (fachlich, menschlich)
- Arbeitsbedingungen, Arbeitsort
- Erwünschte Form der Bewerbung (schriftlich, mit Foto, online)
- Kontaktperson für Rückfragen

SO NICHT: FLOSKELN AUS STELLENINSERATEN

- Sie unterstützen innerhalb des Gebäudebereichs den reibungslosen Betrieb und erledigen die Ihnen zugewiesenen Arbeiten.
  Welcher Betrieb ist gemeint, um welche Arbeiten geht es?
- Sie verfügen über eine abgeschlossene Lehre mit entsprechender Weiterbildung.
  Weiterbildung worin?
- Sie empfinden es als Herausforderung, die zahlreichen und unterschiedlichen Belange zu erfüllen.
  Welche konkreten Aufgaben soll der Bewerber erfüllen?
- Wir suchen Sie als Allrounderin und Hilfe im Hintergrund.
  Allrounderin in welchem Bereich, Hilfe wozu?
- Sie beherrschen die Klaviatur der Immobilienbuchhaltung.
  Soll der Bewerber Klavier spielen oder die Buchhaltung in Ordnung bringen?

Verwenden Sie im Inserat die weibliche und die männliche Form, um klarzumachen, dass weibliche und männliche Kandidaten gleich behandelt werden. Wenn Sie aus einem bestimmten Grund einem Geschlecht den Vorzug geben, weisen Sie in der Ausschreibung darauf hin: *Bei gleichen Qualifikationen ziehen wir eine weibliche Kandidatin vor.*

> *Geben Sie auch den Entwurf für ein Stelleninserat jemandem zum Gegenlesen. So stellen Sie sicher, dass man sich unter Ihrer Ausschreibung etwas vorstellen kann und wirklich versteht, wonach Sie suchen. Floskeln wie im Kasten auf Seite 227 sind nichtssagend und gehören aus einer Stellenausschreibung verbannt.*

> **MUSTER 127 BIS 130**

Auf Bewerbungen antworten

Das Bewerbungsdossier gehört der Bewerberin, dem Bewerber. Was simpel tönt, ist in der Praxis nicht überall bekannt. Viele Unternehmen verstecken sich hinter Chiffre-Inseraten und schicken die eingereichten Unterlagen nicht zurück, sondern vernichten sie. Für Stellensuchende ein doppelter Frust: Sie haben viel Zeit und auch Geld in ihr Dossier investiert; das Ignorieren der Bewerbung schmerzt und demotiviert.

Auf jede Bewerbung schulden Sie eine Antwort. Wie viel Zeit Sie in eine solche Antwort investieren sollten, hängt davon ab, ob Sie die Bewerbung gewünscht und ob Sie den Kandidaten kennengelernt haben. Wenn ja, sollten Sie begründen, warum Sie einer anderen Kandidatin den Vorzug gegeben haben. Bei der Absage auf eine Spontanbewerbung dürfen Sie Ihren Brief etwas kürzer halten.

Damit Sie der Flut von Bewerbungen gewachsen sind und die Bewerberinnen und Bewerber nicht lange warten müssen, sollten Sie zusammen mit dem Stelleninserat folgende Briefe vorbereiten:
- Generelles Antwortschreiben an alle Kandidaten, dass Sie viele Bewerbungen bekommen haben, die Prüfung der Dossiers ein bis zwei Wochen Zeit beanspruchen werde und Sie deshalb um etwas Geduld bitten
- Absage an Bewerber, die das Anforderungsprofil klar nicht erfüllen

- Informationsschreiben an Kandidaten, die es in die nächste Runde geschafft haben und zu einem Gespräch eingeladen werden
- Absageschreiben für Kandidaten, die sich vorgestellt haben

Schicken Sie jedem Bewerber und jeder Bewerberin unverzüglich das generelle Antwortschreiben. Dann wissen diese, woran sie sind, und Sie sparen sich und Ihren Mitarbeitenden den Aufwand, Rückfragen zu beantworten.

> MUSTER 131 BIS 135

Bewerbungen für Lehrstellen

All das gilt selbstverständlich auch, wenn Sie Bewerbungen von Jugendlichen erhalten, die eine Lehrstelle suchen. Heute ist der Einstieg ins Berufsleben besonders schwierig. Für Jugendliche ist es deshalb wichtig, rasch zu erfahren, ob Ihr Unternehmen überhaupt eine Lehrstelle zu vergeben hat und ob er oder sie in die engere Wahl kommt.

Übrigens: Bei der Anrede minderjähriger Stellenbewerber ist es üblich, sie entweder zu duzen oder sie mit dem Vornamen und «Sie» anzusprechen.

> MUSTER 136 BIS 138

BUCHTIPP

Lernende sind eine besondere Art von Angestellten. Der Beobachter-Ratgeber **«So klappts mit der Lehre. Lehrstellensuche, Rechte am Arbeitsplatz»** zeigt Jugendlichen, wie sie zur richtigen Lehrstelle kommen und was rechtlich während eines Lehrverhältnisses gilt. Eine gute Informationsquelle auch für Lehrmeister.
www.beobachter.ch/buchshop

STELLENINSERAT FÜR LAGERMITARBEITER

Die Alintop AG, ein Schweizer Familienunternehmen am Vierwaldstättersee, sucht einen vielseitigen, belastbaren und teamfähigen Lagermitarbeiter mit Lastwagenprüfung. Wir möchten diese Stelle per sofort besetzen.

Lagermitarbeiter mit Führerausweis Kategorie C (100%)

Ihre Aufgaben

Nach einer sorgfältigen Einarbeitung sind Sie für die korrekte Führung und Pflege unseres Rohstofflagers verantwortlich. Sie stellen Rohstoffe für die Produktion bereit und führen die Lagerbestände am Computer. Tägliche Fahrten mit dem LKW in unser Speditionslager zählen ebenso zu Ihren Aufgaben wie die Mithilfe im Speditionslager. Ferienablösungen der Speditionsleiterin und der Chauffeure runden das Stellenprofil ab.

Sie bringen mit

– eine abgeschlossene Lehre
– den Führerausweis Kategorie C
– die Staplerprüfung
– sehr gute Deutschkenntnisse
– Teamgeist, Flexibilität, Zuverlässigkeit und ein gesundes Mass an Belastbarkeit

Wir bieten

Bei der Alintop AG erwarten Sie abwechslungsreiche und interessante Aufgaben, ein moderner Arbeitsplatz, ein kollegiales Team sowie sehr gute Anstellungsbedingungen.

Haben wir Ihr Interesse geweckt? Dann senden Sie Ihre Bewerbungsunterlagen an:

Alintop AG, Adriano Celio
Industriestrasse 12, 6052 Hergiswil
Tel. 041 333 21 23, acelio@alintop.ch

STELLENINSERAT FÜR PHARMA-ASSISTENTIN

Die fach- und zeitgerechte Versorgung unseres Stadtspitals mit Arzneimitteln ist sehr komplex und stellt eine grosse Herausforderung dar. Zur Bewältigung dieser Aufgabe ist unsere Spitalapotheke nicht nur ein reiner Logistik-, sondern auch ein Herstellungsbetrieb für Arzneimittel.

Infolge Pensionierung der Stelleninhaberin suchen wir per 1. Oktober oder nach Vereinbarung eine/einen

Pharma-Assistenten/-in oder Drogisten/-in (80%-Pensum)

Ihre Hauptaufgaben umfassen:
- Einkauf von Arzneimitteln (Lagerartikel und Spezialbestellungen)
- Eingangskontrolle, Einlagerung und Lagerüberwachung
- Arzneimittelausgabe sowie EDV-unterstützte Lagerbewirtschaftung
- Auskunftserteilung an Ärzte und Pflegedienst
- Mitarbeit in der zentralen Zytostatikaherstellung

Ihr Profil:
- Abgeschlossene Berufsausbildung als Pharma-Assistent/-in oder Drogist/-in
- Gute EDV-Kenntnisse und Interesse an computerunterstützten Systemen
- Hohe Flexibilität, Qualitätsbewusstsein und Teamgeist
- Bereitschaft, Pikettdienst zu leisten

Wir bieten Ihnen:
- eine anspruchsvolle und abwechslungsreiche Tätigkeit
- ein offenes, interessiertes Team
- aktive Teilnahme an Projekten und Weiterentwicklung
- ein attraktives Fortbildungsangebot
- zeitgemässe Anstellungsbedingungen mit 40-Stunden-Woche und überdurchschnittlichen Sozialleistungen

Weitere Auskünfte erteilt Ihnen unser Chefapotheker Dr. Peter May unter Telefonnummer 071 777 33 33. Zusätzliche Informationen über die ausgeschriebene Stelle und über unser Spital finden Sie auf unserer Website www.stadtspital.ch.

Wir freuen uns auf Ihre schriftlichen Bewerbungsunterlagen.

STELLENINSERAT FÜR BEFRISTETE STELLE

Das private Gymnasium Bern ist eine traditionsreiche, nichtstaatliche Schule mit eidgenössisch anerkannter Maturität. Unser Schulhaus liegt an ruhiger, zentraler Lage, nahe dem Bahnhof. Wir führen ein Lang- und ein Kurzzeitgymnasium mit allen Maturitätstypen sowie Vorbereitungsklassen.

Auf den Beginn des nächsten Schuljahrs sind an unserer Schule folgende, auf ein Jahr befristete Pensen zu vergeben:

Französisch	zirka 60 Prozent
Physik	50 bis 100 Prozent
Mathematik	50 Prozent

Unterrichtssprache ist Deutsch und/oder Englisch.

Sie verfügen über ein abgeschlossenes Hochschulstudium, besitzen das Lehrdiplom für Maturitätsschulen oder stehen in der Ausbildung zum höheren Lehramt. Sie haben Unterrichtserfahrung und sind bereit, in allen unseren Abteilungen zu unterrichten.

Wir freuen uns auf Ihre schriftliche Bewerbung bis Freitag, 16. Februar.
Bei Fragen steht Ihnen das Rektorat gerne zur Verfügung.

ONLINE-STELLENINSERAT FÜR EINE AUSHILFE

Asbestsanierer – temporär

Aufgaben	Wir sind ein KMU im Baubereich und suchen für die Sanierung eines grösseren Industriegebäudes **Asbestsanierer**
Voraussetzungen	Handwerker mit Bauerfahrung, Maskentauglichkeit, Bereitschaft, auswärts zu übernachten
Eintrittsdatum	Nach Vereinbarung / sofort
Dauer	Bis auf Weiteres, voraussichtlich 2 Monate
Arbeitsort	Grossraum Bern
Bewerbung	Per E-Mail oder schriftlich an: Bau & Sanierung AG Geerenstrasse 12 3425 Koppigen Tel. 031 312 45 67 info@bauundsanierung.ch

GENERELLES ANTWORTSCHREIBEN AUF BEWERBUNGEN

Sehr geehrte Frau Huser

Für Ihre Bewerbung vom 31. März 2013 danken wir Ihnen. Es freut uns, dass Sie sich dafür interessieren, für unser Unternehmen zu arbeiten.

Wie Sie sich sicher vorstellen können, haben wir viele Bewerbungen erhalten, und jeden Tag treffen noch weitere Dossiers bei uns ein. Aus diesem Grund benötigen wir etwas Zeit, um alle Unterlagen genau zu prüfen.

Sie dürfen bis in etwa zwei Wochen Bescheid von uns erwarten. Sollten Sie in dieser Zeit in die Ferien fahren oder aus anderen Gründen nicht erreichbar sein, wären wir für eine kurze Mitteilung dankbar.

Für Ihre Geduld danken wir Ihnen.

Beste Grüsse

VORBEREITETES ABSAGESCHREIBEN

Bewerbung

Sehr geehrte Frau Huser

Wir kommen zurück auf Ihre Bewerbung vom 31. März 2013.

Wie Sie uns schreiben, können Sie aus familiären Gründen keine Piketteinsätze leisten. Bei der zu besetzenden Stelle ist die Bereitschaft zu solchen Einsätzen jedoch eine wichtige Voraussetzung.

Aus diesem Grund kommen Sie für die ausgeschriebene Stelle leider nicht infrage. Als Beilage erhalten Sie Ihr Dossier zurück.

Da Sie über sehr gute Qualifikationen verfügen, sind wir überzeugt, dass Sie anderweitig eine passende Stelle finden werden. Wir wünschen Ihnen auf der Suche alles Gute und viel Erfolg.

Beste Grüsse

Beilage: Ihr Bewerbungsdossier

EINLADUNG ZUM VORSTELLUNGSGESPRÄCH

Bewerbung

Sehr geehrte Frau Zaugg

Danke für Ihre Bewerbung vom 2. April 2013.

Unterdessen haben wir sämtliche Dossiers genau geprüft. Sie verfügen über alle wichtigen Voraussetzungen für die ausgeschriebene Stelle und würden gut in unser Team passen.

Unser Chefapotheker Dr. Peter May würde Sie gerne bei einem Vorstellungsgespräch näher kennenlernen. Bei diesem Gespräch wird auch der Leiter der Personalabteilung Kurt Henseler anwesend sein. Bitte rufen Sie ihn an, damit er mit Ihnen einen Termin vereinbaren kann. Sie erreichen das Personalbüro unter Telefon 071 777 33 21.

Wir freuen uns auf Ihren Anruf.

Beste Grüsse

ABSAGE NACH VORSTELLUNGSGESPRÄCH

Bewerbung

Sehr geehrte Frau Zaugg

Für das gestrige Vorstellungsgespräch danken wir Ihnen.

Wie wir Ihnen heute telefonisch mitgeteilt haben, ist unsere Wahl auf eine andere Kandidatin gefallen. Für den Entscheid war ausschlaggebend, dass diese zeitlich sehr viel flexibler ist.

Wir bedauern diesen Bescheid, denn Sie hätten sicher gut in unser Team gepasst. Wir sind aber überzeugt, dass Sie mit Ihren ausgezeichneten Qualifikationen und Ihren angenehmen Umgangsformen bald anderweitig eine Ihnen zusagende Stelle finden werden. Dazu wünschen wir Ihnen viel Glück und Erfolg.

Beste Grüsse

Beilage: Bewerbungsdossier

ABSAGE AUF SPONTANBEWERBUNG

Ihre Bewerbung als Controller

Sehr geehrter Herr Nieto

Haben Sie vielen Dank für Ihre Bewerbung und Ihr Interesse an unserem Unternehmen.

Leider verfügen wir zurzeit über keine freie Stelle, die Ihren Berufswünschen und Erfahrungen entspricht. Ihre Bewerbungsunterlagen erhalten Sie deshalb als Beilage zurück.

Wir bedauern, dass wir Ihnen keinen besseren Bescheid geben können, hoffen aber, dass Sie schon bald eine Stelle finden, die Ihren Vorstellungen entspricht. Dazu wünschen wir Ihnen alles Gute, viel Glück und Erfolg.

Beste Grüsse

PS: Unsere freien Stellen publizieren wir im Internet unter www.ub_beratung.ch/stellen.

ABSAGE AUF BEWERBUNG UM LEHRSTELLE

Bewerbung um eine Lehrstelle als Kaufmann

Lieber Stefan

Vielen Dank für Deine ausführliche und ausgezeichnete Bewerbung.

Leider bieten wir auf Deinem Wunschberuf keine Lehrstellen an. Seit etwas mehr als drei Jahren bilden wir nur noch Polymechaniker aus.

Wir bedauern, dass wir Dir keinen besseren Bescheid geben können. Aufgrund Deiner schulischen Leistungen sind wir aber sicher, dass Du gute Chancen hast, eine Lehrstelle zu finden.

Dazu wünschen wir Dir viel Glück und viel Erfolg beim Einstieg ins Berufsleben.

Freundliche Grüsse

PENDENT-HALTEN EINES DOSSIERS

Bewerbung um eine Lehrstelle als Hotelfachfrau

Liebe Tanja

Vielen Dank für Deine ausführliche und ausgezeichnete Bewerbung.

Leider bist Du etwas spät dran: Wir haben sämtliche Lehrstellen für das nächste Jahr bereits vergeben. Wenn Du einverstanden bist, behalten wir Dein Dossier noch bis Sommer pendent für den Fall, dass jemand die Lehre nicht anfangen will.

Wir wünschen Dir bei der weiteren Lehrstellensuche viel Glück und Erfolg.

Beste Grüsse

EINLADUNG EINES LEHRSTELLENBEWERBERS ZUM SCHNUPPERTAG

Bewerbung um eine Lehrstelle als Polymechaniker

Lieber Damir

Vielen Dank für Deine Bewerbung. Ich habe sie mir genau angeschaut und würde Dich gerne am 13. Januar zu einem Schnuppertag in unseren Betrieb einladen.

Bitte melde Dich um 9 Uhr beim Portier. Unser Werkstattchef Gerd Wuffli wird Dich dann durch die verschiedenen Abteilungen führen und Dir zeigen, welche Arbeiten auf einen angehenden Polymechaniker zukommen. Du wirst Gelegenheit haben, einzelne Arbeitsschritte selber auszuprobieren.

Um 16 Uhr erwarte ich Dich zu einem Gespräch hier im Personalbüro. Dazu sind auch Deine Eltern willkommen, damit auch wir uns kennenlernen. Bitte bringe zu diesem Gespräch zwei Deiner Aufgabenhefte aus der Schule mit.

Nach dem Gespräch ist der Schnuppertag beendet. Wir werden Dir dann innerhalb einer Woche den definitiven Bescheid geben können.

Wenn Du Fragen hast, kannst Du mich gerne anrufen.

Ich freue mich, Dich zum Schnuppertag begrüssen zu dürfen.

Beste Grüsse

Arbeitsvertrag, Lohnabrechnung, Qualifikationsformular

Sie haben die Traumbesetzung für Ihre Stelle gefunden. Nun gilt es, das Schriftliche zu erledigen. Das Gesetz schreibt für einen Arbeitsvertrag keine bestimmte Form vor. Der Vertrag mit Ihrer neuen Mitarbeiterin kann also auch mündlich gültig zustande kommen. Das Obligationenrecht sieht allerdings vor, dass der Arbeitgeber die wichtigsten Elemente einer Anstellung schriftlich festhalten muss, wenn das Arbeitsverhältnis für länger als drei Monate eingegangen wurde oder wenn es länger als drei Monate dauert.

Am besten schliessen Sie in jedem Fall einen schriftlichen Arbeitsvertrag ab. Die Vorteile machen den kleinen Aufwand wett. Einzelne Bestimmungen – zum Beispiel vom Gesetz abweichende Regelungen betreffend Überstunden – sind nur gültig, wenn sie in einem schriftlichen Vertrag geregelt wurden.

Arbeitsverträge: klar und vollständig

Ein schriftlicher Arbeitsvertrag ist eine Absicherung für beide Parteien Und eine grosse Chance, Problemen vorzubeugen. Manchmal glaubt man, im Vorstellungsgespräch alles besprochen und geklärt zu haben, und stellt dann erst bei der Vertragsausfertigung fest, dass vielleicht der eine oder andere Punkt doch nicht klar ist. Achten Sie darauf, dass Sie im schriftlichen Arbeitsvertrag folgende Punkte regeln:

- Datum des Stellenantritts
- Funktion und Stellung des Arbeitnehmers
- Probezeit
- Wöchentliche Arbeitszeit
- Überstundenregelung
- Salär mit Zulagen und Abzügen
- Sondervergütungen, zum Beispiel Spesenpauschale

- Ferien
- Lohnfortzahlung bei Krankheit und Unfall
- Berufliche Vorsorge, Verweis auf Reglement der Pensionskasse
- Allfälliges Konkurrenzverbot
- Detailliertes Pflichtenheft

Wichtig ist der letzte Punkt: das detaillierte Pflichtenheft oder die Stellenbeschreibung. Notieren Sie dort möglichst genau, welche Haupt- und welche Nebenaufgaben Ihr Angestellter erfüllen muss. Viele Konflikte liessen sich einfacher lösen, wenn den Arbeitsverträgen saubere, klare Pflichtenhefte zugrunde liegen würden. Zudem erleichtert Ihnen ein Pflichtenheft die Qualifikation Ihrer Mitarbeiterinnen und Mitarbeiter.

> **MUSTER 139 BIS 142**

Möchten Sie eine Ausländerin, einen Ausländer anstellen? Kompliziert wird dies vor allem, wenn Ihr neuer Mitarbeiter nicht aus dem EU-/EFTA-Raum stammt. Erkundigen Sie sich beim kantonalen Migrationsamt, ob die betreffende Person in der Schweiz arbeiten darf und welche Bewilligungen nötig sind. Mehr Informationen finden Sie unter www.beobachter.ch/beratung (→ HelpOnline → Staat → Ausländerrecht).

Lohnabrechnung

Die Auszahlung des Lohnes ist Ende jeden Monats fällig, sofern nicht kürzere Fristen oder andere Termine vereinbart oder üblich sind. Als Arbeitgeber sind Sie verpflichtet, Ihren Angestellten jeweils eine schriftliche Abrechnung abzugeben.

In der Regel werden vom Bruttolohn folgende Sozialversicherungsbeiträge abgezogen:
- AHV/IV/EO: 5,15 Prozent vom gesamten Lohn
- Arbeitslosenversicherung: 1,1 Prozent des AHV-pflichtigen Jahreslohns bis maximal 126 000 Franken (auf Lohnteilen zwischen 126 000 und 315 000 Franken wird zudem ein Solidaritätsprozent erhoben, das je zur Hälfte vom Arbeitnehmer und vom Arbeitgeber zu tragen ist)

- Unfallversicherung: obligatorisch bis zu einem Jahreslohn von 126 000 Franken; die Prämie für Betriebsunfall geht zulasten des Arbeitgebers, diejenige für Nichtbetriebsunfall wird in der Regel dem Arbeitnehmer abgezogen (je nach Beruf 1,4 bis 2 Prozent)
- Krankentaggeldversicherung: freiwillig; die Prämie muss zur Hälfte vom Arbeitgeber übernommen werden.

> MUSTER 143 UND 144

Probezeitbericht

Jeweils nach Ende der Probezeit sollten Sie sich mit Ihren neuen Angestellten zusammensetzen und Bilanz ziehen. Wurden die gegenseitigen Erwartungen erfüllt? Wo gab es Probleme während der Probezeit und wie können sie gelöst werden? Wo besteht Potenzial, das noch nicht ausgeschöpft ist? Halten Sie die Ergebnisse Ihres Gesprächs in einem Probezeitbericht fest. So können Sie die vereinbarten Ziele später überprüfen. Vergessen Sie nicht, Ihrem Angestellten eine Kopie dieses Berichts zu geben.

> MUSTER 145

Mitarbeiter beurteilen: Qualifikationsformulare

Auch nach der Probezeit sollten Sie sich einmal im Jahr Zeit für ein Gespräch mit jeder Mitarbeiterin, jedem Mitarbeiter nehmen. Halten Sie die Beurteilung und die vereinbarten Ziele ebenso fest wie Rückmeldungen und Wünsche Ihrer Angestellten. Verwenden Sie dazu eines der Formulare in diesem Kapitel. Füllen Sie es zusammen mit Ihrem Mitarbeiter aus und geben Sie ihm Zeit und Raum für eigene Bemerkungen. Vergessen Sie nicht, ihm nach dem Gespräch eine Kopie der von beiden Seiten unterzeichneten Qualifikation zu überlassen.

BUCHTIPP
Zwei bewährte Beobachter-Ratgeber befassen sich mit allen Aspekten des Arbeitsrechts: **«Arbeitsrecht. Vom Vertrag bis zur Kündigung»** und **«Flexibel arbeiten: Temporär, Teilzeit, Freelance».** Geschrieben aus der Sicht der Arbeitnehmer, sind sie auch eine umfassende Unterstützung für alle Arbeitgeber, die ihre Angestellten fair und korrekt behandeln wollen.
www.beobachter.ch/buchshop

Was formalistisch und nach viel Aufwand tönt, hilft in der Praxis, Konflikten vorzubeugen. Zudem ist eine solche Beurteilung später eine gute Grundlage für die Ausstellung eines Arbeitszeugnisses.

Bei Qualifikationsformularen stehen Ihnen zwei Varianten zur Verfügung (Sie finden beide auch online, www.beobachter.ch/download → Passwort: 6048).

- Beim einen Formular sind im Gespräch konkrete Fragen zu besprechen und das Resultat ist schriftlich festzuhalten. Dieses Formular eignet sich für anspruchsvollere Berufe oder Tätigkeiten.
- Die zweite Version ist einfacher: Hier qualifizieren Sie die verschiedenen Punkte nach dem Schulnotensystem und ergänzen die Benotung mit Stichworten.

Wichtig: Sie müssen unbedingt dem Mitarbeiter, der Mitarbeiterin Gelegenheit geben, sich auf diesem Formular schriftlich zur Qualifikation zu äussern und Ihr Verhalten als Vorgesetzter zu beurteilen.

> MUSTER 146 UND 147

UNBEFRISTETER ARBEITSVERTRAG

Arbeitsvertrag

Arbeitgeberin	Arbeitnehmer
Unternehmensberatung Helga Renz	Markus Surber
Vordergasse 24	Staufferstrasse 5
3360 Herzogenbuchsee	3360 Herzogenbuchsee

Vertragsverhältnis: Das Arbeitsverhältnis beginnt am 1. Dezember 2013 und ist auf unbestimmte Zeit abgeschlossen. Die ersten drei Monate der Anstellung gelten als Probezeit mit einer Kündigungsfrist von sieben Tagen. Nach Ablauf der Probezeit kann das Arbeitsverhältnis im ersten Dienstjahr mit einer einmonatigen Kündigungsfrist aufgelöst werden. Ab dem zweiten Dienstjahr beträgt die Kündigungsfrist drei Monate, jeweils auf ein Monatsende.

Funktion und Stellung im Betrieb: Markus Surber wird als Controller angestellt und untersteht der Geschäftsführerin Helga Renz. Das beiliegende Pflichtenheft ist Bestandteil dieses Vertrags.

Arbeitszeit: Die wöchentliche Arbeitszeit beträgt 42 Stunden. Die tägliche Arbeitszeit beträgt 8,4 Stunden und wird von Montag bis Freitag zwischen 8.00 Uhr und 17.30 Uhr geleistet. Überstunden sind der Vorgesetzten monatlich zu melden. Sie werden durch Freizeit gleicher Dauer ausgeglichen. In Ausnahmefällen kann eine finanzielle Abgeltung ohne Zuschlag bewilligt werden.

Ferien: Der Arbeitnehmer hat Anspruch auf vier Wochen Ferien im Jahr. Ab dem 50. Altersjahr besteht ein Anspruch auf fünf Wochen Ferien im Jahr.

Salär: Das monatliche Salär beträgt CHF 5400.—. Davon werden die üblichen Sozialversicherungsabzüge vorgenommen. Der Arbeitnehmer hat Anspruch auf einen 13. Monatslohn, im Ein- und Austrittsjahr anteilmässig pro rata temporis. Spesen werden gemäss Reglement entschädigt.

Lohn bei Arbeitsunfähigkeit: Der Arbeitnehmer ist gemäss den gesetzlichen Vorschriften gegen Betriebs- und Nichtbetriebsunfälle versichert. Für Arbeitsunfähigkeit infolge Krankheit besteht eine Krankentaggeldversicherung. Sie deckt den

Lohnausfall vom ersten Krankheitstag an zu 80 Prozent während 720 Tagen. Die Prämie wird je hälftig vom Arbeitnehmer und von der Arbeitgeberin übernommen.

Berufliche Vorsorge: Der Arbeitnehmer wird mit Eintrittsdatum in die Pensionskasse der Unternehmensberatung Helga Renz aufgenommen. Das Reglement der Pensionskasse ist Bestandteil dieses Vertrags.

Das Personalreglement und das Spesenreglement der Unternehmensberatung Helga Renz sind Bestandteil dieses Vertrags. Im Übrigen finden die Bestimmungen des Schweizerischen Obligationenrechts über den Einzelarbeitsvertrag Anwendung (Art. 319 ff. OR).

Herzogenbuchsee, 25. November 2013

Helga Renz   Markus Surber

BEGLEITBRIEF ZU ARBEITSVERTRAG

Die Wemo AG heisst Sie herzlich willkommen!

Sehr geehrte Frau Seiler

Wir freuen uns, Sie als neue Mitarbeiterin begrüssen zu dürfen.

Sie erhalten als Beilage den Arbeitsvertrag im Doppel, die allgemeinen Anstellungsbedingungen und das Anmeldeformular für die Sozialversicherungen. Bitte senden Sie uns den unterschriebenen Vertrag im Doppel sowie das ausgefüllte Formular samt Ihrem AHV-Ausweis so rasch wie möglich zurück. Ein frankiertes, adressiertes Kuvert liegt bei. Wir werden Ihnen Ihr Vertragsexemplar dann umgehend zustellen.

Gerne erwarten wir Sie am 1. Juni um 8.30 Uhr in unserem Hauptsitz. Unser Personalchef Hans Wegmann wird Sie empfangen und Ihnen den Betrieb zeigen. Gegen Mittag erwartet Sie Ihr Team an Ihrem Arbeitsplatz. Rufen Sie an, wenn Sie noch Fragen haben. Herr Wegmann steht Ihnen gerne zur Verfügung.

Wir wünschen Ihnen jetzt schon einen guten Start und viel Erfolg und Freude bei Ihrer künftigen Tätigkeit in unserem Betrieb.

Beste Grüsse

BEFRISTETER ARBEITSVERTRAG FÜR BESCHÄFTIGTE IM STUNDENLOHN

Arbeitsvertrag

Arbeitgeber	Bau und Treuhand AG
	Waldstrasse 6, 8123 Ebmatingen
Arbeitnehmerin	Nora Koller, Gartenweg 10, 8127 Forch

Vertragsverhältnis: Das Arbeitsverhältnis beginnt am 1. Februar 2013 und endet am 31. August 2013. Der erste Monat der Anstellung gilt als Probezeit. Während der Probezeit gilt eine Kündigungsfrist von sieben Tagen. Nach Ablauf der Probezeit kann das Arbeitsverhältnis mit einer einmonatigen Kündigungsfrist jeweils auf ein Monatsende aufgelöst werden.

Funktion und Stellung im Betrieb: Nora Koller wird als Springer-Controllerin angestellt und untersteht direkt dem Geschäftsführer Heinz Brehm. Das beiliegende Pflichtenheft ist Bestandteil dieses Vertrags.

Arbeitszeit: Die Arbeitszeit dauert in der Regel montags, mittwochs und freitags von 8.30 Uhr bis 12.30 Uhr. Die wöchentliche Mindestarbeitszeit beträgt 12 Stunden. Die Arbeitnehmerin ist verpflichtet, bei Bedarf Überstunden zu leisten. Diese werden finanziell und ohne Zuschlag abgegolten.

Salär: Die Arbeitnehmerin wird im Stundenlohn entschädigt. Die Entschädigung beträgt CHF 35.— pro Stunde. Davon werden die üblichen Sozialversicherungsbeiträge abgezogen. Die Arbeitnehmerin hat Anspruch auf einen 13. Monatslohn, anteilmässig pro rata temporis. Spesen werden gemäss Reglement entschädigt.

Ferienlohn: Die Arbeitnehmerin hat Anspruch auf einen Lohnzuschlag von 8,33 Prozent für Ferien (entspricht vier Wochen Ferien pro Jahr).

Lohn bei Arbeitsunfähigkeit: Die Arbeitnehmerin ist gemäss den gesetzlichen Vorschriften gegen Betriebs- und Nichtbetriebsunfälle versichert. Für Arbeitsunfähigkeit infolge Krankheit besteht eine Krankentaggeldversicherung. Sie deckt den Lohnausfall vom ersten Krankheitstag an zu 80 Prozent während maximal 720 Tagen. Die Prämie wird je hälftig von der Arbeitnehmerin und vom Arbeitgeber übernommen.

Bestandteil dieses Vertrags ist das Personalreglement und das Spesenreglement der Bau und Treuhand AG. Im Übrigen finden die Bestimmungen des Schweizerischen Obligationenrechts über den Einzelarbeitsvertrag Anwendung (Art. 319 ff. OR).

Ebmatingen, 22. Januar 2013	Forch, 24. Januar 2013
Bau und Treuhand AG, Heinz Brehm	Nora Koller

STELLENBESCHREIBUNG

Stellenbeschreibung Sachbearbeiterin Vertrieb

Funktion, Stelleninhaberin

Stellenbezeichnung	Sachbearbeiterin Vertrieb
Stelleninhaberin	Pamela Handschin
Arbeitspensum	100%

Position innerhalb der Organisation

Vorgesetzte	Leiterin Vertrieb
Stellvertretung durch	Junior Product Managerin Zubehör
Vertritt	Junior Product Managerin Zubehör

Ziele dieser Funktion

- Stellt die Kundenbetreuung, den Bestellablauf und Vertrieb an die Kunden der Foto&Zubehör GmbH sicher
- Betreut das Bestellsystem AS 400, den Online-Shop und das Artikelverzeichnis mit Neueinträgen, regelmässiger Überprüfung und Aktualisierung der Einträge

Aufgaben und Verantwortlichkeit

- Entgegennehmen und Verarbeiten von Bestellungen und Kundenreklamationen, Kundenberatung am Telefon, Betreuung des Rechnungs- und Mahnwesens
- Selbständiges Erledigen von Kunden- und Vertriebskorrespondenz, Erstellen von Verkaufsstatistiken und Erledigen anfallender Korrespondenz
- Selbständige Datenpflege im Bestellsystem AS 400 mit Neuaufnahmen und Aktualisierungen
- Betreuung des Online-Shops mit selbständigem Erfassen und Aktualisieren der Eingaben sowie Überprüfen und Aktualisieren der Daten in weiteren Verzeichnissen und Online-Datenbanken
- Mithilfe bei Marketingprojekten sowie bei der PR- und Medienarbeit
- Permanentes Aktualisieren des eigenen Fachwissens

Kompetenzen

Finanziell	Ausgabenkompetenz bis CHF 500.—
Personell	keine

Fachliche Weisungsbefugnis im Rahmen ihrer Aufgabe

LOHNABRECHNUNG

Mitarbeiter Nr. 12435
Abteilung: Produktion

Lohnabrechnung per 31. Juli 2013
Lohnart Monatslohn

Monatslohn	CHF 5400.—
Spesen gemäss Abrechnung	CHF 120.—
Bruttolohn	CHF 5520.—
AHV-Beitrag 5,15%	CHF 278.10
ALV-Beitrag 1,1%	CHF 59.40
NBU-Beitrag	CHF 109.30
PK-Beitrag AN	CHF 490.20
Nettolohn	**CHF 4583.—**

Auszahlung auf Bankkonto Nr. 44566.34/3 bei der Raiffeisenbank Viesch

LOHNABRECHNUNG BEI STUNDENLOHN

Mitarbeiter Nr. 12436
Abteilung Produktion

Lohnabrechnung per 31. Juli 2013
Lohnart Stundenlohn

32 Stunden à CHF 29.—	CHF 928.—
Ferienzuschlag 8,33% (Basis 4 Wochen)	CHF 77.30
Bruttolohn	CHF 1005.30
AHV-Beitrag 5,15%	CHF 51.75
ALV-Beitrag 1,1%	CHF 11.05
NBU-Beitrag	CHF 65.—
Nettolohn	**CHF 877.50**

Auszahlung auf Bankkonto Nr. 7856234.P bei der Kantonalbank Uri

PROBEZEITBERICHT

Probezeitbericht

Name der Mitarbeiterin / des Mitarbeiters
Funktion
Abteilung
Vorgesetzte / Vorgesetzter
In heutiger Funktion seit
In Firma seit

1. Einarbeitung

1.1 Verständnis für die neue Aufgabe / Materie

☐ Sehr gut; verfügt vollumfänglich über die geforderte Kompetenz im Fachbereich
☐ Gut; verfügt über ein zurzeit noch durchschnittliches Verständnis für die neue Materie
☐ Verbesserungswürdig; ergänzende Ausbildungsmassnahmen sind dringend erforderlich

Lernziele / Bemerkungen:

1.2 Integration im Team

☐ Sehr gut; kooperativ, stets hilfsbereit und freundlich
☐ Gut; ist meist hilfsbereit und kooperativ, korrektes Verhalten
☐ Verbesserungswürdig; arbeitet immer nur für sich, Zusammenarbeit ist schwierig, kein Geschick im menschlichen Umgang

Massnahmen / Bemerkungen:

1.3 Zusammenarbeit mit dem / der direkten Vorgesetzten

☐ Sehr gut; effiziente Unterstützung und soziale Kompetenz, initiativ und belastbar
☐ Gut; korrekte Zusammenarbeit, durchschnittliche Initiative und Belastbarkeit, noch eher abwartendes Verhalten in fachlicher und sozialer Hinsicht

☐ Verbesserungswürdig; unsicher, lässt sich in der Arbeit treiben, arbeitet nach Routine und Schema, negative Grundeinstellung gegenüber Veränderungen

Massnahmen/Bemerkungen: _____

_____

1.4 Einsatz
☐ Sehr gut; sorgfältige, produktive Durchführung der Arbeit, wenig Fehler, entscheidungsfreudig
☐ Gut; Qualität und Produktivität der Arbeit können noch gesteigert werden, Fehlerquote für die Anfangsphase tolerierbar
☐ Verbesserungswürdig; unsorgfältige Arbeitsweise, braucht überdurchschnittlich viel Zeit für die Ausführung, viele Fehler

Massnahmen / Bemerkungen: _____

_____

1.5 Wirkung gegenüber Dritten (Kunden, Lieferanten, Mitarbeitenden anderer Abteilungen)
☐ Sehr gut; zeigt gutes Einfühlungsvermögen in Bezug auf Kundenbeziehungen und Probleme, fördert das Vertrauen in die Firma / das Produkt und das Image der Firma / des Produkts
☐ Gut; wirkt manchmal noch etwas unbeholfen und unsicher
☐ Verbesserungswürdig; wenig Geschick im Umgang mit anderen, unzuverlässig, hält sich nicht an die vorgegebenen Regeln und Weisungen

Massnahmen / Bemerkungen: _____

_____

2. Vorläufige Gesamtqualifikation
☐ Wesentlich über den Anforderungen
☐ Entspricht voll den Anforderungen
☐ Entspricht knapp den Anforderungen
☐ Unbefriedigend

Bemerkungen: _____

_____

3. Glaubwürdigkeit

Wie beurteilen Sie den Neueingetretenen / die Neueingetretene im Vergleich zu Ihrem Eindruck bei der Anstellung?

☐ Guter Eindruck, hat sich vollumfänglich bestätigt
☐ Eventuelle Vorbehalte waren berechtigt
☐ Der Mitarbeiter / die Mitarbeiterin wirkt heute völlig anders, nämlich:

Bemerkungen:

4. Definitive Anstellung

Befürworten Sie eine Weiterbeschäftigung?

☐ Ja
☐ Nein

Bemerkungen:

Weitere Bemerkungen

Datum

Unterschrift des Vorgesetzten /
der Vorgesetzten

Unterschrift des Mitarbeiters /
der Mitarbeiterin

QUALIFIKATIONSFORMULAR MIT EIGENEN FORMULIERUNGEN

Jahresgespräch und Zielvereinbarung

Abteilung
Periode
Vorgesetzte, Vorgesetzter
Mitarbeiterin, Mitarbeiter
Datum

1. Erreichung der Ziele
[Wurden die vereinbarten Jahresziele erreicht? Welche Ziele wurden nicht erreicht und weshalb nicht? Wie wurden die Jahresziele erfüllt? Wie werden der Einsatz und die Effizienz der Mittel beurteilt?]

_____
_____
_____

2. Aufgabenerfüllung, Fachkompetenz
[Welches sind die wichtigsten Aufgaben der Mitarbeiterin, des Mitarbeiters gemäss Stellenbeschreibung und wie wurden sie erfüllt? Wie ist das Fachwissen, das Generalwissen? Wie werden für die Aufgabenerfüllung weitere notwendige Kompetenzen beurteilt, zum Beispiel Sprachkenntnisse, Kunden- und Marktorientierung, spezielle Fähigkeiten, Bereitschaft zur Weiterbildung, Leistungsfähigkeit, Effizienz, Einsatz, Initiative und Selbständigkeit?]

_____
_____
_____

3. Zusammenarbeit
[Wie ist das Verhalten gegenüber Vorgesetzten und im Team? Wie ist das Verhalten gegenüber anderen Stellen im Unternehmen? Wie ist die Kommunikationsfähigkeit zu beurteilen, wie die Konfliktfähigkeit? Weitere Kriterien: Offenheit, Selbständigkeit, Vertrauenswürdigkeit, Loyalität, Belastbarkeit und Flexibilität.]

_____
_____
_____

4. Zielvereinbarung

[Welche Ziele sollen erreicht werden? Welches sind die Massnahmen und Termine für die Zielerreichung (eventuell Teilziele formulieren)? Welche Art von Unterstützung braucht die Mitarbeiterin, der Mitarbeiter, um diese Ziele zu erreichen? Welches sind die Erwartungen an die Vorgesetzte, den Vorgesetzten?]

_____
_____
_____

5. Gesprächsergebnisse, Vereinbarungen

[Welche Aus- oder Weiterbildungen werden geplant, welche Aufgabenerweiterungen, Unterstützung durch die Vorgesetzte, den Vorgesetzten? Besteht Potenzial oder Interesse für die Übernahme einer Führungsaufgabe oder weitergehender Fachaufgaben?]

_____
_____
_____

6. Stellungnahme

[Kommentar der Mitarbeiterin, des Mitarbeiters zum Gespräch und zur Beurteilung, Wünsche.]

_____
_____
_____

Datum _____

Unterschrift des Vorgesetzten,   Unterschrift des Mitarbeiters,
der Vorgesetzten   der Mitarbeiterin

QUALIFIKATIONSFORMULAR ZUM ANKREUZEN

Mitarbeiterqualifikation

Abteilung _____
Periode _____
Vorgesetzte / Vorgesetzter _____
Mitarbeiterin / Mitarbeiter _____
Aufgabe und Funktion _____
Datum _____

1. Arbeitsqualität **Bemerkungen / Begründung**
☐ sehr gut
☐ gut
☐ genügend
☐ ungenügend
☐ schwach
☐ sehr schwach

2. Arbeitstempo **Bemerkungen / Begründung**
☐ sehr gut
☐ gut
☐ genügend
☐ ungenügend
☐ schwach
☐ sehr schwach

3. Fachwissen **Bemerkungen / Begründung**
☐ sehr gut
☐ gut
☐ genügend
☐ ungenügend
☐ schwach
☐ sehr schwach

4. Belastbarkeit / Flexibilität   **Bemerkungen / Begründung**
- ☐ sehr gut
- ☐ gut
- ☐ genügend
- ☐ ungenügend
- ☐ schwach
- ☐ sehr schwach

5. Verhalten gegenüber Vorgesetzten   **Bemerkungen / Begründung**
- ☐ sehr gut
- ☐ gut
- ☐ genügend
- ☐ ungenügend
- ☐ schwach
- ☐ sehr schwach

6. Verhalten gegenüber Mitarbeitenden   **Bemerkungen / Begründung**
- ☐ sehr gut
- ☐ gut
- ☐ genügend
- ☐ ungenügend
- ☐ schwach
- ☐ sehr schwach

7. Verhalten gegenüber Kunden   **Bemerkungen / Begründung**
- ☐ sehr gut
- ☐ gut
- ☐ genügend
- ☐ ungenügend
- ☐ schwach
- ☐ sehr schwach

8. **Einsatzwille und**
   Leistungsbereitschaft   Bemerkungen / Begründung
   ☐ sehr gut   _____
   ☐ gut   _____
   ☐ genügend   _____
   ☐ ungenügend   _____
   ☐ schwach   _____
   ☐ sehr schwach   _____

9. **Gesamtbeurteilung**   Bemerkungen / Begründung
   ☐ sehr gut   _____
   ☐ gut   _____
   ☐ genügend   _____
   ☐ ungenügend   _____
   ☐ schwach   _____
   ☐ sehr schwach   _____

10. **Massnahmen und Ziele**

    _____
    _____
    _____
    _____

11. **Rückmeldung, Wünsche an die Vorgesetzte / den Vorgesetzen, Bemerkungen**

    _____
    _____
    _____
    _____

Datum _____

Unterschrift des Vorgesetzten,   Unterschrift des Mitarbeiters,
der Vorgesetzten   der Mitarbeiterin

Briefe an Mitarbeitende

Wenn Sie mit Ihren Angestellten schriftlich kommunizieren, hat dies häufig einen sehr ernsten, wichtigen, manchmal aber auch einen schönen oder einen traurigen Anlass. Normalerweise verwenden Sie Ihren Computer für solche Mitteilungen. Wenn Sie einem Mitarbeiter, einer Mitarbeiterin Ihre besondere Wertschätzung ausdrücken möchten, dürfen Sie gerne auch mal zu Papier und Stift greifen.

Gratulieren und kondolieren

Beginnen wir mit den handgeschriebenen oder jedenfalls weniger förmlichen Mitteilungen: Wenn Sie einem Mitarbeiter zur Hochzeit oder zur Geburt eines Kindes gratulieren oder wenn Sie ihm Ihr Beileid zum Verlust eines Angehörigen aussprechen möchten, stehen Ihnen verschiedene Möglichkeiten offen.

Besonders sympathisch und beliebt sind vom ganzen Team unterschriebene Karten, zusammen mit einem Geschenk. In manchen Unternehmen erhält der Angestellte gleichzeitig einen Brief von der Geschäftsleitung. Dieses formelle Vorgehen soll ihm signalisieren, dass sich auch die Firmenleitung freut oder Anteil nimmt. Das ist eine gute Entscheidung. Aber Achtung: Der Personalchef oder die Mitglieder der Geschäftsleitung stehen häufig nicht in einer besonders engen Beziehung mit den Mitarbeitenden. Dieser Brief darf also förmlich sein, vielleicht sogar etwas kühl. Auf keinen Fall sollte ein solches Schreiben zu enthusiastisch oder zu gefühlsbetont formuliert sein. Das wäre für den Empfänger irritierend.

> **MUSTER 148 BIS 153**

Gesuche bewilligen

Wenn Sie Ihrer Marketingleiterin eine Weiterbildung ermöglichen und sich vielleicht finanziell daran beteiligen, wenn Sie Ihrem Sachbearbeiter einen unbezahlten Urlaub oder eine andere Sonderleistung bewilligen, dann sollten Sie diese Vereinbarungen unbedingt schriftlich festhalten. Das kostet Sie wenige Minuten und bringt Ihnen und Ihren Mitarbeitenden Sicherheit, falls später Konflikte oder Unklarheiten entstehen.

Vergessen Sie nicht, Ihre Angestellten auf die sozialversicherungsrechtlichen Konsequenzen hinzuweisen. Fragen Sie bei der Pensionskasse, der Krankentaggeldversicherung und der Unfallversicherung nach – in der Regel stellen diese Institutionen Merkblätter zur Verfügung, die Sie herunterladen und Ihrem Mitarbeiter mitgeben können.

> **MUSTER 154 BIS 156**

Bitten Sie Ihre Angestellten, Sonderwünsche wie zum Beispiel einen unbezahlten Urlaub schriftlich zu formulieren und allfällige Belege (Zulassung der Schule, Ausbildungsplan) beizulegen. Diese Unterlagen helfen Ihnen, bei der Klärung offener Fragen und beim Aufsetzen einer Vereinbarung.

GRATULATION ZUR GEBURT EINES KINDES

Herzliche Gratulation!

Liebe Frau Christen

Zur Geburt Ihrer Tochter Céline gratulieren wir Ihnen und Ihrem Lebenspartner von ganzem Herzen.

Wie Sie uns geschrieben haben, sind Sie und Ihre Tochter wohlauf – das freut uns.

Wir wünschen Ihrer Céline einen guten Start in ein glückliches Leben und Ihnen und Ihrer Familie alles Gute.

Beste Grüsse

GRATULATION ZUR HOCHZEIT

Herzliche Gratulation!

Liebe Frau Lienhard

Haben Sie vielen Dank für Ihre Mitteilung, dass Sie und Ihr Lebenspartner am kommenden Freitag heiraten werden.

Wir wünschen Ihnen und Ihrem zukünftigen Ehemann für den neuen Lebensabschnitt von Herzen alles Gute und einen unvergesslichen, hoffentlich sonnigen Hochzeitstag!

Festliche Güsse

GRATULATION ZU 20 DIENSTJAHREN

Lieber Herr Fuchs

Heute vor 20 Jahren sind Sie als junger Sachbearbeiter in die Logicaltec AG eingetreten. Seither haben Sie sich in verschiedenen Positionen bewährt und heute sind Sie unser allseits geschätzter Leiter Innendienst.

Zu Ihrem Jubiläum in der Logicaltec gratulieren wir Ihnen ganz herzlich. Wir danken Ihnen für die 20 Jahre gute Zusammenarbeit und freuen uns, dass wir weiterhin auf Ihr Engagement zählen dürfen.

Ganz herzlich
Ihr

GRATULATION ZUR BESTANDENEN LEHRABSCHLUSSPRÜFUNG

Liebe Manuela

Zur bestandenen Lehrabschlussprüfung gratulieren wir Ihnen im Namen des ganzen Teams recht herzlich. Respekt: Ihre Noten sind wirklich gut!

Auch wir haben Sie in den vier Jahren als engagierte, vife und sehr hilfsbereite Mitarbeiterin kennengelernt. Wir freuen uns, dass Sie im Rahmen eines befristeten Einsatzes noch drei Monate für uns tätig sein werden.

Für Ihre weitere berufliche Laufbahn wünschen wir Ihnen schon heute alles Gute und viel Erfolg.

Ihre

BRIEF AN SCHWER ERKRANKTE MITARBEITERIN

Liebe Frau Zimmermann

Die Nachricht über Ihre schwere Erkrankung hat im ganzen Unternehmen Bestürzung ausgelöst.

Im Namen all Ihrer Kolleginnen und Kollegen wünsche ich Ihnen von Herzen viel Kraft und Zuversicht für die anstehenden Behandlungen.

Wir denken an Sie und hoffen ganz fest, dass Sie rasch und vor allem wieder vollständig gesund werden. Bitte lassen Sie uns wissen, wenn es etwas gibt, was wir für Sie tun können.

Herzliche Grüsse

KONDOLENZSCHREIBEN

Lieber Herr Masiello

Von Frau Dreher haben wir vernommen, dass Ihr Vater ganz unerwartet verstorben ist.

Zu diesem schweren Verlust sprechen wir Ihnen und Ihren Angehörigen unsere aufrichtige Teilnahme aus. Wir wünschen Ihnen und Ihrer Familie viel Trost und Beistand in dieser schweren Zeit des Abschieds.

Mit stillem Gruss

VEREINBARUNG ÜBER WEITERBILDUNG

Nachdiplomstudium an der HSG St. Gallen

Sehr geehrter Herr Neukomm

Wir haben Ihr Gesuch zuhanden unserer Geschäftsleitung geprüft und bieten Ihnen folgende Vereinbarung an:

Sie arbeiten während Ihres Nachdiplomstudiums ab dem 1. September während vier Semestern neu mit einem Pensum von 80 statt 100 Prozent. Ihre Arbeitszeiten sind Montag bis Donnerstag. Der Freitag ist künftig Ihr freier Tag.

An den Ausbildungskosten beteiligen wir uns im Umfang von CHF 10 000.—. Diesen Betrag werden wir Ihnen in vier Tranchen, jeweils am Ende eines Semesters, überweisen (erstmals Ende Februar).

Sie verpflichten sich, Ihren Arbeitsvertrag bis ein Jahr nach Abschluss Ihrer Ausbildung nicht zu kündigen. Sollten Sie das Arbeitsverhältnis trotzdem vor Ablauf dieser Frist auflösen, würde die Rückzahlung unserer Kostenbeteiligung fällig. Im Weiteren gelten sämtliche im Arbeitsvertrag vom 13. Mai 2010 getroffenen Vereinbarungen.

Bitte senden Sie uns das unterzeichnete Briefdoppel zum Zeichen Ihres Einverständnisses zurück.

Wir wünschen Ihnen für Ihre Weiterbildung viel Energie und Erfolg und freuen uns auf die weitere Zusammenarbeit.

Freundliche Grüsse

VEREINBARUNG ÜBER MUTTERSCHAFTSURLAUB

Mutterschaftsurlaub

Liebe Frau Rauber

Ihre Vorgesetzte meldet uns, dass Sie voraussichtlich im Juni Ihren Mutterschaftsurlaub antreten werden.

Als Beilage erhalten Sie das Formular «Anmeldung für die Mutterschaftsentschädigung». Wir bitten Sie, die Punkte 1 bis 4 unter A auszufüllen, das Formular auf der letzten Seite zu unterzeichnen und es uns nach der Geburt Ihres Kindes mit den erwähnten Unterlagen zurückzuschicken.

Wie vereinbart, werden Sie im Anschluss an Ihren Mutterschaftsurlaub einen unbezahlten Urlaub beziehen. Dazu erhalten Sie als Beilage unser Merkblatt «Unbezahlter Urlaub» sowie das Formular über die Abredeversicherung. Wir bitten Sie, uns anzugeben, ob Sie während des unbezahlten Urlaubs in der Pensionskasse nur die Risikoversicherung weiterführen oder ob Sie auch die Sparprämien leisten wollen. Bitte beachten Sie, dass Sie dabei die Arbeitnehmer- und die Arbeitgeberbeiträge übernehmen müssen.

Für weitere Informationen oder bei Fragen stehen wir gerne zur Verfügung.

Für die bevorstehende Geburt wünschen wir Ihnen alles Gute.

Freundliche Grüsse

VEREINBARUNG ÜBER EINEN UNBEZAHLTEN URLAUB

Vereinbarung über unbezahlten Urlaub

Sehr geehrter Herr Hodel

Wir kommen zurück auf die Besprechung mit Ihnen und unserer Personalabteilung und bestätigen Ihnen die getroffene Vereinbarung:

1. Sie beziehen vom 1. Juli bis 30. September 2013 einen unbezahlten Urlaub.

2. Wir sichern Ihnen zu, dass Sie nach Ihrem Urlaub wieder zu den bisherigen Bedingungen an Ihren Arbeitsplatz zurückkehren können.

3. Durch den unbezahlten Urlaub wird Ihr Ferienanspruch für dieses Jahr um $3/12$ gekürzt (entspricht $6 1/2$ Tagen). Ihr Restsaldo beträgt $18 1/2$ Tage.

4. Über die sozialversicherungsrechtlichen Konsequenzen informiert Sie das beiliegende Merkblatt. Bitte vergessen Sie nicht, für die Zeit Ihres Urlaubs in die Unfall-Abredeversicherung überzutreten, und teilen Sie unserer Personalabteilung mit, ob Sie bei der Pensionskasse lediglich die Risikoversicherung weiterführen oder ob Sie auch die Prämien für die Sparversicherung einzahlen möchten.

Bitte senden Sie zum Zeichen Ihres Einverständnisses das unterschriebene Doppel dieser Vereinbarung an unsere Personalabteilung.

Freundliche Grüsse

Mit dieser Vereinbarung einverstanden:

Ort, Datum   Unterschrift

Interne Mitteilungen

Mit internen Mitteilungen informieren Sie Ihre Angestellten über den Eintritt eines neuen Kollegen, einen neuen Ablauf bei der Arbeit, ein neues Projekt, über Arbeitszeiten während der Festtage und über Stundengutschriften bei Feiertagen. Mit internen Mitteilungen informieren Sie auch über den Geschäftsgang, über anstehende Veränderungen, vielleicht sogar über die Einführung von Kurzarbeit oder die Schliessung einer Abteilung.

Für solche Mitteilungen können Sie Ihr gewöhnliches Briefpapier oder ein spezielles Formular verwenden. Wenn Sie das Briefpapier vorziehen, sollten Sie aber im Titel unbedingt klarmachen, dass es sich um eine interne Mitteilung handelt.

Halten Sie sich beim Verfassen an die gleichen Regeln, wie wenn Sie für Ihre Kunden schreiben würden. Achten Sie auf einen klaren Aufbau, auf eine direkte, angenehme Sprache und eine saubere Darstellung. In vielen Betrieben werden Mitarbeitende mit *Ihr/Euch* angesprochen. Das wirkt ausgesprochen unhöflich.

Wenn – wie in den meisten Fällen – im Unternehmen nicht alle Beschäftigten inklusive die Chefetage miteinander per Du sind, schreiben Sie den ganzen Brief in der Sie-Form. Das ist korrekt. Nur wenn sich wirklich alle duzen, dürfen Sie die Ihr/Euch-Form benützen.

Verzichten Sie auf die Anrede *Liebe KollegInnen* oder *Liebe Kolleg/-innen* und schreiben Sie stattdessen: *Liebe Kolleginnen, liebe Kollegen.* So viel Zeit und Platz muss sein. Man darf übrigens auch Vorgesetzte und Mitglieder der Geschäftsleitung, mit denen man sich nicht duzt, so ansprechen. Was dagegen nicht geht, sind Anreden wie *Hallo zusammen, Hoi zäme* und Ähnliches.

Selbstverständlich steht es Ihnen frei, interne Mitteilungen per E-Mail zu versenden. Beachten Sie aber auch in diesem Fall alle obigen Regeln.

Nichts gegen einen lockeren Spruch. Aber nur dort, wo er geschätzt wird, und vor allem nur mündlich. In geschriebenen Texten haben gekünstelter Witz oder Schenkelklopferhumor nichts verloren. Auch in internen Schreiben nicht. Ihre Kolleginnen und Kollegen verdienen die gleiche Sorgfalt und Wertschätzung wie Ihre Kunden.

> MUSTER 157 BIS 161

Bei schwierigen und schwerwiegenden Botschaften sollten Sie wenn immer möglich Ihre Belegschaft zuerst mündlich vorinformieren und den Angestellten Gelegenheit geben, Fragen zu stellen. So vermeiden Sie Verunsicherung und Gerüchte. Anschliessend an die mündliche Mitarbeiterinformation geben Sie Ihre zusammengefassten Informationen noch schriftlich ab. Das ist auch der richtige Zeitpunkt, um allenfalls die Medien zu informieren (mehr dazu auf Seite 208). Vermeiden Sie um jeden Preis, dass Ihre Mitarbeiter Firmeninterna zuerst in der Zeitung lesen, und vermeiden Sie, dass die Medien Firmeninterna von Ihren Mitarbeitenden statt von Ihnen selber erfahren. Sonst droht Ihnen ein Imageschaden, der nur schwer wiedergutzumachen ist.

Wichtig: Wegen des Persönlichkeitsschutzes dürfen Sie Ihre Angestellten nur in sehr engen Grenzen über Abgänge in der Belegschaft informieren. Teilen Sie mit, dass eine Mitarbeiterin den Betrieb auf einen bestimmten Termin hin verlässt und dass Sie ihr alles Gute wünschen. Auch bei Krankheit und Unfall muss der Hinweis genügen, dass und voraussichtlich wie lange ein Mitarbeiter arbeitsunfähig ist.

> MUSTER 162 UND 163

BUCHTIPP

Wenn Sie negative Botschaften vermitteln müssen, ist die geschickte Gesprächsführung besonders wichtig. Aber auch in jedem anderen Gespräch – egal ob mit Mitarbeitenden, Presseleuten oder Geschäftspartnern – kommt es darauf an, dass Sie den richtigen Ton finden. Wie Sie das tun können, erfahren Sie im Handbuch «So meistern Sie jedes Gespräch. Mutig und souverän argumentieren – im Beruf und privat».

www.beobachter.ch/buchshop

INTERNE INFORMATION PER MAIL

An: Alle Mitarbeiterinnen und Mitarbeiter
Von: Joe Brenner, Informatik
Gesendet: 12. April 2013
Betrifft: Neue Dateiverwaltung

Liebe Kolleginnen
Liebe Kollegen

Endlich ist es so weit: Die lang ersehnte Dateiverwaltung ist online verfügbar.

Eine Kurzanleitung für das Log-in und die Handhabung des Tools finden Sie im PDF im Anhang. Ein ausführlicheres Handbuch erhalten Sie in diesen Tagen mit der internen Post.

Für Fragen und bei technischen Unklarheiten steht Ihnen unser Team gerne zur Verfügung.

Wir wünschen Ihnen viel Spass beim Erkunden des neuen Programms.

Beste Grüsse

Joe Brenner
Abteilung Informatik
Tel. 052 678 21 21
joe.brenner@logicom.ch

INTERNE MITTEILUNG ZUR KLÄRUNG VON ABLÄUFEN

Interne Mitteilung

Verteiler Dozierende Handelsschulen
Von Milena Kündig
Ort, Datum Zürich, 16. Juli 2013
Betrifft Klärung bestehender Abläufe

Liebe Dozentinnen
Liebe Dozenten

In Gesprächen mit Ihnen habe ich festgestellt, dass einzelne Punkte unterschiedlich gehandhabt werden. Damit wir nicht unnötige Energie in die Klärung investieren, fasse ich die geltenden Abläufe kurz zusammen:

— **Stundenplanung:** Sie werden von den Sachbearbeiterinnen des Schulsekretariats jeweils im März angefragt, in welchem Rahmen Sie unterrichten möchten und ob Sie ausserhalb der Schulferien Abwesenheiten planen. Bitte beachten Sie, dass wir nur zu diesem Zeitpunkt versuchen können, auf Ihre Wünsche einzugehen. Bei längeren Abwesenheiten müssen wir uns vorbehalten, das Pensum einer anderen Lehrperson zu übertragen. Stellvertretungen kommen nur bei Krankheit und Unfall zum Einsatz. Sollten Sie aus einem dieser Gründe nicht unterrichten können, bitten wir Sie, das Schulsekretariat so rasch wie möglich zu informieren. Die Teilnehmenden werden dann vom Schulsekretariat informiert.

— **Dispensationen und Absenzen:** Die Teilnehmenden müssen zuerst einen schriftlichen Antrag auf Dispensation stellen und bei der Schulleitung einreichen. In diesem Fall werden Sie informiert und aufgefordert, mit der Teilnehmerin oder dem Teilnehmer einen Ersatztermin für das Ablegen der Prüfung zu vereinbaren.

Bei Fragen stehen Ihnen die Kolleginnen vom Schulsekretariat und ich gerne zur Verfügung. Auch für Ihr Feedback zum Schulbetrieb sind wir Ihnen sehr dankbar.

Ich wünsche Ihnen ein erfolgreiches Semester.

Herzliche Grüsse

INTERNE MITTEILUNG ÜBER EINEN UMBAU

Umbau Empfang

Liebe Mitarbeiterinnen
Liebe Mitarbeiter

Wir freuen uns, Ihnen mitteilen zu können, dass unser Empfang erneuert wird.

Die Umbauarbeiten finden statt vom Montag, 5. August, bis Samstag, 24. August 2013.

Während dieser Zeit wird der Empfang in den zweiten Stock verlegt. Der Zutritt ist durch den seitlichen Nebeneingang während der Öffnungszeiten von 7.30 bis 18.00 Uhr möglich. Wir werden den Eingang von einem Mitarbeiter der Sicherheitsfirma SECURA beaufsichtigen lassen.

Bitte halten Sie während der Zeit des Umbaus Ihren Badge beim Betreten des Gebäudes griffbereit, damit Sie sich am Eingang als zutrittsberechtigt ausweisen können. Wenn Sie Ihren Badge nicht auf sich tragen, muss das Sicherheitspersonal Ihre Zutrittsberechtigung abklären.

Der temporäre Eingang wird speziell signalisiert. Bitte informieren Sie allfällige Besucher. Das Sicherheitspersonal wird die Gäste begrüssen und zum Empfang im zweiten Stock führen.

Nach Abschluss der Umbauarbeiten wird der Empfang nur noch zwischen 7.30 Uhr und 18.00 Uhr besetzt sein. Ausserhalb dieser Bürozeiten wird das Gebäude nur per Badge über den Seiteneingang zugänglich sein.

Bei Fragen stehe ich Ihnen gerne zur Verfügung.

Freundliche Grüsse
Lars Egli
Leiter Administration
Gastrobedarf GmbH
Telefon intern: 043 333 41 42
E-Mail: lars.egli@gastrobedarf.ch

EINLADUNG ZUM APÉRO

Es gibt etwas zu feiern

Liebe Mitarbeiterinnen
Liebe Mitarbeiter

Diese Woche haben wir den Zuschlag für den neuen Stadionbau im Tiefen Grund erhalten. Wir werden zuständig sein für die Projektierung und die Ausführungsplanung der Tragkonstruktion und der Fundation sowie für die Planung aller Tiefbauarbeiten.

Diesen Erfolg wollen wir feiern – wir laden Sie alle ein zum

Apéro mit Gourmet-Häppchen

**am Freitag, 12. März, ab 17.00 Uhr
in der Weinstube Barrique**

Wir freuen uns darauf, mit Ihnen auf das schöne neue Projekt anzustossen.
Bis dann – Ihre Geschäftsleitung

PS: Lassen Sie bitte Marietta Gerber kurz wissen, ob Sie mit dabei sind.

VORSTELLUNG NEUER MITARBEITER

Von: Marcel Strobel <marcel.strobel@strobeldruck.ch>
An: Alle Mitarbeitenden
Gesendet: 30. August 2013
Betrifft: Neue Sachbearbeiterin, neue Lernende

Liebe Mitarbeiterinnen, liebe Mitarbeiter

Begrüssen Sie mit mir unsere neue Kollegin und unseren neuen Kollegen:

Ute Signer beginnt am 1. September als Sachbearbeiterin AVOR. Frau Signer kommt von der Appenzeller Druck AG zu uns. Ihre dort erworbenen Kenntnisse mit neuesten Druckverfahren werden uns zugutekommen.

Luca Goric hat schon am 15. August mit seinem ersten Lehrjahr als Drucktechnologe begonnen. Er wird am Montag, Dienstag und Freitag in unserem Betrieb sein; an den andern beiden Tage besucht er die Berufsschule in Romanshorn.

Ich freue mich, dass die beiden zu unserer Belegschaft gehören, und bitte Sie alle, ihnen bei Fragen hilfreich zur Seite zu stehen.

Freundliche Grüsse

EINLADUNG ZUR PERSONALINFORMATION ÜBER DEN GESCHÄFTSGANG

Einladung zur Personalinformation

Liebe Mitarbeiterinnen
Liebe Mitarbeiter

Wir laden Sie ein zu unserer Personalinformationsveranstaltung um 12 Uhr im grossen Forum.

Wie Sie wissen, werden wir heute Nachmittag unseren Quartalsabschluss veröffentlichen. Der Umsatz unserer Produkte ist in den letzten Monaten weiter eingebrochen. Bevor wir mit den detaillierten Daten an die Öffentlichkeit gehen, möchten wir Sie persönlich über den Umfang der Einbussen und über die geplanten Massnahmen informieren. Selbstverständlich werden Sie Gelegenheit erhalten, der Unternehmensleitung Fragen zu stellen.

Freundliche Grüsse

ABRUPTEN WECHSEL IN DER GESCHÄFTSLEITUNG KOMMUNIZIEREN

Wechsel in der Unternehmensleitung

Liebe Mitarbeiterinnen
Liebe Mitarbeiter

Unser Finanzchef Urs Tschanz hat sich entschieden, eine neue Herausforderung ausserhalb unseres Unternehmens anzunehmen. Er wird unser Unternehmen per sofort verlassen.

Geschäftsleitung und Verwaltungsrat danken Urs Tschanz für seinen Einsatz in den letzten Jahren und wünschen ihm alles Gute.

Bis eine Nachfolgeregelung getroffen werden kann, wird Peter Mogli interimistisch die Geschäfte von Urs Tschanz weiterführen.

Freundliche Grüsse

Das Ende eines Arbeitsverhältnisses

Im Arbeitsalltag kommt es immer wieder auch zu Spannungen zwischen Vorgesetzten und Mitarbeitenden. Wenn sich solche Probleme in einem Gespräch nicht lösen lassen, sollten Sie rasch handeln. Halten Sie schriftlich fest, weshalb Sie mit einem Mitarbeiter, einer Mitarbeiterin nicht zufrieden sind, und formulieren Sie klare Zielvorgaben. Bringt auch dieses Vorgehen keine Besserung, kommt es früher oder später zu einer Kündigung.

Auch unter Ihren Mitarbeiterinnen und Mitarbeitern kann es zu Spannungen kommen. Wo Menschen zusammenarbeiten, gibt es Konflikte – das ist normal. Was aber wenn eine Mitarbeiterin von den anderen ausgegrenzt wird? Wenn ein Vorgesetzter seinen Mitarbeiter schikaniert? Dann sind Sie als Arbeitgeber gefordert: Es ist Ihre Pflicht, Mobbing im Betrieb zu verhindern.

> MUSTER 164

Wenn es zur Kündigung kommt

In der Schweiz gilt das Prinzip der Vertrags- und Kündigungsfreiheit. Jeder Arbeitgeber und jeder Arbeitnehmer hat das Recht, einen Arbeitsvertrag unter Beachtung der Kündigungsfristen aufzulösen. Das Gesetz schreibt jedoch vor, dass der Gekündigte auf Verlangen eine schriftliche Begründung der Kündigung erhalten muss. Die Arbeitnehmenden benötigen diese Begründung spätestens dann, wenn sie Arbeitslosentaggelder beantragen müssen.

Geht der Kündigung ein Konflikt mit Verwarnung voran, sollten Sie sich vom betroffenen Mitarbeiter den Erhalt dieser Verwarnung – wie auch

BUCHTIPP
Was Mobbing für die Betroffenen bedeutet, wie diese sich dagegen wehren können und was Sie als Vorgesetzter unternehmen müssen, das alles erfahren Sie im Beobachter-Ratgeber «Mobbing – so nicht! Wie Sie sich gegen Schikanen am Arbeitsplatz wehren».
www.beobachter.ch/buchshop

der Kündigung – unbedingt mit Unterschrift quittieren lassen. Wenn Sie ihm diese Dokumente per Post schicken, sollten Sie dies aus Beweisgründen eingeschrieben tun.

Manchmal kommt es auch aus ganz anderen Gründen zu einer Kündigung: Eine Abteilung wird in eine andere integriert, eine Aufgabe wird künftig von einer Drittfirma im Auftrag erledigt. In solchen Situationen müssen Sie unter Umständen auch Mitarbeitenden kündigen, die zu Ihrer Zufriedenheit gearbeitet haben. Dann sollten Sie Ihre Kündigung entsprechend begründen.

> MUSTER 165 BIS 167

Auch wenn die Kündigung von Ihrem Mitarbeiter ausgeht, kommt einiges an Schreibarbeit auf Sie zu: eine Kündigungsbestätigung, die Schlussabrechnung und vor allem das Arbeitszeugnis. Mit Ausnahme des Zeugnisses (siehe Seite 281) können Sie diese Schriftstücke als Standardvorlage vorbereiten, die Sie dann nur noch an den Einzelfall anpassen müssen.

Bestätigen Sie den Erhalt einer Kündigung immer sofort. Sie sind als Arbeitgeber verpflichtet, Ihre Angestellten auf die sozialversicherungsrechtlichen Folgen hinzuweisen: zum Beispiel auf die Möglichkeit einer Abredeversicherung gegen Unfall oder eines Übertritts von der Kollektiv-Krankentaggeldversicherung in die Einzelversicherung. Wer diese Pflicht versäumt, kann unter Umständen finanziell belangt werden. Am besten erstellen Sie ein Merkblatt, in dem alle wichtigen Punkte zusammengefasst sind.

> MUSTER 168 UND 169

Wenn es am Arbeitsplatz schon nach kurzer Zeit kriselt oder wenn die Zusammenarbeit seit längerer Zeit schwer belastet ist, einigen sich die Beteiligten häufig darauf, das Arbeitsverhältnis im gegenseitigen Einvernehmen aufzulösen. Nach langen, krankheitsbedingten Absenzen zum Beispiel, wenn klar ist, dass der Angestellte nicht mehr an den Arbeitsplatz zurückkehren kann oder will. Oder auch, wenn eine Mitarbeiterin eine andere Stelle gefunden hat und deshalb die Einhaltung der Kündigungsfrist nicht in ihrem Interesse ist. In solchen Situationen empfiehlt es sich, die Modalitäten in einer Auflösungsvereinbarung festzuhalten, um das Arbeitsverhältnis klar und sauber aufzulösen.

> **MUSTER 170**

Fristlose Entlassung und Freistellung sind nicht dasselbe

In Ausnahmefällen kann ein Arbeitsverhältnis fristlos gekündigt werden. Dafür braucht es aber schwerwiegende Gründe, unter denen eine weitere Zusammenarbeit unter keinen Umständen mehr zumutbar ist. Typische Beispiele: Ihr Angestellter missbraucht Ihr Vertrauen, indem er Sie bestiehlt; eine Aussendienstmitarbeiterin wirbt Ihre Kunden ab und arbeitet nebenher direkt für diese; ein Mitarbeiter greift Sie tätlich an oder es kommt zu einem hässlichen Vorfall vor Kunden, der Ihr Firmenimage in Mitleidenschaft zieht.

> **MUSTER 171**

Häufig wird die fristlose Entlassung mit der Freistellung verwechselt. Doch das sind zwei völlig verschiedene Arten, ein Arbeitsverhältnis zu beenden:
- Für eine **fristlose Kündigung** braucht es einen wichtigen Grund. Das Arbeitsverhältnis endet am Tag, an dem die fristlose Kündigung ausgesprochen wird.
- Bei einer **Freistellung** endet das Arbeitsverhältnis erst nach Ablauf der ordentlichen Kündigungsfrist. Der Arbeitnehmer erhält also weiterhin den Lohn, muss der Firma jedoch während der Kündigungsfrist nicht mehr zur Verfügung stehen.

> *Wenn Sie sich dazu entscheiden, eine Angestellte vor Ablauf der Kündigungsfrist freizustellen, sollten Sie auch die Bedingungen für die Freistellung in einer kurzen Vereinbarung regeln.*

> **MUSTER 172**

Die Schlussabrechnung

Egal, ob die Kündigung von Ihnen ausgeht oder von Ihrem Mitarbeiter, ob das Arbeitsverhältnis einvernehmlich oder im Streit beendet wurde – als Arbeitgeber sind Sie verpflichtet, am Ende eine Schlussabrechnung zu erstellen. Mit dem Austrittsdatum werden sämtliche Forderungen aus dem Arbeitsverhältnis fällig, also Lohn, Ferien- und Überstundenguthaben, Spesen, die Rückzahlung allfälliger Lohnrückbehalte und Kautionen.

> MUSTER 173

Wichtig: Beachten Sie, dass Sie Ihren Mitarbeitenden die Schlussabrechnung wie auch das Arbeitszeugnis am letzten Tag des Arbeitsverhältnisses aushändigen müssen – genauso wie den letzten Lohn. Am besten bereiten Sie diese Schriftstücke gleich nach Erhalt der Kündigung vor.

VERWARNUNG EINES MITARBEITERS UND ZIELVEREINBARUNG

Zielvereinbarung Arbeitsqualität

Sehr geehrter Herr Ritter

Wir kommen zurück auf das Gespräch von heute Vormittag zwischen Ihnen, Ihrem Vorgesetzten Marcel Hügli und Xavier Kölz von der Personalabteilung.

Wie wir Ihnen mitgeteilt haben, lassen in letzter Zeit Ihre Arbeitsleistungen zu wünschen übrig. Sie verlassen mehrmals täglich für längere Zeit den Arbeitsplatz für Rauchpausen, was zu Unstimmigkeiten mit anderen Mitarbeitenden führt. Zudem haben sich in den vergangenen Wochen Kunden beschwert, weil sie ungewöhnlich lange auf eine Antwort warten mussten oder weil die Berechnungen in den Offerten fehlerhaft waren.

Gemeinsam mit Ihnen haben wir folgende Massnahmen zur Verbesserung Ihrer Arbeitsleistung vereinbart:

– Offerten müssen vor Versand nach dem Vier-Augen-Prinzip von Ihrem Vorgesetzten gegengelesen werden.
– Offerten mit einem Auftragsvolumen von mehr als CHF 10 000 müssen innerhalb von drei Arbeitstagen nach der Kundenanfrage versandbereit sein. Ist dies wegen Abklärungen nicht möglich, benachrichtigen Sie den Kunden. Eine Kopie solcher Benachrichtigungen geht an Ihren Vorgesetzten.
– Für die formale Darstellung der Offerten und Begleitbriefe gelten die Muster im internen Handbuch.
– Unseren Mitarbeitenden ist es gestattet, den Arbeitsplatz für menschliche Bedürfnisse kurzfristig zu verlassen. Je eine Rauchpause am Vormittag und am Nachmittag ist ebenfalls gestattet. Bei längeren Abwesenheiten vom Arbeitsplatz ist die Telefonzentrale zu informieren.

Die Erreichung dieser Zielvereinbarung werden wir gemeinsam mit Ihnen in drei Monaten anlässlich unseres Jahresgesprächs überprüfen.

Wir zählen auf Ihre Einsicht und Ihren Einsatzwillen.

Freundliche Grüsse

VERWARNUNG MIT KÜNDIGUNGSANDROHUNG

Verwarnung

Sehr geehrte Frau Alonso

Ich komme zurück auf den Vorfall heute Vormittag und auf unser anschliessendes Gespräch.

Wie ich Ihnen erklärt habe, erwarte ich von meinen Mitarbeiterinnen und Mitarbeitern, dass sie sich Kunden gegenüber tadellos und höflich benehmen. Insbesondere dulde ich es nicht, wenn Mitarbeitende die Wünsche oder das Verhalten der Kunden abschätzig kommentieren.

Sollte sich der heutige Zwischenfall wiederholen, werde ich Ihren Arbeitsvertrag kündigen.

Ich hoffe, dass dies nicht nötig sein wird, und zähle auf Ihre Einsicht.

Freundliche Grüsse

KÜNDIGUNG NACH VERWARNUNG

Kündigung

Sehr geehrte Frau Alonso

Zurückkommend auf unser heutiges Gespräch, kündige ich Ihren Arbeitsvertrag per 30. Juni.

In den letzten Wochen hat Ihr Benehmen gegenüber den Kunden immer mehr zu wünschen übrig gelassen. Am 12. März habe ich Sie deshalb verwarnt. Leider hat sich seither an Ihrem Verhalten nichts geändert. Nachdem sich diese Woche weitere Kunden beschwert haben, bin ich nicht bereit, Sie weiter zu beschäftigen.

Ich bedaure diesen Schritt und wünsche Ihnen, dass Sie sich an einem anderen Ort bewähren können.

Freundliche Grüsse

Beilage: Merkblatt für austretende Mitarbeiter

SCHRIFTLICHE BEGRÜNDUNG EINER KÜNDIGUNG

Sehr geehrter Herr Rennhard

Wir kommen zurück auf das heutige Gespräch zwischen Ihnen, Ihrem Vorgesetzten Herrn Meyer und Frau Müller von der Personalabteilung.

Aufgrund des anhaltenden Umsatzrückgangs sind wir gezwungen, Umstrukturierungen vorzunehmen und Arbeitsplätze abzubauen. Leider ist auch Ihre Stelle betroffen. Aus diesem Grunde kündigen wir das Arbeitsverhältnis mit Ihnen per 30. September.

Wir bedauern diesen Schritt sehr. Für Ihren Einsatz in unserem Unternehmen danken wir Ihnen und wünschen Ihnen, dass Sie rasch eine neue Anstellung finden werden.

Freundliche Grüsse

Beilage: Merkblatt für austretende Mitarbeitende

BESTÄTIGUNG DER KÜNDIGUNG EINES MITARBEITERS

Austritt aus unserem Unternehmen

Sehr geehrte Frau Zweifel

Ihre Kündigung vom 23. Mai haben wir erhalten. Wir bedauern, dass Sie unser Unternehmen per 31. Juli verlassen werden.

Gemäss beiliegender Aufstellung beträgt Ihr restliches Ferienguthaben bis zum Firmenaustritt 24 Stunden. Wir bitten Sie, mit Ihrer Vorgesetzten abzuklären, wann und in welcher Form Sie Ihre Ferienansprüche beziehen werden, und uns dies möglichst bald mitzuteilen.

Als Beilage erhalten Sie unser Merkblatt für austretende Mitarbeitende. Es enthält alle Informationen über die Sozialversicherungen.

Zusätzlich erhalten Sie die Formulare betreffend Erteilung von Referenzauskünften und Austritt aus der Kollektiv-Krankentaggeldversicherung. Bitte senden Sie uns diese Formulare ausgefüllt und unterschrieben zurück. Über die Möglichkeit einer Weiterführung der Unfallversicherung informiert Sie das separate Merkblatt über die Abredeversicherung UVG. Den dazugehörenden Einzahlungsschein benötigen Sie, falls Sie die Versicherung weiterführen möchten.

Wenn Sie weitere Informationen wünschen oder Fragen haben, können Sie sich jederzeit an uns wenden.

Freundliche Grüsse

MERKBLATT FÜR AUSTRETENDE ANGESTELLTE

Merkblatt für austretende Mitarbeiterinnen und Mitarbeiter

Wir bitten Sie, die folgenden Hinweise zu beachten und die für Sie zutreffenden Punkte rechtzeitig zu regeln:

Ferienguthaben
Ihr Ferienguthaben wird bis zur Beendigung des Arbeitsvertrags berechnet und Ihnen sowie Ihrer Vorgesetzten, Ihrem Vorgesetzten mitgeteilt. Ihre Vorgesetzte, Ihr Vorgesetzter wird den Zeitpunkt des Ferienbezugs in Absprache mit Ihnen festlegen.

Krankentaggeldversicherung
Die Gehaltsgarantie bei Krankheit dauert 30 Kalendertage ab Arbeitsvertragsende. Sie haben die Möglichkeit, innert 30 Tagen ab Austrittstermin ohne Vorbehalt in die Einzelversicherung des Krankentaggeldversicherers zu wechseln. Ein entsprechendes Anmeldeformular liegt diesem Merkblatt bei. Der Abschluss einer Krankentaggeldversicherung ist eventuell auch bei Ihrer Krankenkasse möglich.

Unfallversicherung
Falls Sie nicht sofort eine neue Arbeitsstelle antreten, sind Sie gegen die Folgen von Nichtbetriebsunfällen bei unserem Unfallversicherer noch während 30 Kalendertagen nach Arbeitsvertragsende versichert. Auf Ihren Antrag hin kann dieser Versicherungsschutz auf maximal 180 aufeinanderfolgende Tage verlängert werden (Abredeversicherung, siehe beiliegendes Formular mit Einzahlungsschein). Sie haben auch die Möglichkeit, die Unfallversicherung bei Ihrer Krankenkasse abzuschliessen. Bitte beachten Sie, dass Sie aufgrund der geltenden Gesetze obligatorisch gegen Unfall versichert sein müssen.

Pensionskasse, Freizügigkeitsleistung
Die Pensionskasse wird von der Personalabteilung über die Beendigung des Arbeitsvertrags informiert. Bitte orientieren Sie die Personalabteilung frühzeitig, wohin die Freizügigkeitsleistung überwiesen werden soll. Ansonsten wird Ihr Guthaben auf ein auf Ihren Namen lautendes Freizügigkeitskonto bei der BEKB, Thun, überwiesen.

Letzte Salärzahlung
Die letzte Salärzahlung erfolgt wie üblich auf Ihr Bank- oder Postcheckkonto. Eine allfällige Adress- oder Kontoänderung teilen Sie uns bitte rechtzeitig mit.

Arbeitsunterlagen, Schlüssel und Geräte

Bitte geben Sie an Ihrem letzten Arbeitstag alle Ihnen zum Gebrauch überlassenen Unterlagen, Schlüssel, Arbeitsgeräte und den Badge an die Personalabteilung zurück.

Arbeitszeugnis, Arbeitsbestätigung

Sie erhalten Ihr Arbeitszeugnis per Post auf das Datum des Arbeitsvertragsendes oder an Ihrem letzten Arbeitstag.

Ihre Personalabteilung   Thun, im Januar 2013

AUFLÖSUNGSVEREINBARUNG

Auflösungsvereinbarung

Zwischen: WebPro GmbH
            Gartenhofstrasse 15, 4410 Liestal
            Arbeitgeberin

und   Ronald Stahel
            Waldweg 3, 4415 Lausen
            Arbeitnehmer

Es wird vereinbart:

1. Das Arbeitsverhältnis wird per 30. Juni 2013 aufgelöst.
2. Die Arbeitgeberin erstellt per 30. Juni eine Schlussabrechnung und überweist den Lohn für den Monat Juni sowie den Pro-rata-temporis-Anteil des 13. Monatslohns an diesem Datum.
3. Der Arbeitnehmer hat keine offenen Ferien- oder Überstundenguthaben mehr.
4. Der Arbeitnehmer gibt den Firmenwagen sowie das Mobiltelefon am 30. Juni 2013 zurück. Bis zur Rückgabe darf er diese Gegenstände im vertraglich vereinbarten Rahmen nutzen.
5. Der Arbeitnehmer hat die Möglichkeit, von der Kollektiv-Krankentaggeldversicherung in die Einzelversicherung überzutreten. Will er diese Möglichkeit wahrnehmen, muss er dies der Versicherung bis spätestens Ende Juli 2013 mitteilen.
6. Die Parteien vereinbaren, dass telefonische Referenzauskünfte nur nach Rücksprache mit dem Arbeitnehmer erteilt werden dürfen.

Liestal, 25. April 2013

WebPro GmbH, Marlene Kohler   Ronald Stahel

FRISTLOSE ENTLASSUNG

Fristlose Kündigung

Sehr geehrter Herr Matter

Zurückkommend auf unser heutiges Gespräch, kündige ich Ihren Arbeitsvertrag fristlos.

Ich habe Ihr Verhalten gegenüber Kunden und Mitarbeitenden in den letzten Wochen mehrmals beanstandet und Sie deswegen am 18. Februar schriftlich verwarnt. Nachdem Sie heute Vormittag einen Arbeitskollegen vor Kunden mit rassistischen Ausdrücken beschimpft haben, ist eine weitere Zusammenarbeit mit Ihnen nicht mehr zumutbar.

Beachten Sie das beiliegende Merkblatt zu den Sozialversicherungen. Sie haben bei der Unfallversicherung eine dreissigtägige Nachdeckung. Wenn Sie innerhalb dieser Frist keine andere Stelle antreten, sollten Sie in die Abredeversicherung übertreten, damit Sie eine ausreichende Versicherungsdeckung haben.

Freundliche Grüsse

FREISTELLUNGSVEREINBARUNG

Freistellungsvereinbarung

Zwischen   Telefonservice AG
            Binzstrasse 31, 8400 Winterthur
            Arbeitgeberin

und   Franziska Weber
            Hügelweg 2, 8604 Volketswil
            Arbeitnehmerin

Es wird vereinbart:

1. Das Arbeitsverhältnis wird per 31. Mai 2013 aufgelöst.
2. Die Arbeitgeberin stellt die Arbeitnehmerin per sofort von der Arbeitsleistung frei.
3. Die Arbeitgeberin entrichtet den Lohn bis zum Ablauf der Kündigungsfrist weiter, inklusive aller Zulagen (Anteil 13. Monatslohn, pauschale Spesenentschädigung).
4. Sämtliche Ansprüche aus Ferien und Überstunden sind durch diese Vereinbarung abgegolten.
5. Die Arbeitnehmerin ist verpflichtet, die Arbeitgeberin zu informieren, sollte sie vor dem 31. Mai eine neue Stelle antreten. In diesem Fall entfällt die Lohnfortzahlungspflicht der Arbeitgeberin.
6. Die Arbeitnehmerin gibt den Firmenwagen, das Mobiltelefon und den Laptop am 31. Mai zurück. Bis zur Rückgabe darf sie diese Gegenstände im vertraglich vereinbarten Rahmen nutzen.
7. Die Arbeitnehmerin hat die Möglichkeit, von der Kollektiv-Krankentaggeldversicherung in eine Einzelversicherung überzutreten. Will sie von dieser Möglichkeit Gebrauch machen, teilt sie dies der Versicherung bis spätestens Ende Juni 2013 mit.
8. Die Parteien vereinbaren, dass telefonische Referenzauskünfte nur nach Rücksprache mit der Arbeitnehmerin erteilt werden dürfen.

Winterthur, 15. März 2013

Telefonservice AG   Franziska Weber
Georg Brunner

SCHLUSSABRECHNUNG

Mitarbeiter Nr. 12435
Abteilung: Produktion
Beendigung Arbeitsverhältnis: 31. Oktober 2013

Schlussabrechnung / Lohnabrechnung per 31. Oktober 2013
Lohnart Monatslohn

Monatslohn	CHF	5400.–
Spesen gemäss Abrechnung	CHF	120.–
Restliches Ferienguthaben: 15 Tage	CHF	3724.–
Bruttolohn	CHF	9244.–
AHV-Beitrag 5,15%	CHF	469.90
ALV-Beitrag 1,1%	CHF	100.35
NBU-Beitrag	CHF	184.70
PK-Beitrag AN	CHF	828.25
Nettolohn	**CHF**	**7660.80**

Auszahlung auf Bankkonto Nr. 44566.34/3 bei der Raiffeisenbank Viesch

' # Arbeitszeugnisse und Referenzauskünfte

Spätestens am Ende eines Arbeitsverhältnisses müssen Sie Ihrem Mitarbeiter, Ihrer Mitarbeiterin ein Arbeitszeugnis ausstellen. Ihre Angestellte hat Anspruch darauf, dass Sie ihr das Zeugnis am letzten Tag des Arbeitsverhältnisses aushändigen.

Das Verfassen eines Zeugnisses ist anspruchsvoll. Sie können sich diese Aufgabe erleichtern, indem Sie Ihre Angestellten regelmässig in einem Mitarbeitergespräch qualifizieren und die Resultate schriftlich festhalten. Idealerweise alle ein bis zwei Jahre (siehe Muster 146 und 147). Solche Mitarbeiterbeurteilungen sind eine gute Grundlage für die Formulierung des Arbeitszeugnisses.

Laut Gesetz hat eine Mitarbeiterin jederzeit – und nicht erst am Ende des Arbeitsverhältnisses – das Recht, ein Zeugnis zu verlangen, das über ihre Leistung und ihren Einsatz Auskunft gibt. Die Arbeitnehmerin kann jedoch auch auf ein Vollzeugnis verzichten und lediglich eine **Arbeitsbestätigung** verlangen. Diese enthält keine Qualifikationen. Sie gibt lediglich Auskunft über die Art und die Dauer der Beschäftigung. Arbeitsbestätigungen hinterlassen allerdings keinen guten Eindruck in einem Bewerbungsdossier. Sie werden ausgestellt, wenn die Leistung sehr schwach war oder wenn die Anstellung nur so kurz gedauert hat, dass eine richtige Qualifikation nicht möglich ist.

> MUSTER 174

Wahr, klar, vollständig und wohlwollend

Ein Arbeitszeugnis muss wahr sein, vollständig, klar und wohlwollend formuliert. Was bedeutet das für die Praxis?

Sie dürfen nichts Unwahres schreiben. Mit der Ausstellung eines Gefälligkeitszeugnisses machen Sie sich unter Umständen sogar strafbar. Zur

Vollständigkeit gehört, dass Sie alles qualifizieren müssen und negative Punkte nicht einfach verschweigen dürfen. Das Klarheitsgebot auferlegt Ihnen, beim Formulieren von Zeugnissen auf Codes oder missverständliche Floskeln zu verzichten. Liess der Einsatz zu wünschen übrig, dürfen Sie nicht schreiben: *Der Mitarbeiter bemühte sich, die erforderliche Leistung zu erbringen.* Sie müssen schreiben, dass der Einsatz mangelhaft war.

DIESE PUNKTE GEHÖREN IN EIN ZEUGNIS

- Vollständige **Personalien des Arbeitnehmers** inklusive Geburtsdatum, allfällige Titel, Berufsbezeichnung und Funktion

- **Dauer der Anstellung**

- Ausführliche **Beschreibung des Aufgabenbereichs**

- **Leistungsbeurteilung**
  Hierzu gehören die Leistungsbereitschaft, die Arbeitshaltung, besondere Fähigkeiten und die erreichten Ziele. Zu beurteilen sind Einsatzwille, Engagement, Bereitschaft zu Mehrarbeit, Weiterbildung, Belastbarkeit, Flexibilität, Initiative, Zuverlässigkeit, Effizienz und Selbständigkeit, daneben auch Fachkompetenz und Organisationstalent.

- **Beurteilung des Verhaltens** gegenüber Vorgesetzten, Mitarbeitenden und Kunden
  Zu diesem Punkt gehören auch das Teamverhalten, die Identifikation mit dem Unternehmen und die Loyalität. Bei Führungspersonen sind zudem ihre Führungsqualitäten zu beurteilen, ihr Führungsstil und das Verhältnis zu Untergebenen.

- **Kündigungsgrund**
  Haben Sie dem Arbeitnehmer gekündigt, sollten Sie den Austrittsgrund nur erwähnen, wenn dieser nicht vom Arbeitnehmer verschuldet wurde, also zum Beispiel bei einer Kündigung wegen einer Reorganisation. Ansonsten gehört der Austrittsgrund nicht ins Zeugnis.

- **Gesamtbeurteilung und Wünsche**
  Schliessen Sie Ihr Zeugnis mit einer kurzen Gesamtbeurteilung, dem Dank für die geleistete Arbeit und den Wünschen für die Zukunft.

- In einem sehr guten Zeugnis wird im Schlusssatz der Weggang des Angestellten bedauert.

Schliesslich haben Sie das Zeugnis wohlwollend zu formulieren. Viele Arbeitnehmer interpretieren dieses Gebot dahingehend, dass in einem Zeugnis nichts Nachteiliges oder Negatives stehen dürfe. Das ist aber nicht so. Wohlwollend bedeutet, dass Sie Ihre Mitarbeiterinnen und Mitarbeiter an einem betriebsüblichen Massstab beurteilen müssen und dass Sie einmalige negative Zwischenfälle nicht erwähnen dürfen. Vielmehr müssen Sie den Schwerpunkt Ihrer Beurteilung auf Dinge legen, die die Mitarbeitenden gut können und gut ausführen. Wenn also Ihre Angestellte während der fünfjährigen Anstellung nach der Scheidung einige Wochen lang antriebsschwach und nicht motiviert war, dürfen Sie diesen Leistungseinbruch nicht erwähnen. Ist die Mitarbeiterin jedoch regelmässig zu spät zum Dienst erschienen, dürfen Sie das nicht verschweigen.

! *Die Länge und die Ausführlichkeit des Zeugnisses müssen zur Dauer der Anstellung passen. Achten Sie beim Beschrieb der Tätigkeiten auf eine allgemein verständliche Sprache und vermeiden Sie Fachchinesisch.*

> **MUSTER 175 BIS 178**

So nicht: Arbeitszeugnisse sind keine Racheakte: Verzichten Sie darauf, sich in einem Arbeitszeugnis den Frust von der Seele zu schreiben, zum Beispiel, weil die neue Mitarbeiterin die Stelle bei Ihnen schon bald wieder zugunsten einer noch besseren kündigte oder weil Sie sich für den falschen Kandidaten entschieden haben. Ein Beispiel aus einem solchen Zeugnis: «Herr Lange hat die Stelle bekommen, nachdem wir ein professionelles Auswahlverfahren mit ihm durchgeführt hatten. Leider hat er seinen ‹Traumjob› bereits nach sechs Monaten wieder gekündigt. Die Arbeiten hat er zu unserer Zufriedenheit erledigt. Allerdings brauchte Herr Lange viel Zeit, um sich im neuen Umfeld und in der neuen Materie zurechtzufinden.»

BUCHTIPP

Ein aussagekräftiges Arbeitszeugnis zu verfassen, ist keine einfache Aufgabe. Für die Angestellten aber kann das Zeugnis die weitere Berufslaufbahn fördern oder auch behindern. Der Beobachter-Ratgeber **«Fair qualifiziert? Mitarbeitergespräche, Arbeitszeugnisse, Referenzen»** zeigt, welche rechtlichen Grundlagen für diesen wichtigen Leistungsausweis gelten und wie Sie mit vertretbarem Aufwand ein korrektes Arbeitszeugnis schreiben. Zudem erfahren Sie, wie Sie Mitarbeitergespräche als Chance und Führungsinstrument nutzen und wie Sie Referenzauskünfte erteilen.

www.beobachter.ch/buchshop

Stolperstein Referenzauskunft

Gut möglich, dass sich später eine potenzielle Arbeitgeberin bei Ihnen telefonisch nach den Leistungen Ihres ehemaligen Mitarbeiters erkundigt, also eine Referenzauskunft einholt. Beachten Sie, dass Sie solche Auskünfte nur geben dürfen, wenn Ihr ehemaliger Mitarbeiter ausdrücklich eingewilligt hat. Sein Stillschweigen gilt nicht als Einwilligung, ebenso wenig die Tatsache, dass er einer Bewerbung die Kopie Ihres Arbeitszeugnisses beigelegt oder Sie im Lebenslauf als ehemaligen Arbeitgeber genannt hat.

Wenn Sie also von anderen Unternehmen wegen Referenzauskünften angerufen werden, müssen Sie Ihren ehemaligen Angestellten erst anfragen, ob er damit einverstanden ist. Am besten jedoch regeln Sie diesen Punkt schon beim Austritt. Fragen Sie beim Austrittsgespräch nach den Wünschen des Angestellten, halten Sie die Vereinbarung schriftlich fest und legen Sie sie im Personaldossier ab. Eine Vorlage dafür finden Sie online (www.beobachter.ch/download → Passwort: 6048).

> **MUSTER 179**

ARBEITSBESTÄTIGUNG

Arbeitsbestätigung

Sehr geehrte Frau Tschudi

Gerne bestätigen wir Ihnen, dass Sie vom 2. Mai bis 28. Juni 2013 stundenweise als Ferienvertretung an der Getränkeausgabe in unserer Betriebskantine beschäftigt waren.

Freundliche Grüsse

GUTES ARBEITSZEUGNIS FÜR EINEN BEFRISTETEN EINSATZ

Arbeitszeugnis

Frau Ines Tschudi, geboren am 28. November 1954, von Winterthur, war vom 2. Mai bis 28. Juni 2013 als Ferienvertretung an der Getränkeausgabe in unserer Betriebskantine beschäftigt. Frau Tschudi arbeitete stundenweise mit einem durchschnittlichen Pensum von zwölf Stunden pro Woche.

Ihr Aufgabengebiet umfasste das Bereitstellen der bestellten Getränke, das Nachfüllen der Getränkeboxen, die Beschaffung des Nachschubs aus dem Lagerraum sowie die Reinigung der gebrauchten Gläser und der Getränkeausgabe.

Frau Tschudi erledigte alle ihr übertragenen Aufgaben rasch, zuverlässig und einwandfrei. Sie ist pünktlich, verfügt über eine rasche Auffassungsgabe, arbeitet effizient und ist belastbar. Sie verliert auch in hektischen Situationen nie die Ruhe. Besonders geschätzt haben wir ihr jederzeit freundliches und hilfsbereites Verhalten gegenüber ihren Vorgesetzten, unseren Mitarbeitenden und Gästen.

Der Einsatz von Frau Tschudi war von vornherein befristet, da eine Mitarbeiterin wegen Krankheit über längere Zeit ausgefallen war. Da wir über keine weitere Stellenvakanz verfügen, können wir Frau Tschudi leider keine Dauerstelle anbieten.

Wir können einem künftigen Arbeitgeber eine Empfehlung ohne jegliche Einschränkung geben. Wir danken Frau Tschudi für ihren ausgezeichneten Einsatz und wünschen ihr auf ihrem weiteren Weg viel Glück, Erfolg und Gesundheit.

Walenstadt, 28. Juni 2013

Vialis AG
Karl Handschin, Geschäftsleiter

GUTES ARBEITSZEUGNIS

Arbeitszeugnis

Linda Siegel, geboren am 10. Mai 1972, von Richterswil, war vom 1. Januar 2011 bis 31. Juli 2013 mit einem Pensum von 70 Prozent in unserem Verlag als Redaktionsassistentin für das Segelmagazin «Sailing» tätig.

Ihr Aufgabengebiet umfasste folgende Haupttätigkeiten:

- Beantwortung von Leseranfragen (selbständig, in Zusammenarbeit mit dem Abonnentendienst oder nach Rücksprache mit der Redaktion)
- Betreuung der Mailbox: sortieren und weiterleiten der Mails an die zuständigen Stellen und Personen
- Nachführen des Themenplans gemäss den Vorgaben des Redaktionsleiters
- Bearbeiten und weiterleiten eingehender Rechnungen
- Führen der Ferienbuchhaltung der Mitarbeitenden und überwachen der Zeitkonti
- Allgemeine administrative Arbeiten wie Korrespondenz, verwalten des Büromaterials, bestellen von Drucksachen, führen des Redaktionsarchivs
- Rücksenden von Foto- und Bildmaterial
- Unterstützen der Redaktion bei einfacheren Recherchen
- Organisieren und protokollieren der Redaktionssitzungen

Wir haben Frau Siegel als pflichtbewusste Mitarbeiterin kennen und schätzen gelernt. Sie verfügt über eine rasche Auffassungsgabe und über sehr gute fachliche und organisatorische Fähigkeiten, die sie im Alltag gekonnt und effizient einsetzt. Frau Siegel zeichnet sich aus durch eine selbständige, exakte, strukturierte und speditive Arbeitsweise. Die ihr übertragenen Aufgaben erledigt sie stets pünktlich, zuverlässig und präzise. Sie denkt mit und bringt erfolgreich eigene Ideen ein.

Frau Siegels Verhalten gegenüber Vorgesetzten, Mitarbeitenden und Kunden war stets korrekt, freundlich und zuvorkommend. Sie wurde als angenehme und fleissige Kollegin sehr geschätzt; insbesondere ihre hilfsbereite Art werden wir sehr vermissen.

Wir bedauern das Ausscheiden von Frau Siegel sehr. Einem zukünftigen Arbeitgeber können wir eine Empfehlung ohne jegliche Einschränkung geben. Wir danken Frau Siegel herzlich für die ausgezeichnete Arbeit für unser Unternehmen. Auf ihrem weiteren Weg wünschen wir ihr viel Glück, Erfolg und Gesundheit.

Hergiswil, 31. Juli 2013

Media AG

Verena Jäger, Verlagsleiterin «Sailing»

GUTES ZEUGNIS NACH ENTLASSUNG AUS WIRTSCHAFTLICHEN GRÜNDEN

Arbeitszeugnis

Piero Mangold, geboren am 24. April 1970, von Gerliswil (SG), war vom 1. Dezember 2011 bis 31. Juli 2013 als Senior Systemtechniker in unserem Unternehmen tätig.

Sein Aufgabengebiet umfasste folgende Tätigkeiten:

- First- und Secondlevel Support an Windows XP, Server 2003 und Linux Betriebssystemen
- Konzipieren und Einrichten von Netzwerkumgebungen im KMU-Umfeld
- Beratung und Verkauf unserer Produkte
- IT-Consulting im Bereich Open Source Software

Herr Mangold verfügt über ein sehr gutes, tiefgehendes Fachwissen sowie über umfangreiche Erfahrung in System Engineering. Er arbeitet auf Windows- wie auf Linux-basierenden Betriebssystemen gleichermassen souverän und löst selbst komplexe Problemstellungen einwandfrei, kreativ und rasch.

Wir haben Herrn Mangold als sehr innovativen, zuverlässigen und selbständig arbeitenden Mitarbeiter kennen und schätzen gelernt. Er erledigt seine Aufgaben mit viel Initiative, zielorientiert, rasch und erfolgreich. Besonders hervorheben möchten wir seine rasche Auffassungsgabe, seine hohe Kundenorientierung und sein wertvolles, unternehmerisches Denken.

Herrn Mangolds Verhalten gegenüber Mitarbeitern, Kunden und Vorgesetzten war stets freundlich und angenehm. Seine Hilfsbereitschaft und Loyalität wurde von Kunden, Vorgesetzten und Mitarbeitenden gleichermassen geschätzt.

Leider müssen wir das Arbeitsverhältnis mit Herrn Mangold aus wirtschaftlichen Gründen auflösen, da wir seine Abteilung aufgrund von Auftragseinbrüchen schliessen werden. Wir bedauern, dass wir einen ausgezeichneten Mitarbeiter verlieren, und wünschen Herrn Mangold auf seinem weiteren beruflichen und privaten Weg alles Gute und viel Erfolg.

IT-Systems GmbH
Werner Good, Geschäftsleiter

WENIGER GUTES ARBEITSZEUGNIS

Arbeitszeugnis

Felizitas Hunger, geboren am 21. Mai 1975, von Zürich, arbeitete vom 1. Januar 2012 bis 23. August 2013 als wissenschaftliche Mitarbeiterin mit einem Pensum von 80 Prozent in unserem Unternehmen.

Zu Ihren Tätigkeiten gehörten:

- Informationsrecherchen für unser Produkt «Infomed» sowie für externe Mandate
- Organisation unseres kleinen Teams von Research-Assistentinnen und -Assistenten
- Kundenkontakte im Zusammenhang mit Marketingmassnahmen für unser Produkt «Infomed»

Frau Hunger führte die genannten Tätigkeiten motiviert und mit Engagement aus. Darüber hinaus zeigte sie Eigeninitiative und Interesse an der gesamten Firmenentwicklung. Mit ihrer zugänglichen und freundlichen Art ergänzte sie unser Team in Bezug auf die Kundenkontakte ausgezeichnet. Ihr Verhalten gegenüber Kolleginnen und Kollegen, Vorgesetzen und Kunden war jederzeit freundlich und einwandfrei.

Trotz ihrer unbestrittenen Eignung für die ihr zugedachten Aufgaben entsprachen die Präzision und das Arbeitstempo nicht unseren Ansprüchen. Das Arbeitsverhältnis wurde ausserdem durch zahlreiche unentschuldigte Absenzen belastet, weshalb wir es Ende August auflösen mussten.

Wir sind der festen Überzeugung, dass Frau Hunger nicht ihr eigentliches Leistungspotenzial einbringen konnte. Ebenso sind wir der Ansicht, dass sie bei günstigeren Bedingungen im persönlichen Umfeld nahezu die Idealbesetzung für diese Position gewesen wäre. Wir bedauern diese Trennung deshalb zutiefst.

Für ihre weitere Laufbahn wünschen wir Frau Hunger von ganzem Herzen alles Gute und viel Erfolg.

Tiefencastel, 23. August 2013

Forschungsstelle Pharma AG
Ivana Latifi

REGELUNG REFERENZAUSKUNFT

Referenzauskunft

An alle Mitarbeitenden, die unser Unternehmen verlassen
Bitte füllen Sie dieses Formular aus und geben Sie es beim Personaldienst ab.
Vielen Dank.

Name / Vorname   Vontobel, Madeleine

☒ Ich gestatte der Firma Zerheinen AG, Referenzauskünfte an Dritte zu erteilen:

    ☐ Ich erteile dem Personaldienst die Genehmigung, Referenzauskünfte an allfällige künftige Arbeitgeber zu erteilen.

    ☒ Ich erteile meiner / meinem ehemaligen Vorgesetzten
       Carola Gebhart
       die Genehmigung, Referenzauskünfte an allfällige künftige Arbeitgeber zu erteilen.

    ☐ Ich erteile folgenden Personen die Genehmigung, Referenzauskünfte an allfällige künftige Arbeitgeber zu erteilen:
       (Name, Vorname, Funktion)
       (Name, Vorname, Funktion)
       (Name, Vorname, Funktion)

☒ Ich bin damit einverstanden, dass der Kündigungsgrund in der Referenzauskunft genannt wird.

☐ Ich bin nicht damit einverstanden, dass der Kündigungsgrund in der Referenzauskunft genannt wird.

Bemerkungen:

☐ Ich gestatte der Firma Zerheinen AG nicht, Referenzauskünfte ohne vorgängige Rücksprache zu erteilen.

Duggingen, 30. April 2013   Madeleine Vontobel

Quelle: Beobachter-Ratgeber «Fair qualifiziert? Mitarbeitergespräche, Arbeitszeugnisse, Referenzen»

Vertraulich: interne Dokumente

Interne Dokumente sind für eine sehr begrenzte Anzahl von Leserinnen und Leser bestimmt. Und meist verschwinden solche Dokumente rasch und auf Nimmerwiedersehen in einem elektronischen Ordner oder im Archiv. Trotzdem lohnt es sich, auch hier Sorgfalt walten zu lassen. Wenn Sie Formulare für die häufigsten internen Dokumente kreieren, gehts einfacher. Und wenn Sie eine paar Tipps zur Sprache beachten, erreichen Sie rasch ein gutes Resultat.

Aktennotizen

Aktennotizen haben vielfältige Aufgaben: Sie sollen einen Vorgang festhalten für den Fall, dass es später Rückfragen oder eine Nachbearbeitung gibt. Daneben sind sie ein Arbeitsinstrument, mit dem andere Personen oder Abteilungen einen Auftrag entgegennehmen und weiterverfolgen müssen. Gesprächsprotokolle schliesslich sind eine Form der Aktennotiz, in der ein Gespräch oder die Resultate aus einem Gespräch festgehalten werden.

Das Hauptanliegen bei all diesen Texten: Eine nicht involvierte Person aus einer anderen Abteilung, ein Nachfolger oder eine übergeordnete Stelle soll sich rasch ein Bild von einem mehr oder weniger lang zurückliegenden Vorgang machen können. Doch noch immer zirkulieren in viel zu vielen Unternehmen völlig kryptisch verfasste Dokumente, die oft nicht einmal von den Verfassern wirklich verstanden werden. Eine solche Zettelwirtschaft ist reine Zeitverschwendung.

Tipps für verständliche Aktennotizen

Kreieren Sie für Aktennotizen ein Formular, das in Ihrem ganzen Unternehmen verwendet wird. Gestalten Sie das Formular so, dass für einen nicht beteiligen Leser sofort klar wird, worum es geht. Dazu müssen die bekannten W-Fragen beantwortet werden (siehe Kasten; eine Vorlage finden Sie online, www.beobachter.ch/download → Passwort: 6048).

Am umfangreichsten ist das Festhalten des letzten Punktes: Welches Ziel wurde vereinbart, welche Einigung erzielt? Halten Sie sich bei diesem Punkt an folgenden Aufbau:
1. Was ist bisher geschehen, was gab den Anlass zum Gespräch oder zum Verfassen dieses Textes? Wichtig: Halten Sie sich möglichst kurz.
2. Was ist das Hauptthema des Gesprächs oder des Textes?
3. Eventuell: Welche Argumente werden diskutiert?
4. Welches Vorgehen oder welches Ziel wird vereinbart? Wer ist wofür zuständig?

Häufig werden Aktennotizen chronologisch aufgebaut. Das macht sie unnötig lang und schwer zu lesen, weil ein Unbeteiligter erst gegen den Schluss des Textes erfährt, worum es eigentlich geht. Mit dem oben beschriebenen Aufbau ist der Text leicht verständlich und einfacher zu verfassen.

> **MUSTER 180 UND 181**

Schreiben Sie Aktennotizen, Gesprächszusammenfassungen und Protokolle im Präsens (Gegenwartsform). Das wirkt lebendiger und ist leichter zu verstehen. Zudem gibt das Präsens genauer wieder, was besprochen wurde.

DIE FÜNF W-FRAGEN

- **Was?**
Aktennotiz, Gesprächsprotokoll oder Besprechung

- **Wer?**
Wer verfasst das Dokument, wer nimmt am Gespräch teil?

- **Warum?**
Was ist der Anlass für das Schriftstück, was das Thema der Besprechung?

- **Wann und wo?**
Wann und eventuell wo hat das Gespräch stattgefunden?

- **Welches Resultat?**
Was wurde vereinbart? Bis wann soll es erreicht werden?

AKTENNOTIZ ÜBER KUNDENREKLAMATION

Aktennotiz	**Wiano AG**
Abteilung	Marketing
Verfasserin / Verfasser	Adriano Cavalli
Datum	Montag, 14. Januar 2013
Betrifft	**Nicht aktive Links**
	Beim Kundenbesuch meldet mir die Immo AG, dass die auf unserer Website angegebenen Links mehrheitlich nicht aktiv seien. Die Verwalterin, Frau Miriam Hebeisen, habe die Links an mehreren Tagen erfolglos angeklickt.
	Ich bitte um Prüfung dieser Mitteilung und um Rückmeldung. Habe der Kundin versprochen, der Sache nachzugehen und ihr Bescheid zu geben.

Kopie zur Weiterbearbeitung an: Bruno Haupt, Abteilung Informatik
Kopie zur Information an: Tamara Specht, Geschäftsleitung

AKTENNOTIZ IN FORM EINES GESPRÄCHSPROTOKOLLS

Gesprächsprotokoll	**Wiano AG**
Abteilung	Personalabteilung
Teilnehmende	Vera Waser, Personalverantwortliche
	Paul Jakovic, Abteilungsleiter Produktion
	Jeanine Gauchat, Mitarbeiterin Produktion
Verfasserin / Verfasser	Vera Waser
Datum	Mittwoch, 16. Oktober 2013
Betrifft	**Vereinbarung Zielvorgaben**
	Paul Jakovic hat diese Besprechung gewünscht, weil es in den letzten Wochen zwischen ihm und seiner Mitarbeiterin Jeanine Gauchat zu Spannungen gekommen ist.

Paul Jakovic bemängelt, dass Jeanine Gauchat seine Weisungen nicht erfüllt und sich seiner Kritik gegenüber verschliesst, was dazu führt, dass ihr übertragene Aufgaben liegen bleiben oder zu spät erledigt werden.

Jeanine Gauchat fühlt sich schikaniert. Ihrer Meinung nach teilt ihr der Vorgesetzte zu viele Aufgaben auf einmal zu, ohne darauf zu achten, dass sie noch andere Arbeiten zu erledigen hat. Dieser Druck macht ihr zu schaffen, ebenso das Gefühl, dass ihre Arbeit vom Vorgesetzten und vom Team nicht geschätzt wird.

Paul Jakovic und Jeanine Gauchat diskutieren das Pflichtenheft und formulieren folgende Zielvorgaben:

1. Hauptaufgabe von Jeanine Gauchat ist die Mithilfe in der täglichen Produktion, das heisst das Verteilen der Materialien an die Arbeitsplätze, die Kontrolle und das Bereitstellen von Reservematerial. Diese Arbeiten haben Priorität gegenüber allen anderen Aufgaben.

2. Kommt Jeanine Gauchat mit der Erledigung ihrer Hauptaufgabe in Rückstand, informiert sie unverzüglich ihren Vorgesetzten, damit er ihr bei der Festsetzung der Prioritäten behilflich sein und für Entlastung sorgen kann.

3. Paul Jakovic gewährleistet, dass Jeanine Gauchat ihre Arbeitszeit und die ihr zustehenden Pausen einhalten kann.

Weiteres Vorgehen	Es wird vereinbart, die Erreichung der gesetzten Ziele in drei Monaten anlässlich eines weiteren Gesprächs zu diskutieren.
Bemerkungen	keine
Unterschriften	Paul Jakovic Jeanine Gauchat Vera Waser

Sitzungsprotokolle

Kennen Sie jemanden, der gerne Protokolle schreibt? Eben. In vielen Unternehmen führt die Sekretärin oder einer der Mitarbeitenden das Protokoll einer Sitzung und muss es vor dem Versand dem Sitzungsleiter zur Genehmigung vorlegen. Und natürlich hätte der alles ganz anders gemacht und geschrieben. Beim Sitzungsleiter ist die Unzufriedenheit gross, bei der Protokollführerin ebenso.

Wenn Sie in Ihrem Unternehmen Sitzungen protokollieren lassen, müssen Sie sich vorher genau überlegen, welchen Zweck das Protokoll erfüllen soll. Sollen damit – wie zum Beispiel im Nationalrat – die geführten Diskussionen und der Gesprächsverlauf wortgetreu im Detail festgehalten werden, damit Interessierte später einmal die Argumente und Stellungnahmen nachlesen können? Soll das Protokoll Personen, die an der Sitzung nicht anwesend waren, über das Besprochene und über die gefassten Beschlüsse informieren? Oder dient Ihr Protokoll der Kontrolle, ob vergebene Aufträge und Termine eingehalten worden sind? In der Praxis gibt es unterschiedliche Protokollarten:

- Das **Beschlussfassungs- oder Ereignisprotokoll** hält nur die Traktanden und die Beschlüsse fest. Es soll ermöglichen, das Einhalten dieser Beschlüsse später zu kontrollieren.
- Das **Stichwortprotokoll** hält neben Traktanden und Beschlüssen wichtige Redebeiträge und Diskussionspunkte in Stichworten fest. Man will damit zeigen, wie einzelne Beschlüsse zustande gekommen sind.
- Mit einem **Verlaufsprotokoll** werden der genaue Ablauf der Sitzung, einzelne Redebeiträge und Diskussionen sowie die Beschlüsse sinngemäss zusammengefasst. Deshalb ist dieses Protokoll meist etwas umfangreicher.
- Das **wörtliche Protokoll** schliesslich gibt alles Gesprochene Wort für Wort wieder. Solche Protokolle werden in Regierungssitzungen, bei Gericht und bei polizeilichen Einvernahmen erstellt. Das ist allerdings meist nur möglich, wenn die Sitzung gleichzeitig aufgezeichnet wird, sodass der Protokollführer das Gesprochene nachhören kann. Diese Protokolle sind enorm aufwendig zu schreiben und zu lesen.

In den meisten Unternehmen werden Mischungen aus Beschlussfassungs-, Stichwort- und Verlaufsprotokollen geschrieben. Man will Beschlüsse und Termine festhalten, um ihre Einhaltung kontrollieren zu können, und gleichzcitig Nichtanwesende informieren.

Weniger Stress beim Schreiben

Mit einem Protokoll ist es wie mit einem Brief oder einem Kunstwerk: Niemals werden zwei Menschen genau das Gleiche zustande bringen. Wenn sich die Sitzungsleiterin ständig ärgert, dass der Protokollführer nie das aufschreibt, was ihrer Meinung nach wirklich wichtig ist, sollte sie dem Protokollführer während der Sitzung Hinweise geben, dass sie das Kommende protokolliert haben möchte – oder sie soll das Protokoll gleich selber schreiben. Viele Missverständnisse lassen sich aber klären, wenn die Sitzungsleiterin mit dem Protokollführer vor der Sitzung bespricht, welche Art Protokoll sie sich vorstellt und auf welche Punkte sie besonderen Wert legt.

Auch für Protokolle gilt: Gut vorbereitet ist halb geschrieben. Wenn Sie in der Sitzungseinladung alle Traktanden gut strukturiert aufführen, ist die Gliederung des Protokolls bereits vorgegeben. Zudem lassen sich die meisten Protokolle in Formularform abfassen. Erstellen Sie ein solches Standardprotokoll, das dann in Ihrem ganzen Unternehmen eingesetzt werden kann (eine Vorlage finden Sie online, www.beobacher.ch/download → Passwort: 6048).

> **MUSTER 182 BIS 184**

> *Für Protokollführer: Wenn Sie sich beim Sitzungsleiter vorinformieren, geht das Notieren leichter. Lassen Sie sich Informationen und Unterlagen schon vorab aushändigen und bereiten Sie Ihr Protokoll vor der Sitzung vor.*

SITZUNGSEINLADUNG

Einladung zur Sitzung

Von	Abteilungsleiterin Marketing
Art der Sitzung	Abteilungssitzung
Datum	Donnerstag, 17. Januar 2013
Ort	Sitzungszimmer Parterre
Zeit	16.00 Uhr

Traktanden	1. Begrüssung	5. Projekte
	2. Protokoll	6. Personelles
	3. Pendenzen	7. Diverses
	4. Mitteilungen	

Verteiler	Alle Mitarbeiterinnen und Mitarbeiter im Marketing
Kopie zur	Karl Odermatt, Geschäftsleitung
Information an	Abteilungsleiter aller Ressorts

SITZUNGSPROTOKOLL IN FORMULARFORM

Sitzungsprotokoll

Abteilung	Marketing
Art der Sitzung	Abteilungssitzung
Datum	Donnerstag, 17. Januar 2013
Zeit	16.00 Uhr

Teilnehmende	Anja Kühne, Doris Gross, Gregor Sonderegger, Jenny Stuber, Kurt Waech
Entschuldigt	Gerhard Novak, Beat Müller
1. Begrüssung	Anja Kühne begrüsst zu ihrer ersten Sitzung als Leiterin der Abteilung Marketing. Die Anwesenden stellen sich kurz vor.
	Anja Kühne erinnert daran, dass die Abteilungssitzungen für alle Abteilungsmitglieder obligatorisch sind. Wer verhindert ist, muss sich abmelden.
	Die nächsten Sitzungen finden an folgenden Daten statt: Dienstag, 5. März, 9. April, 11. Juni, 13. August, 24. September und 22. Oktober.

2. Protokoll	Kurt Waech führt das Protokoll. Der Protokollverteiler bleibt wie bis anhin. Abteilungsprotokolle gehen an die Geschäftsleitung und alle Abteilungsleiter der anderen Ressorts.
3. Pendenzen	Anja Kühne verteilt eine Pendenzenliste (siehe Beilage). Diese soll an der nächsten Sitzung besprochen werden. Anja Kühne bittet alle Abteilungsmitglieder, sich vorzubereiten.
4. Mitteilungen	Der Mandatsvertrag mit Roland Schuppli Treuhand AG wird per 31. August 2013 aufgelöst. Ab 1. September 2013 wird das Mandat der Firma Rita Behrens Treuhand AG übertragen.
	Betreffend der knappen Büroräume ist Jenny Stuber mit der Abteilung Logistik daran, eine Lösung zu erarbeiten. Sie wird an der nächsten Sitzung informieren.
	Gerhard Novak ist daran, unsere Website neu zu gestalten. Auch er wird an der nächsten Sitzung detailliert über den Stand seiner Arbeiten informieren.
5. Projekte	Die Geschäftsleitung überlegt sich, sich beim Fussballclub Oberrhein als Sponsor zu engagieren. Für das Projekt verantwortlich ist Heinz Bächli.
	Wir werden auch dieses Jahr mit einem Stand an der Herbstmesse präsent sein. Iris Nagel organisiert diesen Auftritt. Wer Lust hat, unsere Firma am Stand zu repräsentieren, soll sich bei ihr melden.
6. Personelles	Werner Rudin hat per 30. Juni gekündigt. Seine Stelle wird Jonas Theiler übernehmen, der vom Kundenverkauf zur Disposition wechselt. Die Stelle von Jonas Theiler wird ausgeschrieben.
7. Diverses	Die Informatikabteilung meldet, dass die Dateiverwaltung nun im Intranet online und verfügbar ist. Das Adressverzeichnis ist aktualisiert.
Nächste Sitzung	Dienstag, 5. März 2013, 14:30 Uhr
Kopie geht an	Karl Odermatt, Geschäftsleitung Abteilungsleiter aller Ressorts
Für das Protokoll	Kurt Waech

SITZUNGSPROTOKOLL IN FREIER FORM

Protokoll der Sitzung der eidgenössischen Vertreterkommission

Donnerstag, 16. Mai 2013, 11.00 Uhr bis 12.30 Uhr in den Räumen der WEMO AG, Bahnhofstrasse 21, 8001 Zürich, Sitzungszimmer der Geschäftsleitung, 4. Stock

Anwesend	Thomas Ramseier, WEMO AG
	Dr. iur. Andras Kundert, IMMO AG
	Daniela Klauser, HAMMO AG
	Markus Hauser, ZEZO AG
Gast	Marcel Mendoza, Leiter Verlags AG
Protokoll	Noëlle Dubois, Assistentin Geschäftsleitung WEMO AG
Geht an	Mitglieder der eidgenössischen Vertreterkonferenz

Traktanden
1. Protokoll der Sitzung vom 8. November 2012
2. Bericht des Vorstands
3. Geschäftsgang des Verbands
4. Mitteilungen, Verschiedenes

1. Protokoll der Sitzung vom 8. November 2012
Das Protokoll der Sitzung vom 8. November 2012 wird ohne Änderungen genehmigt.

2. Bericht des Vorstands
Markus Hauser stellt Marcel Mendoza vor, erklärt seine Funktion als Verlagsleiter und berichtet über die aktuelle Situation des Verbands. Am 1. April hat mit der Zusammenlegung zweier Sektionen eine Neuorganisation stattgefunden. Die Verlagsaktivitäten, die seit November 2009 mit den einzelnen Verbänden vereinbart waren, werden wieder getrennt geführt.

Markus Hauser ist überzeugt, dass die geplanten Verbandsaktivitäten grosses Potenzial haben. Es zeige sich aber wieder einmal, dass Umstellungen ihre Zeit brauchen. Er lobt die Zusammenarbeit mit den einzelnen Sektionen und deren Vertretern.

In der anschliessenden Diskussion ist vor allem die Ausrichtung der Verbandsaktivitäten ein Thema. Daniela Klauser fragt, ob es Erfahrungen anderer Verbände auf diesem Gebiet gebe. Markus Hauser will dies bis zur nächsten Sitzung abklären.

3. Geschäftsgang des Verbands

Marcel Mendoza erläutert, dass die Aktivitäten leicht hinter den Erwartungen liegen, vor allem auch in der Westschweiz. Trotzdem sind die Aktivitäten erfolgreich. Markus Hauser erwähnt, dass durch die neue Organisation auch Kosten eingespart werden können.

4. Mitteilungen, Verschiedenes

In Zukunft wir Deborah Singer, Informationsbeauftragte des Verbands, als Nachfolgerin von Urs Hablützel bei den Sitzungen anwesend sein.

Offen ist nach wie vor, ob weitere Vertreter von Verbänden anderer Branchen der eidgenössischen Vertreterkonferenz angehören sollen.

Andreas Kundert fragt, ob sich im Vorstand des Dachverbands Änderungen ankündigen. Marcel Mendoza antwortet, dass er im Herbst die Funktion von Iris Petri übernehmen werde.

Der Präsident bedankt sich bei den Teilnehmenden und schliesst die Sitzung um 12.30 Uhr. Die WEMO AG lädt zum gemeinsamen Mittagessen ein.

Die nächste Sitzung der eidgenössischen Vertreterkonferenz findet statt am Freitag, 15. November 2013, um 11.00 Uhr. Sitzungsort wird dann die IMMO AG sein (Adlerstrasse 1, 6300 Zug).

Zürich, 21. Mai 2013

Der Präsident:	Die Protokollführerin:
Thomas Ramseier	Noëlle Dubois

Anhang

Adressen und Links

Literatur

Stichwortverzeichnis

Adressen und Links

Beratung für KMU, Anwaltssuche, Ombudsstellen

Beobachter-Beratungszentrum
Das Wissen und der Rat der Fachleute in acht Rechtsgebieten stehen den Mitgliedern des Beobachters (Abonnentinnen und Abonnenten) im Internet und am Telefon unentgeltlich zur Verfügung. Wer kein Abonnement hat, kann online oder am Telefon eines bestellen und erhält sofort Zugang zu den Dienstleistungen.
- Spezialberatung für KMU: Informationen unter Tel. 043 444 54 09 oder www.beobachter.ch/beratung (→ KMU-Rechtsberatung)
- HelpOnline: rund um die Uhr im Internet unter www.beobachter.ch/beratung (→ HelpOnline)
- Telefon: Montag bis Freitag von 9 bis 13 Uhr, Direktnummern der Fachbereiche unter Tel. 043 444 54 00
- Anwaltssuche: Vertrauenswürdige Anwältinnen und Anwälte in Ihrer Region unter www.beobachter.ch/beratung (→ Anwalt finden)

www.adlatus.ch
adlatus Schweiz
4601 Olten
Tel. 0848 48 48 88
Vereinigung erfahrener Führungskräfte; zwölf Regionalorganisationen in der ganzen Schweiz; bescheidene Honorare

www.asco.ch
ASCO Association of Management Consultants Switzerland
Weinbergstrasse 31
8006 Zürich
Tel. 043 343 94 80
Standesvertreterin der Schweizer Unternehmensberater und Auskunftsstelle für Fragen rund um die Unternehmensberatung

www.kmu.admin.ch
Informationsportal für KMU des Staatssekretariats für Wirtschaft SECO

www.kmufrauenschweiz.ch
KMU Frauen Schweiz
Beratungsstelle, c/o Schweizerischer Gewerbeverband SGV
Schwarztorstrasse 26
3001 Bern
Tel. 031 380 14 23
Zusammenschluss von Unternehmerinnen im KMU-Bereich

www.senexpert.ch
SENEXPERT
Forchstrasse 145
8032 Zürich
Tel. 044 381 30 58
Unterstützung in den Bereichen Unternehmungsführung, Betriebswirtschaft, Organisation, Finanzen, Marketing, Projektmanagement, Logistik, Engineering, juristische Beratung; bescheidene Honorare

www.sgw-berater.ch
SGW Schweizerische Gesellschaft
der Wirtschaftsberater
Kirchplatz 4
8400 Winterthur
Tel. 052 212 11 77
Vereinigung von rund 60 unabhängigen
Wirtschaftsberatern aus allen Unternehmens-
bereichen; Mitglieder verpflichten sich
zur Wahrung bestimmter beruflicher und
ethischer Standards; Information, Adres-
senvermittlung, Tarifempfehlung

www.stiftung-kmu.ch
Stiftung KMU Schweiz
Schwarztorstrasse 26
3001 Bern
Tel. 031 380 14 36
Generelle Beratung für KMU

www.treuhand-kammer.ch
Treuhand-Kammer
Schweizerische Kammer der Wirtschafts-
prüfer und Steuerexperten
Limmatquai 120
8021 Zürich
Tel. 044 267 75 75
Zusammenschluss von rund 900 grösseren
und mittleren Wirtschafts- und Steuerberatern;
Mitgliederverzeichnis, Honorarordnung

www.treuhandsuisse.ch
Treuhand Suisse
Schweizerischer Treuhänderverband
Monbijoustrasse 20
3001 Bern
Tel. 031 380 64 30
Verband mit rund 1500 kleineren und
mittleren Treuhandfirmen; Mitglieder-
verzeichnis, Honorarempfehlungen der
Sektionen

Anwaltssuche

www.djs-jds.ch
Demokratische Juristinnen und Juristen
der Schweiz
Schwanengasse 9
3011 Bern
Tel. 031 312 83 34
Liste der Mitglieder mit Spezialgebieten

www.sav-fsa.ch
Schweizerischer Anwaltsverband (SAV)
Marktgasse 4
3001 Bern
Tel. 031 313 06 06
Adressen von auf bestimmte Gebiete
spezialisierten Anwälten; Liste der
kantonalen Anwaltsverbände mit Rechts-
auskunftsstellen

Ombudsstellen

www.bankingombudsman.ch
Schweizerischer Bankenombudsman

www.ombudscom.ch
Schlichtungsstelle der Telekommunikations-
branche

www.ombudsman-kv.ch
Ombudsman Krankenversicherung
Morgartenstrasse 9
6003 Luzern
Tel. 041 226 10 10
Vermittelt zwischen Versicherten
und Krankenkassen

www.ombudsman-postfinance.ch
Ombudsstelle der PostFinance

www.ombudsman-touristik.ch
Ombudsstelle der Schweizer Reisebranche

www.ombudsstelle.ch
Ombudsstelle öffentlicher Verkehr

www.swisshotels.com
Ombudsstelle der Schweizer Hotellerie

www.ombudsman-assurance.ch
Ombudsman der Privatversicherung
und der Suva
Postfach 2646
8022 Zürich
Tel. 044 211 30 90
Vermittelt zwischen Versicherten
und Versicherern

Bundesämter, staatliche Stellen und wichtige Verbände

www.bewilligungen.kmuinfo.ch
Informationen rund um Bewilligungen
für Berufe

www.bfm.admin.ch
Bundesamt für Migration (BFM)
Quellenweg 6
3003 Bern-Wabern
Tel. 031 325 11 11
Informationen zur Einreise in die Schweiz, zum Aufenthalt, Arbeitsmarkt und freien Personenverkehr sowie zur Integration und Einbürgerung

www.bfs.admin.ch
Bundesamt für Statistik
Espace de l'Europe 10
2010 Neuchâtel
Tel. 032 713 60 11
Statistiken zu allen wichtigen Bereichen

www.bj.admin.ch (→ Handelsregister)
Eidgenössisches Amt für das Handelsregister
Bundesrain 20
3003 Bern
Tel. 031 322 41 97
Stellt alle wichtigen Informationen zum Handelsregistereintrag zur Verfügung; Links zu den kantonalen Handelsregisterämtern

www.economiesuisse.ch
economiesuisse – Verband der Schweizer Unternehmen
Hegibachstrasse 47
8032 Zürich
Tel. 044 421 35 35
Informationen zur Schweizer Wirtschaft, Terminkalender mit wirtschaftlich relevanten Veranstaltungen

www.osec.ch
Osec Business Network Switzerland
Stampfenbachstrasse 85
8006 Zürich
Tel. 044 365 51 51
Informationen zu geschäftlichen Aktivitäten mit dem Ausland

www.seco.admin.ch
Staatssekretariat für Wirtschaft SECO
Holzikofenweg 36
3003 Bern
Tel. 031 322 56 56
Kompetenzzentrum des Bundes für alle Fragen der Wirtschaftspolitik, generelle Auskünfte zum Arbeitsmarkt

www.sgv-usam.ch
Schweizerischer Gewerbeverband SGV
Schwarztorstrasse 26
3001 Bern
Tel. 031 380 14 14
Dachorganisation der KMU; allgemeine Auskünfte; Adressliste der Gewerbeverbände

www.verbaende.ch
Informationsplattform über und für Verbände; mit Verbandsadressen nach Themen geordnet

www.zefix.admin.ch
Zentraler Firmenindex mit sämtlichen Handelsregistereinträgen der Schweiz

Finanzielle Fragen

www.betreibung-konkurs.ch
Website der Konferenz der Betreibungs- und Konkursbeamten der Schweiz; Links zu den Betreibungs- und Konkursämtern, Formulare zum Herunterladen

www.betreibungsschalter.ch
Online-Betreibungsschalter des Bundesamts für Justiz; Informationen, Betreibungsformular online ausfüllen

www.csi-ssk.ch
Website der Vereinigung schweizerischer Steuerbehörden mit Links zu allen kantonalen Steuerämtern

www.estv.admin.ch
Eidgenössische Steuerverwaltung
Eigerstrasse 65
3003 Bern
Tel. 031 322 71 06
Merkblätter zu verschiedenen Themen, Formulare

www.fer.ch
Stiftung für Fachempfehlungen zur Rechnungslegung
Postfach 1477
8021 Zürich
Fachempfehlungen zur Rechnungslegung Swiss GAAP FER für kleine und mittelgrosse Unternehmen sowie Unternehmensgruppen

www.vermoegenszentrum.ch/Firmenkunden
VZ Vermögenszentrum
Beethovenstrasse 24
8002 Zürich
Tel. 044 207 27 27
Beratung des VZ Vermögenszentrums für Firmenkunden im Bereich Versicherungen und Vorsorge sowie Hypotheken; weitere Filialen in verschiedenen Regionen der Schweiz

www.vsi1941.ch
Verband Schweizerischer Inkassotreuhandinstitute
Geschäftsstelle
Dr. iur. Robert Simmen
Uraniastrasse 12
8021 Zürich
Tel. 044 250 43 37
Branchenverband der im Inkasso tätigen Firmen; Standesregeln für Mitglieder; Mitgliederliste

Personalfragen, Arbeitsrecht

www.arbeitgeber.ch
Schweizerischer Arbeitgeberverband
Hegibachstrasse 47
8032 Zürich
Tel. 044 421 17 17
Dachorganisation von 36 Branchen- und 42 lokalen oder regionalen Arbeitgeberverbänden; Informationen zu den Themen Wirtschaft, Arbeit und soziale Sicherheit; Liste der Mitgliedverbände

www.arbeitsinspektorat.ch
Links zu den kantonalen Arbeitsinspektoraten

www.ebg.admin.ch
Eidgenössisches Gleichstellungsbüro
Schwarztorstrasse 51
3003 Bern
Tel. 031 322 68 43
Informationen zur Gleichstellung in Beruf und Familie; finanzielle Unterstützung für Gleichstellungsprojekte

www.kmu.admin.ch
(→ KMU-Themen → Personal)
Informationen von Personalsuche über Entlöhnung und Personalentwicklung bis zur Kurzarbeit

www.mobbing-zentrale.ch
Informationen zum Thema Mobbing; Adressen von Beratungsstellen

www.seco.admin.ch (→ Arbeit)
Verschiedene Links und Informationen zu arbeitsrechtlichen Fragen

www.swissstaffing.ch
swissstaffing
Verband der Personaldienstleister der Schweiz
Stettbachstrasse 10
8600 Dübendorf
Tel. 044 388 95 40
Verband von Temporär- und Stellenvermittlungsbüros, die sich zur Einhaltung eines Qualitätsstandards verpflichten; Mitgliederverzeichnis erhältlich

www.treffpunkt-arbeit.ch
Plattform des Staatssekretariat für Wirtschaft und Arbeit SECO zum Thema Arbeitsmarkt, Arbeitslosenversicherung; Adressen; spezielle Rubrik für Arbeitgeber

Sozialversicherungen und weitere Versicherungsfragen

www.ahv-iv.info
Alle wichtigen Informationen zu AHV, IV, EO, Ergänzungsleistungen und Familienzulagen; Formulare und Merkblätter zum Herunterladen; Adressen der AHV-Ausgleichskassen und IV-Stellen

www.assistiftung.ch
ASSI-Stiftung
Administration
Postfach 129
6034 Inwil
Tel. 041 448 46 34
Stiftung zum Schutz der Versicherten

www.bsv.admin.ch
Bundesamt für Sozialversicherungen
Abteilung für AHV, EO, EL und
Abteilung für IV
Effingerstrasse 20
3003 Bern
Tel. 031 322 90 11
Informationen zu den Sozialversicherungen; Adressen der Aufsichtsbehörden BVG und der Versicherungsgerichte

www.chaeis.net
Stiftung Auffangeinrichtung BVG
Direktion
Weststrasse 50
8003 Zürich
Tel. deutsch: 041 799 75 75
Tel. französisch: 021 340 63 33
Tel. italienisch: 091 610 24 24
Die drei Zweigstellen in Lausanne, Manno und Rotkreuz beantworten Fragen zum BVG-Beitritt; Kontaktadressen sowie Adressen für weitere Tätigkeitsgebieten der Auffangeinrichtung auf der zentralen Website (→ Über uns → Kontakte)

www.comparis.ch
Comparis
Stampfenbachstrasse 48
8006 Zürich
Tel. 044 360 52 62
Online-Vergleich von Versicherungsangeboten

www.pension-acutaries.ch
Schweizerische Kammer der
Pensionskassen-Experten
Sekretariat
c/o Swisscanto Vorsorge AG
Picassoplatz 8
4052 Basel
Tel. 058 344 42 62
Standesorganisation der unabhängigen Pensionskassen-Expertinnen und -Experten; Mitgliederverzeichnis

www.santesuisse.ch
santésuisse
Römerstrasse 20
4502 Solothurn
Tel. 032 625 41 41
Anlaufstelle für alle Fragen rund um die Krankenversicherung; generelle Informationen zu Leistungen; Adressen der Krankenversicherer (→ Über uns → Krankenversicherer)

www.suva.ch
Schweizerische Unfallversicherungsanstalt
Suva
Hauptsitz
Fluhmattstrasse 1
6002 Luzern
Tel. 041 419 51 11
Informationen zu den Versicherungen und Präventionsangeboten der Suva

www.svv.ch
Schweizerischer Versicherungsverband SVV
Bereich Lebensversicherung
C. F. Meyer-Strasse 14
8022 Zürich
Tel. 044 208 28 28
Generelle Informationen, Adresslisten, Publikationen

Weiterbildung

www.berufsberatung.ch (→ Laufbahn
→ Weiterbildungsangebote [WAB])
Weiterbildungsdatenbank der Schweiz

www.duden.de (→ Sprachwissen)
Rechtschreibregeln, Sprachspiele, Sprachratgeber, Korrektursoftware; Korrekturlösungen für Firmen (www.duden.de/business-solutions); Newsletter mit Tipps zum Sprachgebrauch unter www.duden.de/newsletterformular

www.fhnw.ch/wirtschaft
Fachhochschule Nordwestschweiz
Hochschule für Wirtschaft
Riggenbachstrasse 16
4600 Olten
Tel. 0848 821 011
Anwendungsorientierte Betriebswirtschaft- und Managementausbildung für praxiserprobte Unternehmer und Führungskräfte von Klein- und Mittelbetrieben, Firmengründerkurse

www.siu.ch
SIU – Schweizerisches Institut
für Unternehmerschulung
Verena Conzett-Strasse 23
8036 Zürich
Tel. 043 243 46 66
Umfassendes Aus- und Weiterbildungsangebot für Gewerbe und Detailhandel

Werbung

www.asw.ch
Allianz Schweizer Werbeagenturen (ASW)
Geschäftsstelle ASW
Breitestrasse 1
8304 Wallisellen
Tel. 044 831 15 50
Verband von rund 90 inhabergeführten Kommunikationsagenturen; Beratung und Auskünfte, Musterverträge und Checklisten; gewisse Dienstleistungen nur für Mitglieder erhältlich

www.bsw.ch
bsw Leading Swiss Agencies
Weinbergstrasse 148
8006 Zürich
Tel. 043 444 48 10
Verband der führenden Werbe- und Kommunikationsagenturen der Schweiz

www.promoswiss.ch
Promoswiss-Verband
Postfach 88
8952 Schlieren
Tel. 043 433 79 94
Informationen rund um Werbe- und Verkaufsförderungsartikel

www.publicitas.ch
Publicitas
Mürtschenstrasse 39
8010 Zürich
Tel. 0844 84 84 40
Werbegesellschaft der Verlage, zentrale Annahmestelle für Printinserate

ANHANG

www.sdv-asmd.ch
SDV Schweizer Direktmarketing Verband
Postfach 616
8501 Frauenfeld
Tel. 052 721 61 62
Vereinigung von Adressenvermittlern, Druckereien, Verteilern von unadressierten Werbeschreiben, Direktmarketing-agenturen und Beratern; bietet Information und Hilfe, vermittelt Kontakte

www.zewo.ch
Stiftung ZEWO
Lägernstrasse 27
8037 Zürich
Tel. 044 366 99 55
Zertifizierungsstelle für gemeinnützige Spenden sammelnde Organisationen

Internet

www.joomla.de und www.oscommerce.de
Freeware zur Gestaltung von Websites

www.providerliste.ch
Liste aller Internet-Service-Provider mit Zugangskosten, Einwählknoten und Adressen

www.suchmaschinentricks.de/anmeldung
Tricks zum Optimieren der Unternehmens-Website für das Auffinden durch Suchmaschinen

www.switch.ch
SWITCH
Werdstrasse 2
8021 Zürich
Tel. 0848 844 080
Zuständig für die Registrierung und Verwaltung von Domain-Namen

Literatur

Allgemeine Ratgeber

Rohr, Patrick: Erfolgreich präsent in den Medien. Clever kommunizieren als Unternehmen, Verein, Behörde. Beobachter-Edition, Zürich 2011

Rohr, Patrick: Reden wie ein Profi. Selbstsicher auftreten – im Beruf, privat, in der Öffentlichkeit. 3. Auflage, Beobachter-Edition, Zürich 2010

Rohr, Patrick: So meistern Sie jedes Gespräch. Mutig und souverän argumentieren – im Beruf und privat. 3. Auflage, Beobachter-Edition, Zürich 2012

Ruedin, Philipp; Christen, Urs; Bräunlich Keller, Irmtraud: OR für den Alltag. Kommentierte Ausgabe aus der Beobachter-Praxis. 10. Auflage, Beobachter-Edition, Zürich 2013

Stokar, Christoph: Der Schweizer Knigge. Was gilt heute? Beobachter-Edition, Zürich 2012

Strebel, Dominique: Rechtsfragen im Alltag. Der grosse Schweizer Rechtsratgeber. 3. Auflage, Beobachter-Edition, Zürich 2012

Von Flüe, Karin; Strub, Patrick; Noser, Walter; Ha, My Chau: ZGB für den Alltag. Kommentierte Ausgabe aus der Beobachter-Praxis. 11. Auflage, Beobachter-Edition, Zürich 2013

Ratgeber zum Thema Arbeit

Baumgartner, Gabriela; Bräunlich Keller, Irmtraud: Fair qualifiziert? Mitarbeitergespräche, Arbeitszeugnisse, Referenzen. Beobachter-Edition, Zürich 2012

Bräunlich Keller, Irmtraud: Arbeitsrecht. Vom Vertrag bis zur Kündigung. 11. Auflage, Beobachter-Edition, Zürich 2011

Bräunlich Keller, Irmtraud: Flexibel arbeiten. Temporär, Teilzeit, Freelance. Was Sie über Ihre Rechte wissen müssen. 2. Auflage, Beobachter-Edition, Zürich 2012

Bräunlich Keller, Irmtraud: Mobbing – so nicht! Wie Sie sich gegen Schikanen am Arbeitsplatz wehren. 2. Auflage, Beobachter-Edition, Zürich 2011

Bräunlich Keller, Irmtraud: So klappts mit der Lehre. Lehrstellensuche, Rechte am Arbeitsplatz. 3. Auflage, Beobachter-Edition, Zürich 2009

Winistörfer, Norbert: Ich mache mich selbständig. Von der Geschäftsidee zur erfolgreichen Firmengründung. Mit Online-Angebot. 13. Auflage, Beobachter-Edition, Zürich 2013

Ratgeber zum Thema Finanzen

Baumgartner, Gabriela: Mit Geld richtig umgehen. Budget, Sparen, Wege aus der Schuldenfalle. 2. Auflage, Beobachter-Edition, Zürich 2012

Garny, Nathalie; Müller, Martin; Schreiber, Hanspeter; Weigele, Markus: Das Beobachter-Geldbuch. Gezielt sparen, sicher vorsorgen, erfolgreich anlegen. Beobachter-Edition, Zürich 2009

Kieser, Ueli; Senn, Jürg: Pensionskasse. Vorsorge Finanzierung, Sicherheit, Leistung. 2. Auflage, Beobachter-Edition, Zürich 2009

Kislig, Bernhard: Steuern leicht gemacht. Praktisches Handbuch für alle Steuerpflichtigen in der Schweiz – Angestellte, Selbständigerwerbende und Eigenheimbesitzer. 9. Auflage, Beobachter-Edition, Zürich 2013

Richle, Thomas; Weigele, Marcel: Vorsorgen, aber sicher! AHV, 3. Säule, Frühpension – so planen Sie richtig. Beobachter-Edition, Zürich 2010

Studer, Benno: Testament, Erbschaft. Wie Sie klare und faire Verhältnisse schaffen. 15. Auflage, Beobachter-Edition, Zürich 2010

Ratgeber zum Thema Sozialversicherungen

Bräunlich Keller, Irmtraud: Job weg? So geht es weiter. Meine Rechte bei Kündigung und Arbeitslosigkeit. 2. Auflage, Beobachter-Edition, Zürich 2011

Kieser, Ueli; Senn, Jürg: Invalidität. Was Sie über Renten, Rechte und Versicherungen wissen müssen. 5. Auflage, Beobachter-Edition, Zürich 2013

Bücher zur Rechtschreibung

Duden – die deutsche Rechtschreibung. Buch mit CD-ROM, 25. Auflage, Bibliographisches Institut, Mannheim 2009

Gallmann, Peter; Flückiger, Max; Heuer, Walter: Richtiges Deutsch. 29. Auflage, NZZ Libro, Zürich 2010

Stichwortverzeichnis

A

Abkürzungen 42
Absage
– auf Bewerbungen .... M132, M134 bis M136
– auf Offerte 75, M11
– auf Sponsoring-Anfrage M121, M122
– einer Veranstaltung .... 194, M112 bis M114
Abschluss von Verträgen 99
Abzahlungsvorschlag 134, 150
Adressen
– Arbeitsrecht 308
– finanzielle Fragen 307
– KMU-Beratung 304
– Personal 308
– Sozialversicherungen 308
– Weiterbildung 310
– Werbung 310
Aktennotiz 292, M180, M181
Allgemeine Geschäfts-
   oder Vertragsbedingungen 103, M32
Anfrage siehe Offertanfrage
Angebot siehe Kostenvoranschlag und Offerte
Angestellte siehe Personal
Anlass siehe Kundenanlass
Annullationspauschale 190
Anrede 24, 26, 47
Arbeitsbestätigung 281, M174
Arbeitsrecht (siehe auch Personal) 237, 308
Arbeitsvertrag .... 237, M139 bis M141
– befristeter M141
– Begleitbrief zu M140
Arbeitszeugnis 272, 281,
                                    M175 bis M178
– gutes .... M175 bis M177
– Inhalt 281
– schlechteres M178

Attachment bei E-Mails 64, 66, 67
Auflösungsvereinbarung 271, M170
Auftrag 93, 100, 190, M27, M28, M102
– ablehnen M50
– Formularform M28
– Honorarminderung verlangen M34, M36
– Kündigung M37
– Mängel rügen .... 113, M34 bis M37
– Rücktritt 93, M26
Auftragsbestätigung 89, 128, M21, M25
Auftragserweiterung 90, M22
Auftritt des Unternehmens siehe auch
   Corporate Identity 20, 22
Ausrichtung auf Kundenbedürfnisse 22, 43

B

Bannerwerbung 165
Begleitbrief
– Arbeitsvertrag M140
– Offerte M18
– Rechnung M54
Beilagen 28
Beratung 16, 304
Beschlussfassungsprotokoll 296
Bestellung .... 93, M23 bis M25
– Widerruf 93, M26
Betreff
– bei E-Mails 63
– in Briefen 26
Betreibung .... 140, 152, M3, M59 bis M71
– Einleitung .... 140, M59 bis M61
– Feststellungsklage 153, M71
– Forderungsklage 145, M63
– Kostenvorschuss 141
– Rechtsöffnung 142, M62
– Rechtsvorschlag 142, 152

schwarz = Seiten mit erklärendem Text
rot = Nummern der Muster (www.beobachter.ch/download → Passwort: 6048)

– Rückzug verlangen 153, M70
– Schlichtungsverhandlung 143
– sich wehren gcgcn 152
– und E-Mails...62, 128
– ungerechtfertigte 152, M48, M68, M70, M71
– Zahlungsbefehl 141
– zurückziehen 142, M60, M61, M69, M70
Betreibungsandrohung 133
Betreibungsauskunft verlangen 128, M3, M49
Betreibungsbegehren 140, M59
Betriebsinterne Dokumente 291
Bewerbungen .... 228, M131 bis M138
– Absagen .... M132, M134 bis M135
– Antworten auf ....228, M131 bis M138
– Einladung zu Vorstellungs-
  gespräch M133, M138
– für Lehrstellen ....229, M136 bis M138
Bonitätsprüfung .... 128, M3, M48 bis M50
Branchenregister 151, 165, M67
Brief siehe Geschäftsbrief

C

Checkliste Textkontrolle 55
Corporate Design 21
Corporate Identity 20

D

Dankesschreiben M83, M111, M117, M126
Darstellung einer Rechnung............................132
Darstellung einer E-Mail...................................63
Darstellung eines Geschäftsbriefs 23
Definitive Rechtsöffnung................................143

E

Einladung
– an Kunden............ 192, M103 bis M106, M110
– an Mitarbeiter M160, M162
E-Mail..................................... 61, M3, M4
– Antwortfunktion 63, 64
– Attachment 64, 66, 67

– Betreff...63
– effizienter Umgang mit..................................66
– Gestaltungsregeln..63
– Newsletter.................................... 174, M87
– rechtliche Gültigkeit 62, 128, 134
– Signatur 64, M3
– Vertraulichkeit 62
Empfängeradresse 24
Entlassung siehe Kündigung
Erscheinungsbild des Unternehmens
  (siehe auch Corporate Identity) 19

F

Feststellungsklage................................. 153, M71
Finanzielle Fragen.................................. 127, 307
Firmenanlass siehe Kundenanlass
Firmeninterne Dokumente....291, M180 bis M184
Fixgeschäft 118, M40
Floskeln 38, 227
Flugblatt 164, M74
Forderung... 127, 140
– eintreiben.............................. M55 bis M63
– ungerechtfertigte 151, M46,
                                    M66 bis M68, M70, M71
– Vergleich... 153, M68
Forderungsklage................................. 145, M63
Formulare
– Aktennotiz 292, M180, M181
– Auftrag..M28
– Betreibungsformular.................... 140, M59
– Kaufvertrag..M31
– Lohnabrechnung................... M143, M144
– Mitarbeiterqualifikation................ M146, M147
– Offertanfrage..M7
– Offerte .... M13 bis M15
– Probezeitbericht M145
– Rechnung M51, M52
– Regelung Referenzauskunft M179
– Schlussabrechnung für Mitarbeiter............M173
– Sitzungseinladung M182

315

- Sitzungsprotokoll M183
- Stellenbeschreibung M142

Freistellung Mitarbeiter 271, M172
Fremdwörter 36, 45
Fristlose Entlassung 271, M171
Füllwörter 36

G

Garantiebestimmungen 102
Gegenlesen 53
Geldthemen 127, 308
Geschäftsbedingungen, allgemeine 103, M32
Geschäftsbrief 23
- Anrede 24, 26, 47
- Beilagen 28
- Betreffzeile 26
- Gestaltung 23
- Grussformel 28
- Hervorhebungen 24
- PS 30

Gesprächsprotokoll 292, M181
Gestaltung einer E-Mail 63, M4
Gestaltung eines Geschäftsbriefs 23
Gratulation
- an Mitarbeiter .... 254, M148 bis M151
- an Kunden M80

Grussformel 28

H

Hervorhebungen 24
Homepage siehe Website
Honorarminderung verlangen 113, M34, M36

I

Infobrief 174, M86, M87
Inkassobüro 134
Interne Dokumente .... 291, M180 bis M184
Interne Mitteilungen .... 261, M157 bis M163
Internet (siehe auch E-Mail) 22, 89, 140, 165, 174, 226, 311

K

Kaufvertrag 93, 102, M31
- allgemeine Geschäftsbedingungen 103, M32
- Mängel rügen 113, M38, M39
- Preisreduktion verlangen M38
- Vertragsrücktritt M39

Kleinanzeigen 164, M75
KMU-Beratung 304
Komma 49
Kondolenzschreiben an Mitarbeiter M152
Korrespondenz
 siehe E-Mail und Geschäftsbrief
Kostenvoranschlag 89, M19, M20
- Überschreitung 90, M22, M66

Küchenzuruf 209
Kunden 163
- ablehnen 129, M50
- betreiben .... 140, 152, M3, M59 bis M63
- Bonitätsprüfung .... 128, M3, M48 bis M50
- Dank für Kundentreue M83
- frühere wiedergewinnen   176, M79, M90, M91
- Gratulation zu Geburtstag M80
- Kundendatei 167, 173
- Kundenpflege .... 173, M79 bis M91
- mahnen .... 132, M55 bis M57
- neue Kunden gewinnen .... 164, M16 bis M18, M72 bis M78
- Neujahrswünsche M84, M85
- Reklamationen ... 184, M2, M92 bis M97, M116
- Treueaktion M82
- unangenehme Botschaften 176, M88, M89
- Werbebriefe .... 164, 174, M16 bis M18, M72 bis M86
- Zahlungsverzug .... 132, M55 bis M57

Kundenanlass .... 189, M98 bis M117
- absagen .... 194, M112 bis M114
- Anfrage an Catering-Service 189, M98
- Anfrage an Künstler 190, M99
- Bewilligungen 191, M101

schwarz = Seiten mit erklärendem Text
rot = Nummern der Muster (www.beobachter.ch/download → Passwort: 6048)

- Einladung ....192, M103 bis M110
- Lokal reservieren............................ 189, M100
- Programm.. 193, M109
- Reklamation 195, M115
- Reservationsbestätigung.................. 190, M100
- Vertrag mit Künstlern...................... 191, M102
- VIP-Gäste.................193, M108, M110, M111
- Vorankündigung M103

Kundenbedürfnisse, Ausrichtung auf 22, 43
Kundendatei 167, 173
Kundenpflege...173
- Begleitbrief zu Rechnung M54
- ehemalige Kunden 176, M79, M90, M91
- Infobrief................................... 174, M86, M87
- Kontakte unter dem Jahr......173, M80 bis M85
- Kundendatei 167, 173
- Newsletter... 174, M87
- unangenehme Botschaften......... 176, M88, M89

Kundenreklamation beantworten .... 184, M2, M92 bis M97, M116

Kündigung, Mitarbeiter......................... 262, 269, M165 bis M173
- Arbeitsbestätigung........................... 281, M174
- Arbeitsvertrag...................237, M139 bis M141
- Arbeitszeugnis......... 272, 281, M175 bis M178
- Auflösungsvereinbarung 271, M170
- aus wirtschaftlichen Gründen M167
- Begründung, schriftliche................... 269, M167
- durch Arbeitgeber..... 262, 269, M165 bis M173
- durch Mitarbeiter 270, M168
- Freistellung 271, M172
- fristlose Entlassung.......................... 271, M171
- Merkblatt für Mitarbeiter...........................M169
- nach Verwarnung...............................269, M166
- Regelung Referenzauskunft 284, M179
- Schlussabrechnung.......................... 272, M173

Kündigungsbestätigung
  für Mitarbeiter.................................. 270, M168

L

Lernende, Antworten
  auf Bewerbungen ....229, M136 bis M138
Lieferverzug .... 118, 119, M40 bis M43
- Vertragsrücktritt M43
Lohnabrechnung....................... 238, M143, M144
- Schlussabrechnung.......................... 272, M173

M

Mahngeschäft...........................119, M41 bis M43
Mahnspesen..134
Mahnung..............................132, M55 bis M57
- bei Lieferverzug............ 118, 119, M40 bis M42
- Formulierungstipps 133
- Inkassobüro 134
- Mahnsystem..133
- Reklamation wegen....................................M44
Mängel rügen............... 113, M33 bis M39, M115
Medieninformation
  (siehe auch Pressemitteilung).......................208
Mitarbeiter
  (siehe auch Personal) ....225, M127 bis M179
- Arbeitsbestätigung........................... 281, M174
- Arbeitsvertrag...................237, M139 bis M141
- Arbeitszeugnis......... 272, 281, M175 bis M178
- Freistellung 271, M172
- fristlose Entlassung.......................... 271, M171
- Gratulationsschreiben ......254, M148 bis M152
- Kondolenzschreiben......................... 254, M153
- Kündigung............. 262, 269, M165 bis M172
- Verwarnung 269, M164, M165
Mitarbeitereinladung M160, M162
Mitarbeiterinformation.........261, M157 bis M163
Mitarbeiterqualifikation............ 239, M146, M147
Modewörter..37
Mutterschaftsurlaub, Mitarbeiterin....... 255, M155

N

Nachbesserungsrecht............................. 113, M33
Newsletter... 174, M87
- rechtliche Bestimmungen............................176
Non-Profit-Organisation.......217, M124 bis M126

317

O

Öffentlichkeitsarbeit ....208, M118 bis M120
– Sponsoring ....216, M121 bis M123
Offertanfrage
– Anfrage stellen.......... 74, M5 bis M8, M98, M99
– Antwort auf M4, M12
– Formular... M7
– günstigere Offerte verlangen....................... M10
– Kunden um Geduld bitten.................. 80, M12
– nachfassen bei Lieferant 75, M9
Offerte .... 80, M1, M4, M13 bis M18
– absagen auf... 75, M11
– Auftragserweiterung 90, M22
– befristete... 81, M17
– Begleitbrief... M18
– Briefform M1, M16, M17
– Darstellung... 81
– Formularform .... M13 bis M15
– Kostenvoranschlag 89, M19, M20, M22
– Kunden um Geduld bitten.................... 80, M12
– nachfassen bei Kunden............................. 82
– Verbindlichkeit....................................... 80
– zeitliche Gültigkeit 81

P

Pauschaler Kostenvoranschlag................. 90, M19
Personal..................... 225, 308, M127 bis M179
– Arbeitsbestätigung............................ 281, M174
– Arbeitsvertrag ....237, M139 bis M141
– Arbeitszeugnis......... 272, 281, M175 bis M178
– Bewerbungen..................228, M131 bis M138
– Briefe an Mitarbeiter ....254, M148 bis M153
– Einladung an................................ M160, M162
– Ende des
   Arbeitsverhältnisses...........269, M165 bis M179
– Freistellung 271, M172
– fristlose Entlassung........................... 271, M171
– Gratulation ....254, M148 bis M151
– interne Mitteilungen..........261, M157 bis M163
– Kondolenzschreiben..................................M153
– Kündigung............. 262, 269, M165 bis M172
– Kündigungsandrohung.............................M165
– Kündigungsbestätigung.................. 270, M168
– Lohnabrechnung........238, M143, M144, M173
– Merkblatt für austretende
   Mitarbeiter 270, M169
– Mitarbeitergespräch........................ 239, M146,
                                                    M147, M164, M181
– Mutterschaftsurlaub......................... 255, M155
– Persönlichkeitsschutz.................................262
– Probezeit.. 239, M145
– Qualifikationsgespräch......... 239, M146, M147
– Referenzauskunft............................. 284, M179
– Schlussabrechnung......................... 272, M173
– Stellenbeschreibung........................ 238, M142
– Stelleninserat...................226, M127 bis M130
– unangenehme Botschaften..... 262, M162, M163
– unbezahlter Urlaub 255, M156
– Verwarnung Mitarbeiter 269, M164, M165
– Vorstellung neuer Mitarbeiter...................M161
– Weiterbildungsgesuch 255, M154
Personalsuche ....226, M127 bis M138
Persönlichkeitsschutz, Mitarbeiter....................262
Pflichtenheft..238
Postskriptum..30
PR siehe Öffentlichkeitsarbeit
Preisreduktion verlangen.....113, M36, M38, M115
Pressemitteilung...................208, M118 bis M120
– Formulierungstipps 209
– Kontaktperson 211
– negative Botschaft................ 210, M119, M120
– und Mitarbeiterinformation 262
Probezeit, Personal 239, M145
Protokoll............. 292, 296, M181, M183, M184
– Formularform M183
– freie Form..M184
– Gesprächsprotokoll............................ 292, M181
Provisorische Rechtsöffnung 143, M62
PS..30

schwarz = Seiten mit erklärendem Text
rot = Nummern der Muster (www.beobachter.ch/download → Passwort: 6048)

Q

Qualifikationsgespräch 239
- Qualifikationsformular M146, M147

R

Rechnung
- beanstanden 151, M66
- Begleitbrief M54
- Briefform 132, M53
- Formularform 132, M51, M52
- Rechnungsstellung .... 131, M51 bis M54

Rechtschreibung 45, 310
Rechtsöffnung 143, M62
- und E-Mail 62
Rechtsvorschlag 142, 152
Referenzangaben im Brief 26
Referenzauskunft
über Mitarbeiter 284, M179
Regeln für moderne Texte 34
Reklamation .... 122, 195, M44 bis M47
- Mängelrüge .... 113, M33 bis M39, M115
Reklamationsantwort .... 184, M2, M92 bis M97, M116
- ungerechtfertigte Reklamation 185, M96, M97

S

Satzzeichen 48
Schlichtungsverhandlung 143
Schlussabrechnung für Mitarbeiter 272, M173
Schreibstil 33
- Abkürzungen 42
- Floskeln 38, 227
- Fremdwörter 36, 45
- Füllwörter 36
- Küchenzuruf 209
- Textbausteine 58
- Textdisposition 52
- Zahlen 42
Schuldanerkennung 128, 134, 142, 151

Signatur von E-Mails 64, M3
Sitzungseinladung 297, M182
Sitzungsprotokoll siehe Protokoll
Skonto 131
SMS im Geschäftsalltag 70
Social Media 166
Sozialversicherungen 238, 308
- Beiträge 238
- Merkblatt für austretende
  Mitarbeiter 270, M169
- und Kündigung 270, M169
- und unbezahlter Urlaub 255
Spendenaufruf 217, M124, M125
- Dank für Spende 218, M126
Sperrfrist, Pressemitteilung 211
Sponsoring .... 216, M121 bis M123
- Absage M121, M122
- Sponsorenvertrag M123
Standardformulierungen 58
Stellenbeschreibung 238, M142
Stelleninserat .... 226, M127 bis M130
- Aushilfe M130
- befristete Stelle M129
- Online-Stelleninserat 226, M130
Stichwortprotokoll 296
Struktur eines Textes 52

T

Tag der offenen Tür .... M106 bis M109
Textbausteine 58
Textdisposition 52, M1, M2
Texte strukturieren 52
Textkontrolle 54

U

Umgang mit Kunden
(siehe auch Kunden) .... 163, M72 bis M126
Unangenehme Botschaften
- an Mitarbeiter 262, M162, M163
- an Kunden 176, M88, M89

- Pressemitteilung 210, M119, M120
- Reklamationen .... 122, M44 bis M47
Unbezahlter Urlaub, Mitarbeiter 255, M156
Ungefährer Kostenvoranschlag 90, M20
Unternehmensauftritt
   (siehe auch Corporate Identity) 19, 22
Unternehmenskultur 20

V

Veranstaltung siehe Kundenanlass
Verbindlichkeit einer Offerte 80
Vereinbarung
- mit Künstlern 191, M102
- mit Mitarbeitern .... 255, M154 bis M156, M170, M172, M179
- Zahlungsvereinbarung 134, 150, M65, M68
Verhalten der Mitarbeiter 21
Verlaufsprotokoll 296
Verträge siehe Arbeitsvertrag, Auftrag, Kaufvertrag, Sponsorenvertrag, Werkvertrag
- Vertragsabschluss 99
Vertragsbedingungen, allgemeine
   siehe allgemeine Geschäftsbedingungen
Vertragsrücktritt 113, M39
- bei Lieferverzug 118, 119, M42, M43
Vertraulichkeit von E-Mails 62
Verzugsschaden 134
Verzugszins 134, 140
Vier-Augen-Prinzip 53
Vorauskasse 128, M48
Vorbereitung aufs Schreiben 51

W

Website 22, 165, 166, 311
Weiterbildung 310
Weiterbildungsgesuch, Mitarbeiter 255, M154
Werbebriefe .... 164, 174, M16 bis M18, M54, M72, M73, M76 bis M86, M90, M91

Werbung 164, 310
- Bannerwerbung 165
- Flugblatt 164, M74
- Kleinanzeige 164, M75
- Kundenpflege .... 173, M80 bis M86
- Nachfassen 166, M78
- Neukunden .. 164, M16 bis M18, M72 bis M79
- Social Media 166
- Spendenaufruf .... 217, M124 bis M126
- Sponsoring .... 216, M121 bis M123
- und Kundendatei 167
Werkvertrag 101, M29, M30
- Mängel rügen 113, M33
- Nachbesserung verlangen M33
Widerruf einer Bestellung 93, M26
Wörtliches Protokoll 296

Z

Zahlen im Text 42
Zahlungsaufschub 134, 150, M58, M64, M65
Zahlungsbefehl 141
Zahlungserinnerung 133, M55
Zahlungsfristen 131
Zahlungskonditionen 131
Zahlungsunwillige Kunden 128
Zahlungsvereinbarung 134, 150, M65, M68
Zahlungsverzug
- des Kunden .... 132, M55 bis M63
- eigener 150, M64, M65, M69
- Zahlung nach Rechtsvorschlag 153, M60, M69
Zahlungsvorschlag 150
Zeitliche Gültigkeit einer Offerte 81
Zivilklage 145, M63, M71
Zwischenbericht
- an Kunden 82, 185, M12, M92
- an Stellensuchende 228, M131, M137